# 院単

1800 Top Words for Grad School Exams

大学院入試のための
必須英単語**1800**

安藤文人 著

ナツメ社

# Contents

はしがき …………………………………… 3
本書の特長と成り立ち ………………… 4
大学院入試対策と本書の活用法 …… 8
本書で使用した記号 …………………… 12

**頻出単語1500** ……………………… 13
**必修基礎単語300** ………………… 247
INDEX ［単語索引］ ………………… 273

# はしがき

**「大学院を受験したいのですが,何か良い英単語集はないでしょうか」**
　私が大学で英語を教え始めて以来，ひょっとしたらこれが最も多く受けた質問かもしれません。それに答えて私は，「難度の高い大学受験用の単語集を使ってみなさい」と言い，あるいは「自分の専門分野の文献を読んでわからない単語をノートにまとめなさい」などと勧めてきましたが，実はそのたびにちょっと……いや，かなり後ろめたい気持ちがしていました。

　なぜなら，最も難度の高いものでも，大学受験用の単語集では大学院入試対策としては物足りないことや，英語文献を読んで単語ノートを作る方法は（正攻法とはいえ）効率がひどく悪いことが私にはわかっていたからです。後者の方法で言えば，そもそも理解できる語彙が乏しいために英語文献を読むのがはかどらないわけですから，これはマラソンを走る体力をつけるためにマラソンをしなさいと言うようなもので，学生には理不尽なアドヴァイスに聞こえたかもしれません。

　数年前から，**「大学院入試対策」を掲げた英語の授業**を担当するようになりました。学生に過去問題や模擬問題を解いてもらうと，たいていは語彙が大学受験レベルに留まっている，悪くすると受験勉強で覚えた単語も忘れてしまっていることがよくわかります。

　一方，大学院入試に出題されるレベルの英文を読み解くためには，**大学受験で身につけた語彙をさらに拡大する必要がある**ことは言うまでもありません。本書は，この現実的かつ具体的な必要に応えるために，いわゆるAcademic English（学術英語）の領域での語彙に対象を絞って作られたものです。

　**大学院試験で英語が課せられているならば,敢えて申し上げますが,まず本書【院単】に取り組まれることが必須**となります。そしてとりあえず，これで私は後ろめたい思いをせずにすみそうです。

安藤文人

# 本書の特長と成り立ち

## 1. 大学院入試英語問題と「院単コーパス」

　本書の大きな特長のひとつは，大学院入試英語問題に対応した頻出重要単語を選ぶために，独自の**英語文例データベース**（以下**「院単コーパス」**と呼びます）を作成した点にあります。

　**大学院入試の英語問題は，比較的平易な学術専門書・学術に関する啓蒙書や入門書・学者研究者によるエッセイなどからもっぱら出題**されています。「院単コーパス」作成にあたっては，このような出題傾向と英文のレベルに配慮しながら，次のような種類のテキストを収集し，最終的には**文例数約8万，語数約171万語以上という規模のデ**ータベースを構築しました。

### 大学院入試の出典➡院単コーパスの収録テキスト

- **大学院入試問題の過去問題**（人文学系統を中心とする）
- **英米の大学で用いられている入門・初級レベルの教科書**
  （哲学・歴史・社会学・心理学・文化人類学・美術史・国際政治経済・文学理論など）
- **自然科学分野の啓蒙書，同様の内容のウェブサイト**
- **アメリカの歴史・経済及び文化史の概説**
- **学術書の書評**
- **啓蒙的内容の雑誌記事**

　著名な英語のコーパスには，話し言葉も含めて偏りのないソースからデータを集めた British National Corpus(BNC)［1億語］などがありますが，院単コーパスは学術英語［Academic English］とい

う領域に特化されているために，同じ英単語でもその頻出度はかなり異なります。

次の表をご覧ください。

**一般的なコーパスと院単の英単語頻出度の違い**

|  | 一般的コーパス<br>頻出度順位 | 院単コーパス<br>頻出度順位 |
|---|---|---|
| **cognitive**（認識の） | **4492位** | **1575位** |
| **subjective**（主観的な） | **4572位** | **1999位** |
| **infer**（推測する） | **6097位** | **1951位** |

例えば，cognitive（認識の）という単語は，BNCを基礎データとする一般的なコーパスでは頻出度4492位ですが，院単コーパス全体では1575位にまで順位が跳ね上がります。同様にsubjective（主観的な）は，一般的コーパスに比べ2500番以上頻出順位が上がり，infer（推測する）にいたっては，院単コーパスでは1951位というかなり高い頻度で現れるにもかかわらず，一般的コーパスでは6000位以内にも入ってきません。

これらは最も典型的な例ですが，院単コーパスを作成することによって，**一般的な英語における単語の頻出度と学術英語における頻出度がかなり違う**という事実が確かめられただけでなく，具体的に学術英語の分野で特に頻出度が高くなるのはどのような単語であるか，という点についても有益な情報が多く得られました。**学術領域で頻度が高いとは，すなわち，大学院入試問題によく出る**ということです。

## 2．単語の選択

　本書には1500の頻出単語と，**必ず覚えておきたい300の必修基礎単語**が収められています。これらは，院単コーパスにおける頻出度に基づきながら，次のような方法・基準によって選ばれています。

❶　一般的な英語コーパスを複数参照し，頻出度順位がおおむね3000位まで（中学校・高校レベル）の単語は除いた。ただし院単コーパスにおける頻出度が特に高く，確認が必要な英単語は個別に掲載を判断したうえで，基礎単語300に加えた。

❷　残った単語のうち他のコーパスで3000番台の単語について，院単コーパスの頻出度が高いものは，個別に掲載を判断したうえで，主に基礎単語300に加えた。

❸　最後に，院単コーパスにおける頻出度の高いものから順に必修基礎単語300と頻出単語1500を選んだ。採否についてはコーパス内の用例をひとつひとつ参照し，次の各項に該当するものを除いた。

▶特定のソース（文献）に頻出するために頻出度数が高くなってしまったもの。
　例：**goddess**（女神），**poststructuralist**（ポスト構造主義者）
▶固有名詞
　例：**Oxford**（オックスフォード），**Khrushchev**（フルシチョフ）
▶もっぱらカタカナ語として用いられているもの
　例：**terrorism**（テロリズム），**fascist**（ファシスト）
　※ただし，特に頻度が高く，語義を確認する必要があるカタカナ語は例外的に採用した。
　例：**renaissance**（→復興），**realism**（→写実主義）

## 3. 掲載語義

選択された単語には，院単コーパスの用例をひとつひとつ参照し，**最も頻繁に用いられている語義を示す**よう努めました。複数の品詞として用いられる場合も，使用例が少なければ，その品詞としての意味は掲載していません。同様に，派生語や反対語などについても，コーパスにおける頻出度や用例を参考にして選びました。

## 4. 例文と例文の意味

本書の大きな特長のひとつは，**個々の単語について，実際の学術文献で用いられているような例文を示した点**にあります。各例文は院単コーパスから吟味して選んだ用例をもとに，勤務先の同僚であるJ. M. バーダマン教授の協力を得て，省略や加筆，書き換えなどをほどこして作られたものです。特に留意したのは，単なる語句の使用例ではなく，**大学院入試に出題される英文の語彙レベルや構文・文法の難度を十分に反映した例文**とすることでした。そのため，既存の単語集に比べても相当長い例文が多く，また例文中には院単レベルを超えるような単語（専門用語）も多く含まれています。しかし，前後の文脈がなくともある程度理解できる例文としましたので，**英文和訳の練習問題として用いることが可能**です。

なお，例文の意味については，英文和訳の自習に用いる場合も考慮して，あまり大胆な意訳は行わず，参照したときに原文と訳文の間で構文の対応がわかるような形にすることを心掛けました。一部にいわゆる直訳調が残っているのはそのためです。

# 大学院入試対策と本書の活用法

## 1. 大学院入試英語問題の傾向

近年では，独自の英語試験の代わりにTOEFLなど外部試験のスコアを提出させる例など，大学院入試も多様化してきました。

しかし，現時点では，下に挙げるように**英文和訳を中心とする長文問題が主流**を占めています。

### 大学院入試の主な問題形式※

- ▶ 長文から下線部訳（部分和訳）
- ▶ 1つのパラグラフを全訳
- ▶ 要約問題（全文もしくは指定のパラグラフ）
- ▶ 下線部の内容の解説（指示語，指定の文などの説明を求める）
- ▶ 和文英訳

※一般的な問題形式を多い順に挙げたもの

## 2. 語彙習得の重要性

もちろん，大切なことは，自分の受験する大学院の過去問題を入手し（方法についてはウェブサイトなどに書かれている場合が多い），それに即した対策をすることですが，どのような形式の問題であっても**高い語彙力が求められている**ことは言うまでもありません。

例えば，辞書持ち込みを許可している大学院入試もありますが，そのような大学院に限って，非常な長文が出題されるのが一般で，むしろ**いちいち辞書に頼っていてはとても時間内に解答できない**，という場合が多いようです。また要約問題の場合も，かなり長い部分の内容

を短時間で的確に把握することが必要ですから、当然語彙が豊かであるほど有利になります。

また専門科目ではなく一般外国語科目として出題される場合は、部分訳・全訳を問わず、和訳対象となる語彙レベルには一定の配慮がなされており、あまりに専門的な単語は含まれていないのが普通です。従って**和訳の場合はすべての単語の意味を知っている、もしくは文脈からその意味を推測できることが期待されている**と考えて良いでしょう。ある単語の意味がわからないと文意理解が妨げられるだけでなく、**誤訳**として**確実な減点対象**となってしまいます。その単語が文章中のキーワードであれば、ひとつの単語の意味がわからなかったばかりに失敗した、ということにすらなりかねません。

# 3. 本書の活用法

### a. まず自分の語彙がどの程度なのかを知る

❶ 【頻出単語1500】の最初のページ(p.13)を開いてください。そこにある13の単語のうち、おおよそ**意味のわかる単語が2つ以上あった場合は、【頻出単語1500】から始めて結構です。**

❷ 意味のわかる単語がひとつだけ、あるいはまったくなかった場合は、【必修基礎単語300】の最初のページ(p.247)を開いてください。やはり13の単語がありますが、おおよそ**意味のわかる単語が2つ以上あった場合は、【必修基礎単語300】から始めてください。**

❸ もし【必修基礎単語300】でも、意味のわかる単語が1ページに平均して2つ未満であったなら、ひとまず大学受験用の単語集に戻ってそこから復習されることをお勧めします。

### b. 【頻出単語1500】の効果的な学習方法

#### ❶ 試験日まで1か月もない場合
何よりも,知らない単語を減らすことが必要。とりあえず例文はおいて,単語の語義だけをチェックする。最低2度はチェックし,それでも覚えられなかった単語について,その語義を記憶にとどめる手段として例文を読み,和訳を読んで意味を確認する。

#### ❷ 試験日まで1か月以上3か月以内の場合
語義の部分を(チェック用の赤いシート,または文庫に入っているしおりなどで)隠しながら見出し語をチェックする。意味がわからない場合は,右ページの例文を読んで,文脈から意味を推測してみる。最後に例文の意味→単語の語義という順序で確認する。試験までの日数に合わせてノルマを決める(残り1か月ならば1日8ページ・単語数52語,3か月ならば1日6ページ・39語で2回通すなど)。

#### ❸ 試験日まで3か月以上ある場合
❷の方法を繰り返してわからない単語を減らしていくこともできるが,まず右側の例文を読み,赤字になっている部分の語義を推測したうえで,左ページの語義を見て確認する。最後に例文の意味を確認。英文和訳の練習に本書を用いるならば,右側の例文を一読し,意味が明確でなかったものについては,自分で訳を書く。そのうえで「例文の意味」を参照して確認する。

### c. 大学受験レベル以上の語彙力を求める方に最適

　本書は,「大学院入試英語問題対策」という具体的な目的のために作られたものです。しかし,「院単コーパス」が学術分野に特化した英語データベースであるために, 本書に掲載された単語は**同じく学術分野の文献から出題されるTOEFLのReading 対策にも十分に対応し**ています。

　さらに, 特に明確な受験目的がなくとも, **大学の授業などで英語文献を読む際に語彙力の不足を感じている人, 大学受験時に身につけた語彙のうえにさらに積み上げる必要を感じている人**には, 本書は格好の単語集であると言えます。

　多量の英文を早く読みたいが辞書ばかり引いていて少しも進めないと悩んでいる方, あるいは単純に英語が苦手だ, わからないと思い込んでいる方, 恐らくその原因は単純なところ, つまり**語彙の不足**にあります。

　つまりそれは, 90分間グラウンドを走れない人が, サッカーは難しいと言っているようなもので, 何よりもまず取り組まなければならないのは, 体力をつけることでしょう。毎日決まった回数の腕立て伏せや決まった距離のランニングをするように, この単語集にも毎日ノルマを決めて取り組んでください。そして, 最後まで全力で走りとおせるような「英語の体力」を身につけてください。

# 本書で使用した記号

### ▼ 品詞略号

**名** 名詞

**動** 動詞

**形** 形容詞

**副** 副詞

**複** 複数形
注意したい複数形の綴りがある場合

### ▼ その他記号

**別** 別綴り
異なる綴りがある場合
（見出し語には一般的な綴りを優先して掲載）

**英** 英綴り
英国綴りがある場合
（見出し語には米国での綴りを優先して掲載）

↔ 反意語

≒ 同意語，類義語

### ▼ カッコ

( ) 省略可能
語義では（ ）内をつけた意味にもなることを表す。
例：**請願（書）**

[ ] 言い換え可能
語義では[ ]内に言い換えた意味にもなることを表す。
例：**互いに作用[影響]しあう**

## 頻出単語1500

- [ ] racism
- [ ] administration
- [ ] locate
- [ ] context
- [ ] ally
- [ ] assume
- [ ] species
- [ ] territory
- [ ] conclusion
- [ ] interaction
- [ ] core
- [ ] depression
- [ ] dominate

- 上の単語は，次のページに掲載されている頻出度順位1〜13の英単語です。13の単語のうち，おおよそ意味がわかる単語が2語以上ある場合は，【頻出単語1500】から始めます。
- 13の単語のうち，意味のわかる単語が0〜1語の場合は，【必修基礎単語300】から始めましょう。

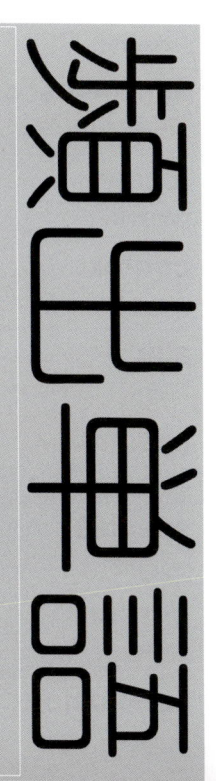

| 見出し語 | 意味 | 例文の意味 |
|---|---|---|
| **racism** [réisizm] | 人種差別(主義) 名racist 人種差別主義者 | 歴史の最も凄惨な教訓が警告するように、人種差別はしばしば集団大量虐殺へと進んでしまう。 |
| **administration** [ædmìnəstréiʃən] | 運営主体, 政権 形administrative 管理[行政・運営]上の | レーガノミクスとしても知られる供給重視理論はロナルド・レーガン政権の時に初めて試みられた。 |
| **locate** [lóukeit] | 位置づける 名location 場所, 位置 | 20世紀初頭までマンハッタンには多くの生産業が置かれていた。 |
| **context** [kántekst] | 状況, 前後関係, 文脈 | 物理的な場所が同じでも、社会的状況の性質が変わってしまうことはある。 |
| **ally** [əlái] | 結びつける, 同盟させる 名alliance 同盟 | 写真は、最新の科学の発展と結びついて美術としての地位を得るようになった。 |
| **assume** [əsúːm] | 推測する, 担う 名assumption 仮定 | 何世紀にも渡って、ほとんどの人は、子供の頭脳は大人の頭脳と全く同じように働くのだろうと思い込んでいた。 |
| **species** [spíːʃiːz] | 種, 種類 | 我々と同じ世界に住む多くの生物種が、やがては絶滅にいたるような恐ろしい脅威に瀕している。 |
| **territory** [térətòːri] | 領土, 分野 形territorial 領土の | 七年戦争の終結時には、フランスはミシシッピ川より西側の領土をスペインに譲渡していた。 |
| **conclusion** [kənklúːʒən] | 結論, 終結 動conclude 結論を出す | 正しい演繹的論法においては、もし前提が真であるならば、論理的必然性に基づいて結論も必ず真となる。 |
| **interaction** [ìntəræk ʃən] | 相互作用(関係) 動interact 互いに作用[影響]しあう | 社会構成論によれば、自己は社会的相互作用によって産み出されるものである。 |
| **core** [kɔ́ːr] | 核, 中心 | アメリカ人の中心的な価値観では、政府が個人の自由への干渉については権限を控えるべきだ、と見なされている。 |
| **depression** [dipréʃən] | 憂鬱, 不況 | 最近まで、青年期うつ症は医療関係者にも無視されていたが、今では診断法も治療法もある。 |
| **dominate** [dámənèit] | 支配する, 独占する 名domination 支配, 優位 | 世界的な穀物取引は、わずか5つの会社によって独占されている。 |

History's most virulent lessons warn us that **racism** sometimes turns into genocide.

Supply-side theory, also known as Reaganomics, was initiated during the **administration** of Ronald Reagan.

Many industries were **located** on Manhattan until the beginning of the 20th century.

The nature of the social **context** can change even when the physical location remains the same.

Photography began to assume the status of a fine art **allied** with the latest scientific developments.

For centuries, most people **assumed** that a child's mind worked in exactly the same way as an adult's mind.

Many **species** that share our world face frightening threats that may ultimately lead to their extinction.

At the end of the Seven Years' War, France had ceded to Spain the **territory** west of the Mississippi River.

In a valid deductive argument, if the premises are true, the **conclusion** must be true by virtue of logical necessity form.

According to the social constructionism, the self is a product of social **interactions**.

An American **core** value assumes that the government should be limited in its ability to interfere with individual liberties.

Until recently, adolescent **depression** was ignored by health professionals, but now means of diagnosis and treatment exist.

Global grain trade is **dominated** by a mere five companies.

# [院単] 頻出1500語

| 単語 | 意味 | 例文の意味 |
|---|---|---|
| **expand** [ikspǽnd] 14 | 拡大する, 膨張する 形 expansive 拡張的な | 17世紀半ばまでにロシアは東は太平洋まで領土を拡大していた。 |
| **realism** [ríːəlìzm] 15 | 写実主義, 現実主義, リアリズム | より概括的に言えば、文学におけるリアリズムは、西洋社会で高まった科学や進歩、また進化論思想への信奉を示していた。 |
| **majority** [mədʒɔ́ːrəti] 16 | 大多数, 過半数 | 大多数のアメリカ人は民主党の提案したニュー・ディール政策を支持した。 |
| **survive** [sərváiv] 17 | 生き残る 名 survival 生き残ること | ウイルスは宿主の生きた細胞の中でのみ生き続け、繁殖することができる。 |
| **executive** [igzékjutiv] 18 | 行政の, 実行に関わる, 役員 | 立法、行政、司法の三権の均衡がとてもよくとれていたので、どれも支配権を握ることはできなかった。 |
| **respond** [rispánd] 19 | 応じる, 対応する 名 respondent 回答者 | 環境の時代である今日、人間はやり方を見直し、地球全体の長期的な問題の解決に取り組むことで対処しなければならない。 |
| **access** [ǽkses] 20 | 近づく[入手する]手段, 近づく | 教育の機会を得る手段は教育を受けることで最も利益を得るであろう人々には、概して手が届かないものだ。 |
| **norm** [nɔ́ːrm] 21 | 規範, 標準 | 規範とは、ある文化の中で認められ、共有された行動規則であり、また容認可能な行動の限界を定めるものでもある。 |
| **shift** [ʃíft] 22 | 移動, 変化 | 統計はまた、自営から雇用労働へのかなり驚くべき移動があったことも明らかにしている。 |
| **budget** [bʌ́dʒit] 23 | 予算, 経費 | 浪費癖に対処する最も良い方法は、自分の支出入について詳細な予算を立てることである。 |
| **legal** [líːgəl] 24 | 法律の 副 legally 合法的に, 法律上 | 法理論の専門家の中には法体系は道徳体系を形に示したものだという意見もあるが、必ずしもそうとは言えない。 |
| **postwar** [póustwɔ́ːr] 25 | 戦後の ↔ prewar 戦前の | 戦争は繁栄をもたらし、戦後、合衆国は世界の最富裕国としての地位を確固たるものにした。 |
| **strategy** [strǽtədʒi] 26 | 方策, 策略 名 strategist 戦略家 | アルゴリズムとは、必ず解に至ることができるような、問題を解くための方策である。 |

By the middle of the seventeenth century Russia had **expanded** eastward to the Pacific.

More generally, literary **realism** reflected Western society's growing faith in science, progress, and evolutionary thinking.

The **majority** of Americans supported the New Deal policies proposed by the Democrats.

Viruses are able to **survive** and reproduce only in the living cells of a host.

Legislative, **executive** and judicial powers were so harmoniously balanced that no one could ever gain control.

In our environmental age, humans must **respond** by changing their ways and working for long-term global solutions.

**Access** to educational opportunities is generally not available to those who would most benefit from it.

**Norms** are the rules of behavior that are agreed upon and shared within a culture and that prescribe limits of acceptable behavior.

Statistics also reveal a rather startling **shift** away from self-employment to working for others.

The best way to address your spendthrift habits is to draw up a detailed **budget** of your income and outgoings.

Some **legal** theorists have argued that the **legal** code is an expression of the moral code, but this is not necessarily.

War brought prosperity, and in the **postwar** period the United States consolidated its position as the world's richest country.

Algorithms are problem-solving **strategies** that inevitably lead to a solution.

| 見出し語 | 意味 | 例文の意味 |
|---|---|---|
| **indicate** [índikèit] | 示す, 述べる 名 indicator 指標 | 1790年の国勢調査は, アメリカ国民のうち20%がアフリカ系であることを**示していた**。 |
| **consequence** [kánsəkwèns] | 結果, 重要性 形 consequent 結果として生じる | 近年の経済的停滞が及ぼした最も広範な**結果**は, おそらく人々の心理や態度の上に現れたものだろう。 |
| **promote** [prəmóut] | 推進する 名 promotion 促進, 昇格 | 先頃フランスでは, 最高裁判所がインターネットの検閲を**進める**法案を却下したばかりである。 |
| **capitalism** [kǽpətəlìzm] | 資本主義 名 capitalist 資本家 | 一般に, 若者は**資本主義**か社会主義かという古くさい思想上の論争にはあまり興味がなかった。 |
| **landscape** [lǽndskèip] | 景観, 状況 | 中絶賛成派と反対派双方によるデモはおきまりの政治的**光景**となった。 |
| **candidate** [kǽndidèit] | 候補者, 志願者 名 candidacy 立候補(資格) | 市民権を**得たい者**は, 司法省の移民・帰化局に申請を行う。 |
| **treaty** [tríːti] | 条約, 協定 | 大統領は外交官の長であり, **条約**の交渉者であり, 軍の最高司令官である。 |
| **deviant** [díːviənt] | (規範から)逸脱した 名 deviance 逸脱 | **逸脱**行動に対抗することによって, 集団の存続には欠かせない相互協力の機会が作り出される。 |
| **inspire** [inspáiər] | 刺激する, 鼓舞する 名 inspiration 刺激, 着想 | 日本の経済における奇跡は, 他の東アジア諸国の**刺激となってきた**。 |
| **demonstrate** [démənstrèit] | 実証する | 研究は同時に信頼性を**実証し**なければならない。つまり, その研究の結果は再現可能でなければならない。 |
| **supreme** [səpríːm] | 至高の 名 supremacy 支配権 | アレクサンドロス大王は**至高**の英雄として他をしのぐことを望んだが, おそらくそれは偉大な父親の栄光に張り合おうとしたのだろう。 |
| **gender** [dʒéndər] | (社会的に決定された)性, 性別, 性差 | マーガレット・ミードがニューギニアの諸部族について行った調査では, **性**による役割分担が西洋とは全く異なっていることがわかった。 |
| **radical** [rǽdikəl] | 根本的な, 過激な 副 radically 根本的に | 実は, 全体主義は自由主義に対する**根本的な**反抗なのであった。 |

The 1790 census **indicated** that 20 percent of the American population was of African origin.

The most pervasive **consequences** of recent economic stagnation were probably psychological and attitudinal.

Recently in France, a high court has struck down a bill that would **promote** censorship of the Internet.

Generally, young people were not very interested in the old ideological debates about **capitalism** and socialism.

Pro-choice and antiabortion demonstrations became a fixture of the political **landscape**.

A **candidate** for citizenship makes application to the Immigration and Naturalization Service of the Department of Justice.

The President is the chief diplomat, negotiator of **treaties**, and commander-in-chief of the armed forces.

Opposition to **deviant** behavior creates opportunities for cooperation essential to the survival of any group.

Japan's economic miracle has **inspired** other East Asian countries.

The study must also **demonstrate** reliability—that is, the findings of the study must be repeatable.

Alexander wished to excel as the **supreme** hero, probably in rivalry with his great father's glory.

Margaret Mead's research in New Guinea found tribes in which **gender** roles differed dramatically from those of the West.

Indeed, totalitarianism was a **radical** revolt against liberalism.

| 見出し語 | 意味 | 例文の意味 |
|---|---|---|
| **deficit** [défəsit] 40 | 赤字, 欠損 | 1990年代前半, 国家予算赤字は様々な要因から再び増大していった。 |
| **previous** [príːviəs] 41 | それ以前の 副 previously 前もって, 以前に | その船はそれ以前に18回大西洋を横断したが, 安全面で全く問題がなかった。 |
| **impose** [impóuz] 42 | 課す, 押しつける 名 imposition 強制 | 日本は合衆国への自動車輸出について自発的な数量制限を課することに同意した。 |
| **regulation** [règjuléiʃən] 43 | 規則, 規制 | 例えばドイツでは資本主義的な経済活動には政府の規則によって厳しく制限が加えられている。 |
| **depict** [dipíkt] 44 | 描く 名 depiction 描写, 叙述 | 旧石器時代の描き手たちは, 他の何よりも女性をとりあげて描いた。 |
| **illustrate** [íləstrèit] 45 | 説明する, 例示する 名 illustration 図解, 実例 | 良くも悪くも, インドは, ヨーロッパによる支配が何世代も続くとどのような結果が生まれるか例示している。 |
| **career** [kəríər] 46 | (一生の)職業, 経歴 | 出生率低下のもう1つの原因は, 出産や育児によって働く女性が仕事を中断しなければならない点にあった。 |
| **emotional** [imóuʃənl] 47 | 感情[情緒]的な 副 emotionally 情緒的に | 気分障害の特徴は, 情緒状態の極端な動揺にある。 |
| **ignore** [ignɔ́ːr] 48 | 無視する | ソ連とその同盟諸国はヘルシンキ協定の人権条項をしばしば無視した。 |
| **rural** [rúərəl] 49 | 地方の, 農村部の ↔ urban 都市部の | 1870年の国勢調査は, はじめて正式に「都市部」の住民と「農村部」の住民を区別した。 |
| **annual** [ǽnjuəl] 50 | 毎年の, 年間の 副 annually 毎年 | 年間インフレ率は1983年から87年までは3から5%の間にとどまっていた。 |
| **dominant** [dámənənt] 51 | 最も優勢な 名 dominance 支配, 優勢 | 1950年代と60年代には, ニュー・クリティシズムはアメリカの文学批評において最も優勢な方法であった。 |
| **globalization** [glòubəlizéiʃən] 52 | グローバル化, 世界的拡大 | 核兵器を含む軍事的脅威の世界的拡大は, 拡散問題として知られている。 |

In the early 1990s, the federal budget **deficit** was heading upward again for a variety of reasons.

The ship had an unblemished safety record on eighteen **previous** Atlantic crossings.

Japan agreed to **impose** a voluntary quota on its car exports to the United States.

In Germany, for example, the capitalistic business world is strongly restricted by government **regulations**.

Paleolithic painters **depicted** women more frequently than other subjects.

India **illustrates**, for better and for worse, what generations of European domination might produce.

Another reason for the decline of the birthrate was that motherhood interrupted a woman's **career**.

Mood disorders are characterized by extreme disturbances of **emotional** states.

The Soviet Union and its allies often **ignored** the human rights provisions of the Helsinki agreement.

In 1870 the census officially distinguished the nation's "urban" from its "**rural**" population for the first time.

The **annual** inflation rate remained between 3 and 5 percent from 1983 to 1987.

The New Criticism was the **dominant** mode of American literary criticism throughout the 1950s and 1960s.

The **globalization** of military threat involving nuclear weapons is known as the proliferation issue.

| 単語 | 意味 | 例文の意味 |
|---|---|---|
| **symbolic** [simbálik] 53 | 象徴的な, 象徴する 副symbolically 象徴的に | 合衆国は世界の民主主義国の**象徴的な**リーダーの役割を務めている。 |
| **imperial** [impíəriəl] 54 | 帝国の 名imperialism 帝国主義 | 英国とフランスは**帝国として**衰退しつつあり、ヨーロッパの安定よりは植民地の経済状況の方に関心が強かった。 |
| **obvious** [ábviəs] 55 | 明らかな 副obviously はっきりと | 肉体的な構造は、最も**明らかな**男女間の差異である。 |
| **victim** [víktim] 56 | 被害者, 犠牲 名victimization 虐待 | 家内工業は、生産を機械化した産業革命の**犠牲**になりつつあった。 |
| **consumer** [kənsú:mər] 57 | 消費者 名consumerism 消費者主義[運動] | 当然ながらたいていの**消費者**は、購入時には製品安全性と信頼性のみならず、価格相応であることを期待する。 |
| **premise** [prémis] 58 | 前提, 根拠 | 帰納的な論法は、実世界での経験によってのみ知りうるような**根拠**に基づいている。 |
| **underlying** [Àndərláiiŋ] 59 | 根底をなす 動underlie 根底にある | 科学はそのように繰り返されるパターンを説明するためにその**根底にある**法則を発見しようとする。 |
| **perspective** [pərspéktiv] 60 | 物の見方, 視野 | もし新たな世界的市場で成功しようとするなら、他の国々はアメリカの**物の見方**を取り入れなければならない。 |
| **conservative** [kənsə́:rvətiv] 61 | 保守的な, 控えめな 名conservatism 保守主義 | 1930年代においては、ハンガリー政府はまだ**保守的**で民族主義的だった。 |
| **domestic** [dəméstik] 62 | 国内の, 家庭の 動domesticate 環境になじませる | 解放を求める労働者階級の**国内**闘争は、国際的なレベルに移行し始めた。 |
| **dynasty** [dáinəsti] 63 | 王朝 | 漢**王朝**では、道教や儒教の哲学が大きな影響力を持った。 |
| **insist** [insíst] 64 | 強く主張する, 断言する 名insistence 断言, 固執 | フロイトは、夢の内容はとても豊かで複雑なので完全に解釈できるような夢はない、ということを繰り返し**強く主張している**。 |
| **massive** [mǽsiv] 65 | (規模, 量などが)大きい | 氷が後退するにつれて氷河の縁に沿って**大きな**湖ができた。 |

The United States acts as **symbolic** leader of the world's democracies.

Britain and France were in **imperial** decline, and more concerned about colonial economics than the stability of Europe.

Physical anatomy is the most **obvious** difference between males and females.

Cottage industries were falling **victim** to an Industrial Revolution that was mechanizing production.

Naturally, most **consumer** look for good value when they buy, as well as product safety and reliability.

An a posteriori argument is based on **premises** that can be known only by means of experience of the world.

Science seeks the discovery of **underlying** laws to explain such recurrent patterns.

Foreign countries have to adopt American **perspectives** if they are to succeed in the new global marketplace.

In the 1930s the Hungarian government remained **conservative** and nationalistic.

The **domestic** working-class struggle for liberation became transferred to the international level.

Under the Han **dynasty**, the philosophies of Taoism and Confucianism flourished.

Freud repeatedly **insists** that the content of dreams is so rich and complex that no dream can ever be completely interpreted.

As the ice retreated, **massive** lakes were created along the glacial margins.

| 見出し語 | 意味 | 例文の意味 |
|---|---|---|
| **category** [kǽtəgɔ̀ːri] 66 | 分類上の区分 <br> 動 categorize 分類する | 現在の人類学者たちは、人種というものは生物的な区分ではなく、社会的な区分と見なされるべきだという点で、意見が一致している。 |
| **revenue** [révənjùː] 67 | 歳入、収入 | その予算案は、個人所得税や従価消費税といった歳入源の細目がわかるように作られている。 |
| **revolutionary** [rèvəlúːʃənèri] 68 | 革命的な、画期的な | グローバリゼーションの最も画期的な点は、民主化効果かもしれない。 |
| **tariff** [tǽrif] 69 | 関税(率) | 外国との競争による摩擦を減らすため、幾つかの商品には高率の関税障壁が設定されている。 |
| **theoretical** [θìːərétikəl] 70 | 理論上の <br> 副 theoretically 理論上は、名目上は | おそらく新歴史主義の発想に最も重要な理論的刺激を与えたのは、ミシェル・フーコーの業績である。 |
| **variation** [vèəriéiʃən] 71 | 変化、ばらつき | 大きな社会では、しばしば文化的な面で地域による様々な変化が認められる。 |
| **principal** [prínsəpəl] 72 | 主要な <br> 副 principally 主に | 通貨価値の決まり方には主なものとして2種類ある。 |
| **survey** [sərvéi] 73 | 調査、概説 | この調査によれば、その村の廃棄物の90%以上は再利用可能もしくはたい肥にすることができる。 |
| **guarantee** [gæ̀rəntíː] 74 | 保証する | トルーマンは、連邦政府は経済的な機会と社会の安定を保証すべきだと信じていた。 |
| **feminist** [fémənist] 75 | 男女同権論者の <br> 名 feminism 男女同権論 | フェミニズム批評の多くの方法では、女性と男性に与えられた役割を探るために文学テクストが用いられている。 |
| **precipitation** [prisìpətéiʃən] 76 | 降水[雨]量 | 合衆国における最多の年間平均降水量は、北西部太平洋岸地域で観測されている。 |
| **secure** [sikjúər] 77 | 安定した、確実な | 戦の神を主神とするゲルマン部族に囲まれながらも、その中でローマは非常に安定していた。 |
| **biological** [bàiəládʒikəl] 78 | 生物学の <br> 名 biology 生物学 | 生物進化論では、最初の生命体がどのように現れたかを正確に説明できない。 |

Consensus among anthropologists today is that race should be viewed as a social **category** rather than as a biological one.

The budget is designed to indicate categories of **revenue** sources such as personal income tax and ad valorem sales tax.

Possibly the most **revolutionary** aspect of globalization is its democratizing effect.

High **tariff** barriers are erected on some goods to reduce competition from abroad.

Probably the most important **theoretical** inspiration for the new historicism is provided by the work of Michel Foucault.

Large societies often show regional **variations** in culture.

There are two **principal** ways of determining currency values.

According to this **survey**, over 90 percent of the village's waste is recyclable or compostable.

Truman believed that the federal government should **guarantee** economic opportunity and social stability.

Many forms of **feminist** criticism use literary texts to explore the roles of women and men.

The greatest average annual **precipitation** in the United States is found in the Pacific Northwest.

Rome was quite **secure** amidst the surrounding German tribes whose chief gods were those of war.

**Biological** evolution cannot explain precisely how first organisms developed.

| [院単] 頻出1500語 | Check | | ▼例文の意味 |
|---|---|---|---|
| **ensure** [inʃúər] | 79 | を確実にする, 保証する | 国連の目的は国際法を執行することではなく, 政治的な平和と安全を保ち, 回復し, **確保すること**にある。 |
| **perception** [pərsépʃən] | 80 | 知覚, 認知 <br> 形 perceptual 知覚の | 3つの基本的な**知覚**過程とは, 選択, 組織化, そして解釈である。 |
| **prime** [práim] | 81 | 主要な, 第一の | 総じて言えば, 医療技術そのものが, 医療費の増大をもたらす**第一の**原因であるように見える。 |
| **concentrate** [kánsəntrèit] | 82 | 集中する[させる] <br> 名 concentration 集中, 凝縮 | 1960年代に入るまで, 地質学者たちはなぜ活火山や強い地震がその地域に**集中しているの**かわからなかった。 |
| **proportion** [prəpɔ́:rʃən] | 83 | 割合, 比率 <br> 形 proportional 比例する | その地域では製造業従事者における非農業労働人口の**割合**が著しく増加した。 |
| **similarly** [símələrli] | 84 | 同様に | 大統領の死のニュースを聞いて世界中の人々が皆**同様に**愕然とした。 |
| **abuse** [əbjú:s] | 85 | 虐待, 濫用 <br> 形 abusive 虐待的な | 子供を虐待する親は, 自分自身が子供の時**虐待**の被害者だった可能性がある。 |
| **derive** [diráiv] | 86 | に由来する, 引き出す | 共産主義はカール・マルクスの著作から**生まれた**が, その背景には19世紀ヨーロッパの産業主義があった。 |
| **internal** [intə́:rnl] | 87 | 内部の, 内在的な <br> ↔ external 外部の | 外面の行為は, ほぼ常に**内面の**感情と直接結びついている。 |
| **liberal** [líbərəl] | 88 | 自由主義の, 進歩的な | 初期のナショナリズムはまず**自由主義**で理想主義的であったが, 同時に民主主義的で急進的な場合もままあった。 |
| **occupation** [àkjupéiʃən] | 89 | 占領, 職業 <br> 形 occupational 職業の | 英国は**占領**は一時的なものだと言ったが, 英国軍は1956年までエジプトに駐留したのである。 |
| **pose** [póuz] | 90 | (問題を)もたらす, 提起する | 研究の与える喜びの1つは, 研究が進むにつれて常に新たな視野が開け, さらに新たな問題が**提起される**点にある。 |
| **version** [və́:rʒən] | 91 | ～版, 種類 | 彼の考えでは, コールフィールドは現代**版**の救世主であり, 唯一無垢を守る存在なのである。 |

The purpose of the UN is not to enforce international law, but to preserve, restore and **ensure** political peace and security.

The three basic processes of **perception** are selection, organization, and interpretation.

Medical technology appears, as a whole, to be a **prime** driving force of health care cost growth.

Before the 1960s, geologists did not know why active volcanoes and strong tremors were **concentrated** in the region.

The **proportion** of the nonagricultural labor force in manufacturing jobs increased greatly in the region.

People all around the world were **similarly** stunned when they heard the news of the president's death.

The abusive parent may have been a victim of **abuse** as a child.

Communism **derived** from the writings of Karl Marx, and was grounded in the industrialism in nineteenth-century Europe.

The external conduct is almost always directly linked to **internal** emotions.

Early nationalism was at least **liberal** and idealistic and often democratic and radical as well.

The British said their **occupation** was temporary, but British armies remained in Egypt until 1956.

One of the pleasures of research is that ongoing studies keep opening up new perspectives and **posing** further questions.

In his vision, Caulfield is a modern **version** of a white knight, the sole preserver of innocence.

| 見出し語 | 意味 | 例文の意味 |
|---|---|---|
| **characterize** [kǽriktəràiz] 92 | の特色となる 名 characterization 性格描写 | 発作性睡眠の**特徴は**，突然，耐え難いまでの眠気に誘われる点に**ある**。 |
| **virtually** [və́ːrtʃuəli] 93 | 事実上，ほぼ 形 virtual 実際上の | プロテスタントの労働倫理においては，商売における成功と神による是認が**ほぼ**同一視されている。 |
| **alternative** [ɔːltə́ːrnətiv] 94 | 代わりうるもの，選択肢 形 alternate 代わりの | 今日では，マッサージ療法は，伝統的な医療に十分**代わりうるもの**として広く認められている。 |
| **collapse** [kəlǽps] 95 | 崩壊，崩壊する，破綻(はたん)，破綻する | 長期に渡った経済**破綻**の社会的政治的影響は甚大なものであった。 |
| **insight** [ínsàit] 96 | 洞察(力)，卓見 | ソシュールの**優れた考え方は**，20世紀を通して多くの人間科学の領域の研究者たちに広く取り入れられた。 |
| **launch** [lɔ́ːntʃ] 97 | 着手する，乗り出す | チベット仏教の古写本の完本を求めて，学者たちは世界的な探索に**乗り出している**。 |
| **legislation** [lèdʒisléiʃən] 98 | 立法，法案 名 legislature 立法機関 | この制度では，多数党は非常に多くの**法案**を可決することができる。 |
| **therapy** [θérəpi] 99 | 治療，療法 形 therapeutic 治療の，治療に役立つ | ナルシシスト（＝自己愛者）は，**治療**に入っても，自分に何か悪いところがあるとは信じない。 |
| **diversity** [divə́ːrsəti] 100 | 多様性，相違 動 diversify 多様化させる | 市民の**多様性**は，自由主義において民主政治の根幹にあると認められているものである。 |
| **ideology** [àidiálədʒi] 101 | 思想，観念 形 ideological 思想上の | 19世紀前半には，ロシアの為政者たちはナショナリズムを体制を転覆させる**思想**だとみなしていた。 |
| **rational** [rǽʃənl] 102 | 理性の，合理的な 名 rationalism 合理[理性]主義 | 心の中の**理性的な**力と非理性的な力の争いは，決して終わることはない。 |
| **widespread** [wáidspréd] 103 | 広く行き渡った | 酸性雨が**広範に及ぶ**大気汚染の1つの側面に過ぎないということを忘れないでいることが重要だ。 |
| **abstract** [ǽbstrǽkt] 104 | 抽象的な 名 abstraction 抽象化，抽象概念 | ディキンソンはほとんど箴言のような凝縮された文体の中で，具体的な事物を**抽象的な**思念と結び付けている。 |

Narcolepsy is **characterized** by sudden and irresistible demands for sleep.

The Protestant work ethic **virtually** equates business success with divine approval.

Today massage therapy is widely recognized as a sensible **alternative** to traditional medicine.

The social and political consequences of prolonged economic **collapse** were enormous.

Saussure's **insights** were widely adopted by investigators in a number of human sciences in the course of the twentieth century.

Scholars have **launched** a worldwide hunt for a complete set of ancient Tibetan Buddhist manuscripts.

The majority party can pass a great deal of **legislation** in this system.

The narcissist who enters **therapy** does not believe there is anything wrong with him or her.

The **diversity** of citizens is something which liberalism recognizes as central to democracy.

Russia's rulers saw nationalism as a subversive **ideology** in the early nineteenth century.

The contest between the **rational** and irrational forces of the psyche never ceases.

It is important to remember that acid rain is only one aspect of the **widespread** pollution of the atmosphere.

Dickinson combines concrete things with **abstract** ideas in an almost proverbial, compressed style.

| 見出し語 | 意味 | 例文の意味 |
|---|---|---|
| **additional** [ədíʃənl] 105 | 追加の, さらなる 副 additionally さらに, 加えて | オリンピックは公式に廃止された後も, さらに120年間続いていたらしい。 |
| **background** [bǽkgràund] 106 | 背景, 経歴 | 彼の意見では, 文学と文学の解釈は, どのような背景を持つ学生にも教えることができる, ということだった。 |
| **boom** [búːm] 107 | 急に人気が出る, 急に景気づく | 1943年から1958年までレバノン経済はにわかに景気づき, (首都)ベイルートは地中海のモデル都市に変貌した。 |
| **discourse** [dískɔːrs] 108 | 言説, 論述 | フーコーはある具体的な言説を読み, その言説に影響を与えている権力関係について考察を導き出そうとしている。 |
| **objective** [əbdʒéktiv] 109 | 客観的な, 目的 名 objectivity 客観性 | ホランドによれば,「文学とは客観的なテクストであるが同時に主観的な経験でもある」。 |
| **ethnic** [éθnik] 110 | 民族の 名 ethnicity 民族性 | 異なる民族集団同士は, 一緒に集められても, 特に仕事を奪い合うような場合は, お互い協調していくことが難しかった。 |
| **stimulate** [stímjulèit] 111 | 促す, 刺激する 名 stimulation 激励, 刺激 | 皇帝や富裕な廷臣, そして教会本山が後援者となり, 新たな教会建設や改築を奨励した。 |
| **advocate** [ǽdvəkèit] 112 | 公に支持する, 主張する, 主張[支持]する人 | ジョン・メイナード・ケインズは雇用を創出して景気を刺激するために, 政府支出の増額を主張した。 |
| **mental** [méntl] 113 | 知的な, 精神的な 名 mentality 精神構造 | 個人の行動と精神過程の研究は, 心理学に含まれる。 |
| **narrative** [nǽrətiv] 114 | 物語, 談話 名 narrator 語り手 | 奴隷の体験談は, 合衆国においては黒人による最初の散文文学ジャンルであった。 |
| **possess** [pəzés] 115 | 所有する, 能力[資質]を持つ 名 possession 所有 | 読者は少なくとも作品が書かれている言語を知り, ある程度の基本的な文化的知識を持っていなければならない。 |
| **regime** [rəʒíːm] 116 | 政治体制, 政権 | ロシアでは, ボルシェビキが既存の資本主義制度を打ち壊して急進的な政治体制を確立した。 |
| **apparently** [əpǽrəntli] 117 | どうも～らしい, 一見 | 窒素中毒はどうやら血中に溶解した多量の窒素が脳に直接の影響を与えた結果起きるものらしい。 |

Even after the official abolishment of the Olympics, it may have survived for an **additional** 120 years.

Literature and the interpretation of literature, he claimed, could be taught to students of any **background**.

From 1943 until 1958 Lebanon's economy **boomed** and Beirut was transformed into the showcase city of the Mediterranean.

Foucault attempts to read specific **discourses** and to draw conclusions about the power relationships that inform them.

For Holland, " literature is an **objective** text, but also a subjective experience."

Different **ethnic** groups found it difficult to get along when thrown together—especially when competing for jobs.

The patronage of emperors, wealthy courtiers, and the Church **stimulated** renewed church building and renovation.

John Maynard Keynes **advocated** increased governmental spending to prime the economic pump by creating jobs.

The study of individual behavior and **mental** processes is part of psychology.

The slave **narrative** was the first black literary prose genre in the United States.

A reader must at least know the language in which a work is written and **possess** a certain basic amount of cultural knowledge.

In Russia, the Bolsheviks established a radical **regime**, smashed existing capitalist institutions.

Nitrogen narcosis **apparently** results from a direct effect on the brain of the large amounts of nitrogen dissolved in the blood.

| 単語 | 意味 | 例文の意味 |
|---|---|---|
| **celebrate** [séləbrèit] 118 | 祝う, 讃える 名celebration 祝典, 賞賛 | 1970年4月22日, 合衆国中の学校や地域が地球デーを**祝った**。 |
| **code** [kóud] 119 | (記号)体系, 規範 | 犯罪とは, 社会の法**規範**を犯す行為である。 |
| **component** [kəmpóunənt] 120 | 構成要素, 部品 | 未熟練労働者のうち大きな割合を占める**構成要素**の1つは家事使用人である。 |
| **compromise** [kámprəmàiz] 121 | 妥協, 妥協する, 譲歩, 譲歩する | 地球規模の問題のほとんどは, 解決するためには, **妥協**と協調を必要とする。 |
| **delegate** [déligət] 122 | 委任する, 委譲する 名delegation 委任, 代表団 | 投票者は, 自らが指名した行政官にその権限を**委譲している**のである。 |
| **draft** [dræft] 123 | (文書などを)作成する, 起草する, 草案 | 州立裁判所の組織は, 憲法が**起草される**以前から存在していた。 |
| **evolution** [èvəlú:ʃən] 124 | 進化(論) 形evolutionary 進化(論)の | **進化**の過程を研究するうえで両生類は理想的な対象とされてきた。 |
| **minority** [minɔ́:rəti] 125 | 少数派, 少数民族 形minor 少数の | 様々な**少数派の人々**が意見を訴えようとしたが, その最大のものは女性だった。 |
| **prosperity** [prɑspérəti] 126 | 繁栄, 成功 形prosperous 繁栄している | キャンプ・デービッド合意はエジプトに平和をもたらしたが, **繁栄**はもたらさなかった。 |
| **stability** [stəbíləti] 127 | 安定(状態) 形stable 安定している | 財政政策では, 財政赤字や財政黒字を演出して経済的**安定**や成長を促す。 |
| **adapt** [ədǽpt] 128 | 適応する, 改作する 名adaptation 適応, 脚色 | エトルリア人もローマ人もギリシャの建築様式を自分たちの趣味や用途に**合わせて活用した**。 |
| **cognitive** [kágnətiv] 129 | 認識の 名cognition 認識(力) | 心理社会学の理論の中にはインセンティブの理論と**認知**理論がある。 |
| **currency** [kə́:rənsi] 130 | 通貨, 流通 形current 現在の, 流行している | EU(＝ヨーロッパ連合)は2002年1月に単一のヨーロッパ**通貨**であるユーロを導入し, さらに統合を深めた。 |

On April 22, 1970, schools and communities across the United States **celebrated** Earth Day.

Crime is behavior that violates a society's legal **code**.

One of the largest **components** of unskilled labor is domestic servants.

Most global problems require **compromise** and cooperation to solve them.

The voters **delegate** their authority to administrators appointed by them.

A system of state courts existed before the Constitution was **drafted**.

Amphibians have been ideal subjects for studying the process of **evolution**.

Various **minorities** sought to be heard, and the largest of these was women.

The Camp David Accords brought peace to Egypt but not **prosperity**.

Fiscal policy uses budget deficits or surpluses to promote economic **stability** and growth.

The Etruscans and Romans **adapted** Greek architectural orders to their own tastes and uses.

Psychosocial theories include incentive theory and **cognitive** theories.

The EU integrated further in January 2002 with the introduction of a single European **currency**, the euro.

| 見出し語 | 意味 | 例文の意味 |
|---|---|---|
| **description** [diskrípʃən] 131 | 記述, 描写, 説明<br>形 descriptive 説明的な | ヴェーバーの理論が発表されてから社会には大きな変化があったが、官僚制に関する**記述**はいまだ基本的には正確である。 |
| **eliminate** [ilímənèit] 132 | 除去する, 撤廃する<br>名 elimination 消去, 廃止 | 遺伝子工学は飢えた者に食物を与え、病気の**撲滅**に役立つ、等という主張がいたるところでなされている。 |
| **facility** [fəsíləti] 133 | 施設, 設備 | この恐るべき状況は、人口の過密と伝染病、そして基本的な衛生**設備**がないことによって更に悪化した。 |
| **imply** [implái] 134 | 暗示する, 可能性を示す<br>名 implication 言外の意味 | 1969年、アーサー・ジャンセンはアフリカ系アメリカ人が白人より生まれつき知性において劣ることを**ほのめかす**ような論文を発表した。 |
| **scheme** [skíːm] 135 | 計画,<br>(理論や組織の)体系 | 彼らは大学夜間学部での科目履修と組み合わせた実地研修を含む訓練**計画**に参加した。 |
| **legislative** [lédʒislèitiv] 136 | 立法の, 立法機関の | **立法機関**も活動していたが、黒人たちの中には進捗状況に苛立ちはじめるものもいた。 |
| **considerable** [kənsídərəbl] 137 | かなりの, 多量の<br>副 considerably 相当に | 1945年以降、人権の擁護に向けて**かなりの**進展があった。 |
| **crucial** [krúːʃəl] 138 | 極めて重要な | 世界的な競争相手としての共産主義が消滅するにいたった要因は数多くあるが、事実上最も**重要な**ものは経済的な要因であった。 |
| **ongoing** [ángòuiŋ] 139 | 進行中の,<br>継続している | 西欧社会は、東欧の独裁国家を自由化するために**継続されていた**活動に対して、間接的な支援を行った。 |
| **sanction** [sǽŋkʃən] 140 | 制裁処置 | 1986年、合衆国議会は南アフリカに対して一連の経済**制裁**を課した。 |
| **confirm** [kənfə́ːrm] 141 | 確認する, 追認する<br>名 confirmation 確認, 立証 | ガリレオは実証的な根拠を示すことでコペルニクスの理論に**確認**を与えた。 |
| **distinctive** [distíŋktiv] 142 | 独特の, 他とは異なる<br>副 distinctively はっきり異なって | 社会学用語としての「サブカルチャー」とは、社会のある部分における**独特な**生活スタイルや価値観、考え方を意味する。 |
| **expose** [ikspóuz] 143 | 暴露する, さらす<br>名 exposure 発覚, 暴露 | マーク・トウェインは『金ピカ時代』でアメリカ社会を**さらけだして**批判的な精査のもとに置いた。 |

Much has changed in society since his theories appeared, but Weber's **description** of bureaucracy remains essentially accurate.

Everywhere are claims that genetic engineering will feed the starving, help **eliminate** disease, and so forth.

This horrible situation was worsened by overcrowding, infectious diseases, and lack of **facilities** for basic hygiene.

In 1969, Arthur Jensen published an article which **implied** that African Americans are innately less intelligent than whites.

They took part in training **schemes** which involve on-the-job training combined with part-time college courses.

For all of the **legislative** activity, some blacks became impatient with the pace of progress.

**Considerable** progress toward the protection of human rights has been made since 1945.

Many factors led to the demise of communism as a global competitor, but the most **crucial** ones were economic in nature.

Western society gave indirect support to **ongoing** efforts to liberalize authoritarian states in Eastern Europe.

In 1986 the U. S. Congress imposed a set of economic **sanctions** on South Africa.

Galileo **confirmed** the theories of Copernicus by producing experimental proof.

The sociological term "subculture" refers to the **distinctive** lifestyles, values and beliefs of certain segments of a society.

Mark Twain **exposed** American society to critical scrutiny in *The Gilded Age.*

| 単語 | 意味 | 例文の意味 |
|---|---|---|
| **fossil** [fásəl] 144 | 化石 | この化石記録を用いることで、古生物学者たちは様々な種を、祖先である先住種たちとの類似によって分類することができる。 |
| **phenomenon** [finámənàn] 145 | 現象<br>形 phenomenal<br>驚異的な | 文学理論そのものが新しい現象だと考えるならば、それは誤りであろう。 |
| **renaissance** [rènəsá:ns] 146 | (文芸)復興、復活 | 自由市場経済の理念は、ここ数十年間で復活を遂げている。 |
| **regulate** [régjulèit] 147 | 規制する、調整する<br>名 regulator<br>規制[調整]者 | 株の売却から労働者が組合を結成する権利まで、多くの経済活動を規制する法律が新たに可決された。 |
| **administer** [ædmínistər] 148 | (組織を)管理する、運営する | 19世紀に大英帝国を運営する人間が必要となったことが、新たな学校を数多く創設することにつながった。 |
| **cite** [sáit] 149 | 例として挙げる、引用する<br>名 citation 言及 | 2世紀以上も続くその町民集会は、しばしば直接民主制の最も純粋なあり方として例に挙げられる。 |
| **constitute** [kánstətjù:t] 150 | を構成する<br>名 constitution<br>構成、憲法 | 根拠を集めるのは科学的方法の重要な部分だが、事実だけが科学を構成しているわけではない。 |
| **enact** [inækt] 151 | 制定する<br>名 enactment<br>法律の制定 | 1947年に独立するとすぐ、インドは人口増加率ゼロを目標に家族計画政策を制定しはじめた。 |
| **invasion** [invéiʒən] 152 | 侵攻、侵犯<br>動 invade<br>侵入する、攻め入る | ドイツは制空権を握ろうとしたが、それは英国に水陸から侵攻するために必要な第一歩であった。 |
| **cooperation** [kouàpəréiʃən] 153 | 協力、連携<br>動 cooperate<br>協力する | 戦争後もこの純粋科学と応用技術の緊密な連携は続き、同様の成功を収めた。 |
| **implication** [ìmplikéiʃən] 154 | 予想される結果、意味合い | 豊かな社会における早婚化と家族規模の縮小傾向は、その後の女性にとって画期的な影響をもたらすものであった。 |
| **vital** [váitl] 155 | 絶対不可欠な<br>名 vitality 生命力 | フランスの政治家は、ドイツから巨額の賠償金を得ることが、経済の必要上絶対不可欠だと信じていた。 |
| **discrimination** [diskrìmənéiʃən] 156 | 差別、識別<br>動 discriminate<br>差別する、識別する | 中東のアラブ世界は、深刻な女性差別が厳として存在する地域である。 |

Through this **fossil** record, paleontologists are able to classify species according to their similarity to ancestral predecessors.

It would be a mistake to think that literary theory is itself a new **phenomenon**.

The principles of free-market economics have enjoyed a **renaissance** in recent decades.

New laws were passed **regulating** many economic activities from sales of stock to the right of workers to form unions.

The demand for men to **administer** the British Empire in the 19th century led to the founding of scores of new schools.

The town meeting, which has existed for more than two centuries, is often **cited** as the purest form of direct democracy.

Collection of evidence is an important aspect of the scientific method, but facts alone do not **constitute** a science.

India began **enacting** family planning policies aimed at zero population growth soon after independence in 1947.

Germany sought to gain control of the air, the necessary first step for an amphibious **invasion** of Britain.

After the war, this close **cooperation** between pure science and applied technology continued with equal success.

The trends toward early marriage and small family size in wealthy societies had revolutionary **implications** for women.

French politicians believed that massive reparations from Germany were a **vital** economic necessity.

The Arab Middle East is one region where serious **discrimination** against women is undeniable.

# [院単]頻出1500語

| 見出し語 | Check | 意味 | ▼例文の意味 |
|---|---|---|---|
| **retain** [ritéin] 157 | ☐☐ | 保持する, 維持する 名 retainment 保持 | ともかく生命体は突然変異によって環境に適応し, 子孫はその適応性を**保持する**ものと思われる。 |
| **endure** [indjúər] 158 | ☐☐ | 耐える 名 endurance 耐久(性) | 1930年代, 合衆国は歴史上最悪の経済危機と最高の失業率を**耐え**しのいだ。 |
| **enlightenment** [inláitnmənt] 159 | ☐☐ | 啓蒙, 悟り 動 enlighten 啓発する | 仏陀は**悟り**にいたるまでの苦難から, 富は精神的成長の最大の障害だと考えるようになった。 |
| **evolve** [iválv] 160 | ☐☐ | 進化する | 生物学者たちは, もし生命体が長い間に**進化する**のであれば, 現在の種はその祖先よりもかなり異なっているはずだと仮定している。 |
| **external** [ikstə́:rnl] 161 | ☐☐ | 外部の, 外面的な ↔ internal 内部の | 言語が指し示しているものは, 何か**外部**の現実ではなく, 言語そのものに過ぎない。同じことはすべての知識について当てはまる。 |
| **prose** [próuz] 162 | ☐☐ | 散文 ↔ poetry 韻文 | 簡潔で具体的な言葉を用いながら, ガードルード・スタインは抽象的で, 実験的な**散文**詩を作り上げた。 |
| **analyze** [ǽnəlàiz] 163 | ☐☐ | 分析する 名 analysis 分析 | 英国の経済学者だったジョン・メイナード・ケインズは, 経済不況を**分析し**, その原因を説明する方法を生み出した。 |
| **diverse** [divə́:rs] 164 | ☐☐ | 様々な | 細胞膜は, **様々な**領域に及ぶ機能により, 細胞の維持には不可欠なものとなっている。 |
| **output** [àutpút] 165 | ☐☐ | 生産(量), 成果物 | 1970年代には, 石油輸出国機構の諸国が世界の**産油量**の3分の2を産出していた。 |
| **realm** [rélm] 166 | ☐☐ | 領域, 分野, 領土 | ニュー・クリティシズムでは, 文学が社会や政治の世界とは明確に区別される特別な**領域**であるという点が強く主張されている。 |
| **resolve** [rizálv] 167 | ☐☐ | 解決する, 決心する 名 resolution 決心, 解決 | 貴族の間でいさかいが起きた場合は, 国王の開く領主会議で**解決がなされた**。 |
| **subtle** [sʌ́tl] 168 | ☐☐ | 微妙な, 巧みな 名 subtlety 巧妙さ, 繊細さ | 哲学の議論は**微妙で**複雑な場合が多いので, 論文も1度読んだだけでは完全には理解できない。 |
| **aesthetic** [esθétik] 169 | ☐☐ | 美意識, 美学, 美に関する | 現在われわれの知るような**美意識**のあり方はブルジョワ階級の勃興と結びついて生まれてきたものである。 |

Somehow the organism mutates to adapt to its environment and presumably its offspring will **retain** the adaptations.

During the 1930s, the United States **endured** the worst business crisis and highest unemployment rate in its history.

Buddha's own suffering en route to **enlightenment** led him to consider wealth as a prime obstacle to spiritual growth.

Naturalists hypothesize that if organisms **evolve** through time, then current species differ considerably from their ancestors.

Language does not refer to some **external** reality but only to itself, and the same can be said for all knowledge.

Using simple and concrete words, Gertrude Stein developed an abstract, experimental **prose** poetry.

John Maynard Keynes, an English economist, developed a way to **analyze** and explain economic depressions.

The membrane is essential to the survival of a cell due to its **diverse** range of functions.

OPEC countries produced two thirds of global oil **output** in the 1970s.

New Criticism insists that literature is a special **realm** to be distinguished from the social and political world clearly.

When disputes arose between different nobles, these were **resolved** by a council of lords established by the king.

Because philosophical arguments are often **subtle** and complex, a full understanding of an essay requires more than one reading.

The notion of the **aesthetic** as we know it arose in conjunction with the rise of the bourgeoisie.

| 単語 | 意味 | 例文の意味 |
|---|---|---|
| **invest** [invést] 170 | 投資する 名 investor 投資家 | 高い利率は、外国人の合衆国への投資を促すこととなった。 |
| **investigate** [invéstəgèit] 171 | 調査[研究]する，捜査する 形 investigative 調査に関わる | 社会学者が研究することがらは、そのほとんどが実験室では調査できないものである。 |
| **overall** [òuvəró:l] 172 | 全体としては | 統計によれば、全体としては、男性は女性よりもずっと重大犯罪の犠牲者になりやすい。 |
| **amendment** [əméndmənt] 173 | 修正条項(案) 動 amend (法律などを)改正する | 全米婦人参政権協会は女性の参政権を求めて憲法の修正を提唱した。 |
| **consumption** [kənsʌ́mpʃən] 174 | 消費(量) 動 consume 消費する | 経済学者がもっぱら関心を持つのは、商品とサービスの生産、分配、そして消費である。 |
| **hypothesis** [haipάθəsis] 175 | 仮説 形 hypothetical 仮説に基づいた | 多くの生物学者は遺伝の仕組みを説明できないような進化論的な仮説を信ずることはとてもできなかった。 |
| **resolution** [rèzəlú:ʃən] 176 | 解決，決心 | 読者は解決を求めるが、しかしそれが簡単すぎたり、早すぎたりするのは望まない。 |
| **sexuality** [sèkʃuǽləti] 177 | 性に基づく行動，性的指向性 | 性的指向性は、自己の本質に対する認識論的探求のうえで最も重要な場所である。 |
| **totalitarian** [toutæ̀litéəriən] 178 | 全体主義の，全体主義者 | レーニンは現代における全体主義的独裁政権の基本的な枠組みをロシアに作り上げた。 |
| **trait** [tréit] 179 | 特徴，(遺伝的)形質 | 受け継いだ遺伝的形質のすべてが、一生変わらないわけではない。 |
| **ultimate** [ʌ́ltəmət] 180 | 最高の，最終的な 副 ultimately 結局のところ | 中産階級の代表たちは、王ではなく議会が最高の政治権力を有すると規定したかった。 |
| **valid** [vǽlid] 181 | 有効な，妥当な 名 validity 妥当性，有効性 | 異文化間比較を有効なものにするためには、その前に個々の文化をそれぞれふさわしい方法で研究しておかなければならない。 |
| **accomplish** [əkάmpliʃ] 182 | 達成する，熟達する 名 accomplishment 業績，達成 | ストーンヘンジの例で明らかなように、幾つもの大きな集団が団結して共通の目的を達成していた。 |

High interest rates induced foreigners to **invest** in the United States.

Most things sociologists **investigate** cannot be studied in a laboratory.

Statistics show that, **overall**, males are much more likely to be victims of serious crimes than females are.

The National Woman Suffrage Association advocated a constitutional **amendment** for women's right to the vote.

The production, distribution, and **consumption** of goods and services occupy the attention of economists.

Many biologists were less than convinced with an evolutionary **hypothesis** that could not explain the mechanism of inheritance.

The reader wants **resolution**, but he does not want it too easy or too soon.

**Sexuality** is a prime locus for epistemological inquiry into the nature of the self.

Lenin established the basic outlines of a modern **totalitarian** dictatorship in Russia.

All inherited **traits** may not stay the same throughout a lifetime.

Middle-class representatives wanted to establish that the parliament, not the king, had the **ultimate** political power.

Each culture must be investigated on its own terms before it is possible to make **valid** cross-cultural comparisons.

As is evident with Stonehenge, large groups of people united to **accomplish** a common goal.

# [院単] 頻出1500語　Check❶　　　　　　　　　　　▼ 例文の意味

| 見出し語 | | 意味 | 例文の意味 |
|---|---|---|---|
| **alter** [ɔ́ːltər] | 183 ☐☐ | 改変する<br>名 alteration 変更 | 自然を支配し**改変する**科学技術の力は，ますます諸刃の剣の様相を帯びてきた。 |
| **illegal** [ilíːgəl] | 184 ☐☐ | 非合法の<br>名 illegality 不法行為 | 過去の抑制から精神を解放しようとして，**非合法の**ドラッグが用いられる例が増えた。 |
| **terror** [térər] | 185 ☐☐ | (非常に大きな)恐怖 | 合衆国は，他の国では珍しくもないような，大規模な侵略を受ける**恐怖**をこれまで味わったことがない。 |
| **bias** [báiəs] | 186 ☐☐ | 偏見，先入観<br>形 biased 先入観による | フェミニズム批評では，文学と社会の男性中心主義的な**偏見**との関係に焦点をあてる。 |
| **distinct** [distíŋkt] | 187 ☐☐ | 明確な，はっきりと異なる<br>名 distinction 区別 | ハバーマスによれば，現代思想は，科学，道徳，芸術というそれぞれ**明確に異なる**分野に分かれてしまっている。 |
| **infer** [infə́ːr] | 188 ☐☐ | 推測する，暗示する<br>名 inference 推論 | 知覚システムは，視覚的には隠れている部分の存在も「**推測する**」。 |
| **medieval** [mìːdíːvəl] | 189 ☐☐ | 中世の | **中世**初期，西ヨーロッパの人々はイスラム勢の急速な躍進を不安な思いで見ていた。 |
| **requirement** [rikwáiərmənt] | 190 ☐☐ | 必要条件，義務 | 1900年には，4年間の初等教育が国民の**義務**とされた。 |
| **thereby** [ðèərbái] | 191 ☐☐ | その結果，それによって | ほとんどの人は少なくとも誰かを信頼し，**その結果として**持続的な人間関係を持つことができるのである。 |
| **transfer** [trænsfə́ːr] | 192 ☐☐ | 移す，転換させる | インド経済は，英国の必要に応じて構造が決定されるような植民地経済に**転換されて**しまった。 |
| **violate** [váiəlèit] | 193 ☐☐ | 違反する，背く<br>名 violation 違反 | 文民統制の原則にマッカーサーが**違反すると**，トルーマンはただちに彼を解任した。 |
| **bureaucracy** [bjuərákrəsi] | 194 ☐☐ | 官僚制度，官僚<br>形 bureaucratic 官僚的な | 現代社会における大規模組織の機構形態で最も典型的な例は，**官僚制**と呼ばれる機構である。 |
| **dispute** [dispjúːt] | 195 ☐☐ | 論争，争議 | 村の長は土地に関する**争いご**と**と**宗教に関する事柄を扱った。 |

The ability of science and technology to control and **alter** nature was increasingly seen as a two-edged sword.

The use of **illegal** drugs increased in an effort to free the mind from past constraints.

The United States has never experienced the **terror** of full-scale invasion that is all too familiar to other nations.

Feminist literary criticism focuses on the relationship between literature and patriarchal **biases** in society.

For Habermas, modern thought has become separated into the **distinct** spheres of science, morality and art.

The perceptual system "**infers**" the existence of optically hidden features.

Western Europeans in the early **medieval** period looked with dismay on the rapid advance of Islam.

Four years of primary schooling were made a national **requirement** in 1900.

Most of us are able to trust at least some other people and **thereby** form enduring relations.

The Indian economy was **transferred** into a colonial economy whose structure was determined by the needs of Britain.

When MacArthur **violated** the principle of civilian control, Truman quickly relieved him of his duties.

The formal structure of large associations in contemporary society is best exemplified by the structure called **bureaucracy**.

The village chief dealt with land **disputes** and religious affairs.

| 見出し語 | 意味 | 関連語 | 例文の意味 |
|---|---|---|---|
| **flourish** [fləːriʃ] 196 | 繁栄する, 活躍する | | アテネは物質的な面でも, 文化的な面でも**繁栄した**。 |
| **infinite** [ínfənət] 197 | 無限の | 名 infinity 無限 | ゴドウィンは, 平等な状態のもとでならば, 人間は**無限に**進歩し, 完成に至ることができると主張した。 |
| **innovation** [ìnəvéiʃən] 198 | 新たに取り入れたもの, 改革 | 動 innovate (新しいものを)導入する | 自動車や飛行機など**新たな**交通**手段が登場した**ことにより, 個人の移動はより容易になった。 |
| **irrigation** [ìrəgéiʃən] 199 | 灌漑 | 動 irrigate 灌漑する | 合衆国では, 全体平均で, 地下水の65パーセント強が毎年**灌漑**に用いられる。 |
| **portray** [pɔːrtréi] 200 | 描く | 名 portrayal 描写 | フランツ・カフカの小説『審判』は, 不可解な敵対的権力によって無力な個人が押し潰される姿を**描いて**いる。 |
| **presidency** [prézədənsi] 201 | 大統領[社長]の地位[任期, 職務] | | **大統領**候補者は, 大統領選挙の数か月前に各党によって選出される。 |
| **prominent** [prámənənt] 202 | 卓越した, 目立った | 名 prominence 傑出 | ボーア戦争の間, セシル・ローズはキンバリーの防衛で**卓越した**働きをした。 |
| **subjective** [səbdʒéktiv] 203 | 主観的な | 名 subjectivity 主観(性) | 情緒が**主観的**感情や感情的反応を意味するのに対して, 動機とは行動の「理由」を探ろうとするものである。 |
| **subsequent** [sʌ́bsikwənt] 204 | に続いて起きる | 副 subsequently その後に, 続いて | **そのあとに起きた**ことを見ると, 彼の注意が適切なものであったことがわかる。 |
| **genetic** [dʒənétik] 205 | 遺伝(子)の | 名 genetics 遺伝学 | 個性を作るのは**遺伝的な**要素ではなく, 社会的な力であると信じていたという点で, 彼らは純粋な環境決定論者であった。 |
| **genuine** [dʒénjuin] 206 | 本物の, 混じりけのない | 副 genuinely 心から | 彼らは自らの尊厳と, **本当の**独立, そして近代化を求めて, 民族主義的な反帝国主義闘争に立ち上がった。 |
| **hence** [héns] 207 | だから, 従って | | 有能な個体ほど生き延びる可能性は高く, **従って**自分の遺伝子を伝える可能性も高くなる。 |
| **isolate** [áisəlèit] 208 | 孤立させる, 分離させる | 名 isolationism 孤立主義[政策] | タサダイ族は, 完全に**孤立した**人間集団の一例である。 |

Athens **flourished** materially and culturally.

Godwin argued that, under conditions of equality, humans were capable of **infinite** progress and perfection.

The transport **innovations** such as the automobile and the airplane have increased individual mobility.

On a national average, a little more than 65% of the groundwater in the United States each year goes to **irrigation**.

Franz Kafka's novel "The Trial" **portrays** helpless individuals crushed by inexplicably hostile forces.

Candidates for the **presidency** are chosen by political parties several months before the presidential election.

During the Boer War, Cecil Rhodes was **prominent** in defending Kimberley.

Motivation is the study of the "whys" of behavior while emotion refers to **subjective** feelings or affective responses.

**Subsequent** events have proven that his caution was well placed.

They were pure environmentalists, in that they believed that social forces rather than **genetic** factors shape the individual.

They launched a national, anti-imperialist struggle for dignity, **genuine** independence, and modernization.

More efficient individuals have a greater chance of surviving, **hence** a greater chance of transmitting their genes.

The Tasaday tribe is an example of a group of people who were completely **isolated**.

| 見出し語 | 意味 | 例文の意味 |
|---|---|---|
| **nationalism** [nǽʃənəlìzm] 209 | 民族主義, 愛国主義<br>图 nationalist 愛国主義者 | アフリカでは、帝国の終焉においてアラブ民族主義が重要な要因となった。 |
| **recruit** [rikrúːt] 210 | 新加入者<br>图 recruitment 募集, 人事採用 | 再社会化は、新しく集団に加わった人間が、共同体的精神に取り込まれたときに、完全なものとなる。 |
| **specifically** [spisífikəli] 211 | はっきりと, 特に | もう少しはっきり言えば、マルクス主義経済学者が最重要だと考えているのは、競合する階級間の経済的利害関係なのである。 |
| **sustain** [səstéin] 212 | 維持する, 養う<br>图 sustenance 生計(の手段) | マヤ人の社会は、初期の段階では、とうもろこしの移動栽培による農業を基本として維持されていた。 |
| **talented** [tǽləntid] 213 | 才能のある, 有能な | 新しい国を建設するというやりがいのある仕事は、有能で教育を受けた人々を政治や法律や外交の分野にひきつけた。 |
| **assert** [əsə́ːrt] 214 | 断言する, 強く主張する<br>图 assertion 主張 | ラマルクは、あらゆる生命形態は環境への絶え間ない適応を長い間繰た結果現れたものである、と主張した。 |
| **compound** [kámpaund] 215 | 化合物, 合成物, 混合する | 炭素化合物には無機と有機の2種類がある。 |
| **confront** [kənfrʌ́nt] 216 | 立ち向かう, 取り組む<br>图 confrontation 対立 | 逸脱行動にうまく取り組み、それをいさめ、防ぐための理想的な方法を見つけ出した社会はこれまでない。 |
| **contend** [kənténd] 217 | 強く主張する, 争う<br>图 contender 競争者 | ヘンリー・キッシンジャーは著書の中で、アメリカは理想主義を抑えるべきであり、もっと政治的現実主義が必要だと強く主張している。 |
| **equivalent** [ikwívələnt] 218 | 同等の(もの), に相当する(もの) | 孤立して文字のない社会では、社会で村八分に遭うことは、死刑宣告にも等しい場合がある。 |
| **feminine** [fémənin] 219 | 女性らしい | 女性にも男性らしいところがあり、また男性にも女性らしいところがある。 |
| **heritage** [héritidʒ] 220 | 遺産 | 日本人は外国からの影響を歓迎し、独自にその形を変えてしまうと同時に、自らの文化遺産を守り続けてきた。 |
| **merge** [mə́ːrdʒ] 221 | 合併する, 一体化する<br>图 merger 合併, 吸収 | 大学はすでに門の外側にある消費文化とほとんどとぎれなく一体化してしまっていた。 |

In Africa, Arab **nationalism** was an important factor in the ending of empire.

Resocialization is complete when the new **recruit** was swept up in the communal spirit.

More **specifically**, it is the economic interests of competing classes that economic Marxists consider vital.

Mayan society was in the early stages **sustained** on an agricultural base of shifting maize cultivation.

The challenges of building a new nation attracted **talented** and educated people to politics, law, and diplomacy.

Lamarck **asserted** that all forms of life had arisen through a long process of continuous adjustment to the environment.

There are two kinds of carbon **compounds**; inorganic and organic.

No society has come up with an ideal way of **confronting**, accommodating or preventing deviant behavior.

Henry Kissinger **contends** in his book that America needs less idealism and more realpolitik.

In isolated, preliterate societies, social ostracism can be the **equivalent** of a death sentence.

There is something virile in women and something **feminine** in men.

The Japanese have preserved their cultural **heritage** while welcoming and creatively transforming foreign influences.

The university had **merged** almost seamlessly with the consumer culture that exists beyond its gates.

| # | 見出し語 | 意味 | 例文の意味 |
|---|---|---|---|
| 222 | **minimum** [mínəməm] | 最低[小]限(の) 動 minimize 最小限にする | 最低賃金は上がり、社会保障制度も拡大してしまっていた。 |
| 223 | **monopoly** [mənápəli] | 独占, 専売 動 monopolize 独占する | ローマ・カトリック教会は、中央集権的な組織を通じ、精神的権威を独占することによって強大な権力を振るった。 |
| 224 | **symptom** [símptəm] | 症状, 兆候 | 大人のうつとは違って思春期うつの症状は外からは隠れていることが多い。 |
| 225 | **citizenship** [sítəzənʃip] | 市民権, 公民権 | 後にラシュディは英国の市民権を取り、職業作家の道を歩み出した。 |
| 226 | **eternal** [itə́ːrnl] | 永遠の, 不変の 名 eternity 永遠 | コントは、社会学という自分の新しい学問がすぐに人間関係について不変の法則を見つけ出すだろうと信じていた。 |
| 227 | **exceed** [iksíːd] | を上回る, 限度を越える 副 exceedingly 非常に | 1972年、合衆国の輸入額は輸出額を570億ドル上回った。 |
| 228 | **exhibit** [igzíbit] | 表に示す, 展示する 名 exhibition 展覧[展示]会 | プロのスポーツ選手は、たまった力がになったという理由で、験かつぎの行動を示すことがある。 |
| 229 | **initiative** [iníʃiətiv] | 主導(権), 率先力 | ブラントは西ドイツがヨーロッパの問題について重要な率先的役割を果たす意思があることを示した。 |
| 230 | **intervene** [ìntərvíːn] | 干渉する, 仲裁する 名 intervention 干渉 | キューバ憲法は合衆国に対しキューバ国内の問題に干渉する合法的権利を与えた。 |
| 231 | **metaphor** [métəfɔːr] | 隠喩, たとえ 形 metaphorical 隠喩の | この本の中では、捕鯨とは知識の追求を意味する大掛かりな隠喩なのである。 |
| 232 | **Muslim** [mázlim] | イスラム教(徒)の, イスラム教徒 | アルハンブラ宮殿の中庭は、イスラム教における天国像を具象化していた。 |
| 233 | **naval** [néivəl] | 海軍の 名 navy 海軍 | カルタゴとのポエニ戦争を通じて、ローマは海軍技術を発展させる必要があった。 |
| 234 | **prospect** [práspekt] | 見込み, 展望, 期待 | 新しい国民国家を作るという期待が先にたって、中欧では階級問題はあまり考慮されなかった。 |

The **minimum** wage had risen, and social security programs had expanded.

The Roman Catholic Church exercised great power through its centralized organization and **monopoly** of moral authority.

Unlike depression in adults, **symptoms** of depression in adolescents are often masked.

Rushdie later took up British **citizenship** and embarked on a career as a novelist.

Comte believed his new discipline of sociology would soon discover the **eternal** laws of human relations.

In 1972, foreign imports **exceeded** U.S. exports by $57 billion.

Professional athletes may **exhibit** superstitious behavior because of accidental reinforcement.

Brandt showed that West Germany was willing to launch major **initiatives** in European affairs.

The Cuban constitution gave the United States the legal right to **intervene** in Cuban affairs.

Whaling, throughout the book, is a grand **metaphor** for the pursuit of knowledge.

The courtyards in the Alhambra embodied the **Muslim** vision of paradise.

In the Punic wars against Carthage, Rome had to develop **naval** technology.

The **prospect** of establishing new nation states overrode class considerations in central Europe.

# [院単] 頻出1500語

| 単語 | 意味 | 例文の意味 |
|---|---|---|
| **renowned** [rináund] 235 | 高名な 名renown 名声 | 地学分野での研究と著作によってライエルは世界的に**高名な**科学者となった。 |
| **vehicle** [víːikl] 236 | 伝達手段, 媒介, 車 | 古代ギリシャでは, 演劇は言葉と舞踊を通じて共同体としての信仰を表現する**伝達手段**であった。 |
| **conform** [kənfɔ́ːrm] 237 | 従う 名conformity 服従, 順応 | 個人が道徳規準に**従う**のは, それらをすでに内面化しているからだ。 |
| **disciple** [disáipl] 238 | 弟子, 信奉者 | プラトンはソクラテスの**弟子**として, その思想を体系づけ, 発展させた。 |
| **enforcement** [infɔ́ːrsmənt] 239 | 執行, 強制 動enforce 執行する, 強制する | 国際法の**執行**において, 国連が果たす役割はごく限られている。 |
| **enhance** [inhǽns] 240 | さらに高める, 強化する | 芸術は所有者の名声を**さらに高め**, 権力や威信を漂わせて, 他人に良い印象を与えた。 |
| **epic** [épik] 241 | 叙事詩 ↔lyric 叙情詩 | 紀元前8世紀に実在したと思われるホメロスは, 『イリアス』と『オデュッセイア』という2つの**叙事詩**を残した。 |
| **harsh** [háːrʃ] 242 | 厳しい, 辛らつな | 1871年1月, 飢餓に苦しむパリは降伏し, フランスはビスマルクの出した**厳しい**和平条件を受け入れることとなった。 |
| **jurisdiction** [dʒùərisdíkʃən] 243 | 裁判権, 管轄権 | イスラエルはアルゼンチン国内では**裁判権**がなく, 従ってアルゼンチン国内では, 自国民に対しても権力が行使できない。 |
| **monetary** [mánətèri] 244 | 財政の, 金融の, 通貨の | **金融**政策は貨幣供給量を操作するには良い方法だが, 一方でそれなりの弱点もある。 |
| **motivation** [mòutəvéiʃən] 245 | やる気, 動機(付け) 動motivate やる気にさせる | 学業成績でも知能検査でも高得点を得るためには, **やる気**と我慢強さと集中力が必要だ。 |
| **notably** [nóutəbli] 246 | 特に, 目立って 形notable 注目すべき | ビタミンA療法によって肺がんの発生率は減少するが, **特に**喫煙者においてはそれが顕著である。 |
| **orientation** [ɔ̀ːriəntéiʃən] 247 | 方向(性), 位置づけ | 社会主義は, 労働者階級の国内における利益を守ろうとして, ますますナショナリズムの**方向**に傾斜していった。 |

Lyell became a world-**renowned** scientist famous for his studies and works in the field of geology.

In ancient Greece, theater was a **vehicle** for the communal expression of belief through word and dance.

Individuals **conform** to moral standards because they have internalized them.

Plato was Socrates' **disciple**, the systematizer and developer of his teacher's ideas.

The role of the United Nations in the **enforcement** of international law is quite limited.

Art **enhanced** the owner's prestige, created an aura of power and importance, and impressed others.

Homer, who probably lived in the eighth century BCE, left us two **epics** called *the Iliad* and *the Odyssey*.

In January 1871, a starving Paris surrendered, and France went on to accept Bismarck's **harsh** peace terms.

Israel has no **jurisdiction** within Argentina and therefore no power over its citizens in Argentina.

The **monetary** policy is a good way to influence the money supply, but it does have its weaknesses.

Academic achievement and high IQ scores both require **motivation**, perseverance and concentration.

Vitamin A therapy reduces incidences of lung cancer, **notably** in individuals who smoke.

Socialism became increasingly national in **orientation**, championing working-class domestic interests.

| 院単 頻出1500語 | Check | | ▼ 例文の意味 |
|---|---|---|---|
| **profound** [prəfáund] | 248 | 深刻な, 深みのある 副 profoundly 深く | インド, 日本, そして中国は帝国主義から深刻な影響をこうむった。 |
| **ratify** [rǽtəfài] | 249 | 締結する, 批准する 名 ratification 批准 | 英国はフランスとの防衛同盟締結を拒否した。 |
| **revise** [riváiz] | 250 | 改訂する, 修正する 名 revision 改訂, 見直し | 人体解剖に基づいたこの著作は, 従来の解剖学を修正した。 |
| **vegetation** [vèdʒətéiʃən] | 251 | 植物, 植生 | 約1万2000年前, 最後の氷河期の終わりとともに新たな植物群が急激に現れた。 |
| **cluster** [klʌ́stər] | 252 | 群れ, 塊 | 南部地方の有力な都市群の1つは, シュメールという総称で知られていた。 |
| **electoral** [iléktərəl] | 253 | 選挙の 名 electorate 有権者, 選挙区 | 1860年代の間にナポレオン3世の作った選挙制度は次第に崩れていった。 |
| **ethics** [éθiks] | 254 | 倫理学 形 ethical 倫理の, 道徳上の | プラトンは, 存在論から, 倫理学, 美学にいたるまで哲学の全領域を扱った。 |
| **idealism** [aidíːəlìzm] | 255 | 理想主義 形 idealistic 理想主義的な | 具体的な国際問題に対するたいていの意見の裏には, 現実主義と理想主義という大きく分けて2つの見方がある。 |
| **mainland** [méinlænd] | 256 | 本土 | 連合軍はシシリー島, さらにイタリア本土へと侵攻し, 優勢を保った。 |
| **at stake** [stéik] | 257 | 危機に瀕して 名 stake 賭け金 | 人間とは, 何か重大なことがらが危機に瀕すると団結するような社会的存在である。 |
| **symbolize** [símbəlàiz] | 258 | 象徴する | T.S.エリオットの詩「荒地」では荒涼とした不毛の地が西洋文明を象徴している。 |
| **taxation** [tækséiʃən] | 259 | 課税, 徴税 | ダリウス大王は公平な徴税制度も作り, 標準化した通貨を発行した。 |
| **thesis** [θíːsis] | 260 | 論, 論文 | アリストテレスは有機体は単純なものから複雑なものへとゆっくり発達していく, という論を唱えた。 |

India, Japan, and China also experienced a **profound** imperialist impact.

Great Britain refused to **ratify** its defensive alliance with France.

The book, based on dissection, **revised** the existing science of anatomy.

An explosion of new **vegetation** accompanied the end of the last Ice Age approximately 12,000 years ago.

One powerful **cluster** of cities in the southern region was known collectively as Sumer.

In the course of the 1860s Napoleon III's **electoral** system gradually disintegrated.

Plato treated the entire domain of philosophy from ontology to **ethics** and aesthetics.

Two broad theories, realism and **idealism**, underpin most people's views on specific issues of world affairs.

Allied forces maintained the initiative by invading Sicily and then **mainland** Italy.

Humans are social beings who join together when something significant is at **stake**.

In T. S. Eliot's "The Wasteland," Western civilization is **symbolized** as a bleak desert.

Darius also developed a system of fair **taxation** and issued a standardized currency.

Aristotle advanced the **thesis** that simple organisms slowly develop into more complex ones.

| [院単] 頻出1500語 | Check | | ▼ 例文の意味 |
|---|---|---|---|
| **assault** [əsɔ́:lt] 261 | ☐☐ | 襲撃, 暴行 | 強盗や**暴行**にあった場合, 30歳の人間が負傷する確率は, 60歳の人間の5倍である。 |
| **assemble** [əsémbl] 262 | ☐☐ | 集める, 組み立てる 名assembly 集会, 組み立て | 研究者はこれまで旧石器時代の前期と後期の間の文化的連続性を示す証拠資料を**集めてきた**。 |
| **assign** [əsáin] 263 | ☐☐ | 割り当てる, のせいにする 名assignment 割り当て, 任務 | 政府は労働者を仕事に**割り当て**, 個々人は警察の許可なく転居することができなかった。 |
| **authorize** [ɔ́:θəràiz] 264 | ☐☐ | 権限を与える, 許可する | 1870年代, ヨーロッパの多くの都市では民間会社に鉄道馬車を運行することを**許可**していた。 |
| **census** [sénsəs] 265 | ☐☐ | 人口[国勢]調査 | 1790年に実施された合衆国最初の**国勢調査**によって, 400万にわずかに欠ける人口があることが明らかになった。 |
| **coalition** [kòuəlíʃən] 266 | ☐☐ | 連立, 提携 | ブラントは1966年の**連立**政権で外務大臣になり, 69年に首相の座を勝ち取った。 |
| **entitle** [intáitl] 267 | ☐☐ | 資格[権利, 称号]を与える | 科学者は人間生活を良くするという目的のもとで科学的手段を用いる**権利が与えられている**。 |
| **judicial** [dʒu:díʃəl] 268 | ☐☐ | 裁判[司法]の 名judiciary 司法制度, 裁判官 | **裁判**制度は, 平等の原則と人権の不可侵性, そして法による支配に対する信頼に基づいている。 |
| **prevail** [privéil] 269 | ☐☐ | 普及する, 支配的である 形prevalent 普及している | ゴシック様式はおよそ1150年から1400年まで**流行し**, 地域によっては1500年を過ぎてもまだ残っていた。 |
| **relevant** [réləvənt] 270 | ☐☐ | 関係のある, 適切な 名relevance 妥当性, 関連性 | 1914年以降, 宗教は思慮深い人々にとって, 戦前よりもはるかに自分たちに**関係ある**ものとなった。 |
| **sole** [sóul] 271 | ☐☐ | 唯一の 副solely ただ一人で, もっぱら | その研究所の**唯一の**目的は原子爆弾を設計し作ることだった。 |
| **spectacular** [spektǽkjulər] 272 | ☐☐ | 華々しい, めざましい 名spectacle 壮観, 見世物 | ドイツ共和国は**めざましい**経済復興を経験した。 |
| **stereotype** [stériətàip] 273 | ☐☐ | 固定観念, 紋切り型 | 性的な差別語には, 男女に対する**固定観念**が表れているが, 特に女性を貶めるものが多い。 |

Those who are thirty are five times more likely than those who are sixty to be injured during a robbery or **assault**.

Researchers have **assembled** evidence showing cultural continuities between Early and Late Paleolithic cultures.

The government **assigned** workers to jobs, and individuals could not move without police permission.

In the 1870s, many European cities **authorized** private companies to operate horse-drawn streetcars.

The first U. S. **census**, taken in 1790, revealed a population of just under four million people.

Brandt became foreign minister in a **coalition** government in 1966 and won the chancellorship in 1969.

Scientists are **entitled** to use scientific means to improve human existence.

The **judicial** system is based on a belief in equality, in the inviolability of human rights and in the supremacy of the law.

The Gothic style **prevailed** from about 1150 to 1400 and lingered past 1500 in some regions.

After 1914 religion became much more **relevant** to thinking people than it was before the war.

The laboratory's **sole** objective was to design and build an atomic bomb.

The German republic experienced a **spectacular** economic recovery.

Sexist language presents **stereotypes** of women and men, often to the disadvantage of women.

| 見出し語 | 意味 | 例文の意味 |
|---|---|---|
| **topography** [təpágrəfi] 274 | 地形(図) 形 topographic 地形 [地理] 的な | カリフォルニアの気候と植生は、その地形と同じくらい多様性に富んでいる。 |
| **agenda** [ədʒéndə] 275 | 検討課題, 行動計画 | カナダ国民が政府の人道的な行動計画を支持したときもあった。 |
| **contradiction** [kɑ̀ntrədíkʃən] 276 | 反対, 矛盾, 食い違い 形 contradictory 相反する, 矛盾する | 市場システムを単純にモデル化したものと実際の歴史との間には重大な食い違いがある。 |
| **distribute** [distríbjuːt] 277 | 分配する, 流通させる 名 distribution 分配, 流通 | 経済制度は、社会が必要な商品とサービスを生産し、分配する方法を組織化する。 |
| **evoke** [ivóuk] 278 | 呼び起こす, 引き出す 形 evocative 喚起力のある | 国旗や犠牲となった英雄の写真など、ある種のシンボルは、強い情緒的反応を呼び起こす場合がある。 |
| **inadequate** [inǽdikwət] 279 | 不適切な, 不足している 名 inadequacy 不適切, 不十分 | 人類学は森の一部の木を見るには良い学問だが、その周りに広がる森を見るには、不適切な場合がままあった。 |
| **inevitable** [inévətəbl] 280 | 避けられない, 必然の 名 inevitability 必然性 | 資本主義がある限り戦争は不可避だと、スターリンは相変わらず同じことばかり繰り返していた。 |
| **maritime** [mǽrətàim] 281 | 海の, 海に関する | アテネはエーゲ海を支配し、海洋帝国の豊かで有力な中心となった。 |
| **psyche** [sáiki] 282 | 魂, 精神, 心理 形 psychic 精神の | フロイトは、社会の精神ではなく、個人の精神の内部で荒れ狂う嵐の方にもっぱら関心を持っていた。 |
| **refuge** [réfjuːdʒ] 283 | 避難(所), 保護(施設) 名 refugee 難民, 亡命者 | 現在世界には3500以上の野生動物園と保護施設がある。 |
| **surplus** [sə́ːrpləs] 284 | 余剰, 黒字 | 余剰農産物は地主階級に富をもたらした。 |
| **throne** [θróun] 285 | 王位, 皇帝 | オーストリア=ハンガリー帝国の帝位継承者であったフェルディナンド大公は1914年ボスニアの革命活動家に暗殺された。 |
| **variable** [véəriəbl] 286 | 変数 形 variable 可変の | その仮説によれば、独立変数を変えれば従属変数もまた変わるはずだ。 |

Variations in California's climate and vegetation are nearly as great as the diversity of its **topography**.

Sometimes Canadian citizens assisted their government's humane **agenda**.

There is a significant **contradiction** between a simple model of the market system and the factual history.

Economic institutions organize the ways in which society produces and **distributes** the goods and services it needs.

Some symbols, like national flags or photos of martyred heroes, may **evoke** strong emotional responses.

Anthropology has been a discipline good at seeing local trees, but often **inadequate** in seeing the forests that lie beyond.

Stalin was singing the old tune that war was **inevitable** as long as capitalism existed.

Athens controlled the Aegean and became the wealthy and influential center of a **maritime** empire.

Freud was mostly interested in the storm raging within the individual **psyche**, not in society's **psyche**.

Today there are more than 3,500 wildlife parks and **refuges** around the world.

Agricultural **surpluses** produced wealth for the landowning class.

Archduke Ferdinand, heir to the Austrian and Hungarian **thrones**, was assassinated by Bosnian revolutionaries in 1914.

According to the hypothesis, changing the independent **variable** should also change the dependent **variable**.

# [院単] 頻出1500語　　Check ▼ 例文の意味

| 見出し語 | | 意味 | 例文の意味 |
|---|---|---|---|
| **accumulate** [əkjúːmjulèit] 287 | ☐☐ | 積み重ねる, 蓄積する 名accumulation 累積 | イングランドでは**蓄積された**富は、全く不均等に分配された。 |
| **canon** [kǽnən] 288 | ☐☐ | 正典, 名作 形canonical 権威ある | 多文化主義理論は、伝統的な文学上の**名作**に根本的な疑義を呈している。 |
| **chronicle** [krάnikl] 289 | ☐☐ | 年代記, 歴史 | 『ウースター**年代記**』の読者はその物語が確かな事実に基づいているのだと信じ込まされてしまった。 |
| **commodity** [kəmάdəti] 290 | ☐☐ | 商品, 必需品, 作物 | 買い支えや不足払いは、穀物や米、綿といった幾つかの基本**作物**にのみ適用される。 |
| **consistent** [kənsístənt] 291 | ☐☐ | 一貫した, 矛盾しない 名consistency 一貫性 | 検査というものは、**一貫性のある**結果を生んだ場合に信頼性を得る。 |
| **sophisticated** [səfístəkèitid] 292 | ☐☐ | 高度な, 複雑な, 洗練された | オーストラリア先住民族たちが早くから信じられないほど複雑で**高度な**社会組織を作り上げていたのは明らかである。 |
| **dedicate** oneself [dédikèit] 293 | ☐☐ | 専念する, 捧げる 名dedication 献身, 専念 | 息子が第一次大戦で死ぬと、ドイルは心霊研究に**専念する**ようになった。 |
| **mortgage** [mɔ́ːrgidʒ] 294 | ☐☐ | 住宅ローン | 現在、**住宅ローン**の平均金利は5.24%で、過去48年で最低の利率となっている。 |
| **retreat** [ritríːt] 295 | ☐☐ | 後退する, 避難(所) | ロレーヌ地方に配置されたドイツ軍の左翼は**後退**に失敗し、フランス軍をドイツ領内に誘い入れるという計画を台無しにしてしまった。 |
| **attribute** [ətríbjuːt] 296 | ☐☐ | のせいにする, に原因を帰する 名attribution 帰属 | 森嶋教授は、日本の経済的成功の**原因は**もっぱら文化的価値観に**ある**としている。 |
| **elaborate** [ilǽbərət] 297 | ☐☐ | 精巧な, 手の込んだ 副elaborately わざとらしく | 『批評の解剖』においてフライは文学作品を分類する**精巧な**体系を提示している。 |
| **ethical** [éθikəl] 298 | ☐☐ | 倫理[道徳]の, 倫理[道徳]的な | **倫理上の**相対主義には、慣習的倫理相対主義と主観的倫理相対主義の2種類がある。 |
| **incorporate** [inkɔ́ːrpərèit] 299 | ☐☐ | 組み入れる, 含む | 今日の安全保障の定義は、軍事的な面を超えて拡大し、もっと広い人間の利害関係まで**組み入れた**ものとなっている。 |

The **accumulated** wealth was very unevenly distributed in England.

Multicultural theory poses fundamental challenges to traditional literary **canons**.

*The Worcester* **Chronicle** assured its readers that the story came from reliable sources.

Price supports and deficiency payments apply only to certain basic **commodities** such as grains, rice and cotton.

A test has reliability when it yields **consistent** results.

It is clear that Australian Aborigines had developed incredibly complex and **sophisticated** social systems early on.

When his son was killed in World War I, Doyle **dedicated himself** in spiritualistic studies.

The average **mortgage** rate is now 5.24%, the lowest rate in 48 years.

The German left wing in Lorraine failed to **retreat**, thwarting the plan to suck French armies into Germany.

Professor Morishima **attributes** Japan's economic success mostly to cultural values.

In *The Anatomy of Criticism* Frye proposes an **elaborate** system for the classification of literary works.

There are two types of **ethical** relativism: conventional and subjective ethical relativism.

Today's definition of security has expanded beyond the military dimension to **incorporate** broader human concerns.

| No. | 単語 | 発音 | 意味 | 派生 | 例文の意味 |
|---|---|---|---|---|---|
| 300 | patron | [péitrən] | (芸術などの)後援者 | 名 patronage 後援, 支援 | 後援者は芸術に対して経済的援助をし、実際芸術作品の創造に携わったように感じる。 |
| 301 | render | [réndər] | を〜にする, を〜にさせる | 名 rendering 表現 | ラングとは、言語の使用法を定め、意思疎通を可能にしているような一般規則や慣例からなる体系である。 |
| 302 | unprecedented | [ùnprésədentid] | 空前の, 今までにない | | この景気後退とインフレの時代によって、アメリカが1948年以来浴してきた歴史上空前の経済好況に終止符が打たれた。 |
| 303 | adequate | [ǽdikwət] | 適切な, 十分な | 副 adequately 適切に | 一般に、樹木があるということは穀物の成長には十分な水分があるということを意味している。 |
| 304 | genre | [ʒάːnrə] | ジャンル, 分野 | | 新古典主義の運動は、1つの芸術分野にのみ限られたものではなかった。 |
| 305 | predecessor | [prédəsèsər] | 前任者, (その)前にあったもの | | 目的と技術には怪しげなところがあったが、錬金術は様々な点で近代科学の前身であった。 |
| 306 | divine | [diváin] | 神の, 神聖な | 名 divinity 神, 神性 | 1789年のフランス革命以前は、フランスは王権神授による絶対王政によって統治されていた。 |
| 307 | embody | [imbάdi] | 具体化する, 体現する | 名 embodiment 具体的表現 | 合衆国憲法が体現している理念はアメリカの国家としてのアイデンティティの本質を成す要素である。 |
| 308 | undermine | [ʌ̀ndərmáin] | 徐々に蝕む, 傷つける | | 活気に満ちて物質主義的な都会の環境は、人々の宗教的熱情を次第に蝕んでいった。 |
| 309 | evaluate | [ivǽljuèit] | 評価する, 価値を見積もる | 名 evaluation 評価 | 心の知能指数という考え方はまだ新しく、研究者たちはその科学的な価値を計りはじめたばかりである。 |
| 310 | execute | [éksikjùːt] | (計画や命令を)遂行する | 名 execution 遂行 | 大統領は合衆国の外交政策を策定し、遂行する全体的な責任を負うものである。 |
| 311 | organic | [ɔːrgǽnik] | 有機的な, 器官性の | 名 organism 有機体 | 化石は、有機物質ではなく石の性質を有している場合が多い。 |
| 312 | peer | [píər] | 仲間, 同等の人 | | 幼少期から老年まで、私たちは非常に様々な同輩集団に出会う。 |

**Patrons** provide economic support for art and vicariously participate in its creation.

Langue is the system of accepted rules and conventions that govern the use of language and **render** communication possible.

This era of recession and inflation brought an end to the **unprecedented** economic boom America had enjoyed since 1948.

In general, the presence of trees indicates **adequate** moisture for crop growth.

The movement of Neoclassicism was not limited to one **genre** of arts.

Although its purposes and techniques were dubious, alchemy was in many ways the **predecessor** of modern science.

Prior to the French Revolution in 1789, France was ruled by an absolute **divine** right monarchy.

The ideals **embodied** in the U.S. Constitution are an essential element of the American national identity.

The vibrant, materialistic urban environment **undermined** popular religious impulses.

Because the concept of emotional intelligence is new, researchers have only begun to **evaluate** its scientific merits.

The president has overall responsibility for formulating and **executing** the foreign policy of the United States.

Fossils often have the quality of stone rather than of **organic** materials.

From early childhood until late adulthood, we encounter a wide variety of **peer** groups.

| 語 | 意味 | 派生語 | 例文の意味 |
|---|---|---|---|
| **reign** [réin] 313 | 君臨する, 行き渡る | | 農業技術は遅れていた。古代からの開放耕地制度がまだ支配的だったのである。 |
| **restrict** [ristríkt] 314 | 制限する, 禁止する | 名 restriction 制限, 禁止 | 1920年代, 合衆国では移民を制限する最初の重要法案が可決された。 |
| **seemingly** [síːmiŋli] 315 | 見たところでは, 外見上 | | 宗教的儀式というものは, 見たところではばらばらに異なった宗教からの寄せ集めで成り立っている場合がある。 |
| **sociology** [sòusiáləʤi] 316 | 社会学 | 名 sociologist 社会学者 | バフチンの著作には, 歴史, 社会学, 哲学, 心理学, 言語学, 文学に関する深い考察が含まれている。 |
| **highlight** [háilàit] 317 | 際立たせる, 強調する | | 世界で人口が増加し, 化石燃料の燃焼が増えたことから, 熱帯雨林の重要な役割が強調されている。 |
| **humanities** [hjuːmǽnətiːz] 318 | 人文学, 人文科学 | | 人文科学分野は今, 学生をひきつけようと必死になっているが, 学生の親たちの多くは他の専攻を選んでほしいと願っている。 |
| **modify** [mádəfài] 319 | 改良[修正]する | 名 modification 改良, 修正 | より重要なのは, 人間が物質文化を用いて環境を改良し, 開発してきたということだ。 |
| **overwhelm** [òuvərhwélm] 320 | 圧倒する, 参らせる | 副 overwhelmingly 圧倒的に | マクダナは, 建築家はたいてい自然と調和するよりも自然を圧倒しようとする, と論じている。 |
| **prior** [práiər] 321 | 前の, に優先する | 名 priority 優先(権) | ブラジルの人口のうち11パーセントが, 1880年以前にやってきた黒人奴隷の子孫である。 |
| **thrive** [θráiv] 322 | 繁栄する, 成長する | | 政治的社会的な自由は, 真の経済的自由があってはじめて育つものだ, と彼は信じていた。 |
| **transition** [trænzíʃən] 323 | 移行, 変化 | 形 transitional 過渡的な | 経済学では, 対象の性質上, 計量的な社会科学への転換が容易に行われた。 |
| **unify** [júːnəfài] 324 | 統一する, 単一にする | 名 unification 統一 | 教会はヨーロッパの多様な人々を統一するのに貢献し, キリスト教は古代ローマの領域を越えて広がっていった。 |
| **anticipate** [æntísəpèit] 325 | 予想する, 先取りする | 名 anticipation 予期 | ニーチェが人間の知識の絶対的信頼性に疑問を投げかけたのは, 文学におけるその後の様々な展開を先取りするものだ。 |

Agricultural techniques were backward: the ancient open-field system **reigned** supreme.

The United States passed its first major legislation to **restrict** immigration in the 1920s.

Sometimes spiritual rituals combine parts of **seemingly** disparate religions.

Bakhtin's work includes meditations on history, **sociology**, philosophy, psychology, linguistics, and literature.

The world's growing population and increased burning of fossil fuels **highlight** the critical role of rainforests.

The **humanities** now struggle to attract students, many of whose parents wish they would choose other majors.

Even more important, humans use material culture to **modify** and exploit the environment.

McDonough argues that architects usually try to **overwhelm** nature rather than harmonize with it.

In Brazil's population, 11 percent are black descendants of slaves arriving **prior** to 1880.

He believed that political and social freedom could **thrive** only if there were real economic freedom.

In economics, the **transition** to a quantitative social science was facilitated by the nature of its subject matter.

The Church helped to **unify** Europe's heterogeneous population, and Christianity spread beyond the bounds of ancient Rome.

Nietzche's questioning of the ultimate authenticity of human knowledge **anticipates** many later developments in literature.

# [院単] 頻出1500語　Check❶　　　▼例文の意味

| 見出し語 | | 意味 | 例文の意味 |
|---|---|---|---|
| **compel** [kəmpél] 326 | ☐☐ | 無理に〜させる, 強要する<br>形 compelling 強制的な | 議会内委員会には, 嫌がる参考人からも**無理やり**証言を引き出す権限がある。 |
| **dictatorship** [diktéitərʃip] 327 | ☐☐ | 独裁政権, 独裁制 | 1926年末には, イタリアはムッソリーニを絶対的な指導者とする一党**独裁体制**になっていた。 |
| **reconstruction** [rìkənstrʌ́kʃən] 328 | ☐☐ | 再建, 復興<br>動 reconstruct 建て直す | 経済**復興**という遠大な課題に立ち向かうために5カ年計画が導入された。 |
| **rigid** [rídʒid] 329 | ☐☐ | 厳格な, 堅い<br>副 rigidly 厳しく | 英国における私的領域での階級の分離は, この平等主義的な風潮の中で, 以前ほど**厳格な**ものではなくなっている。 |
| **aggressive** [əgrésiv] 330 | ☐☐ | 攻撃的な, 積極的な<br>名 aggression 攻撃 | **攻撃的**行動は, 環境, 社会, 文化の複合的な要因によって生まれる。 |
| **approximately** [əprɑ́ksəmətli] 331 | ☐☐ | およそ, 約〜<br>名 approximation 近似値 | アマゾンには, **およそ**100万の生物種が存在し, その中には少なくとも3000種類の樹木と, 3000種類の魚類が含まれる。 |
| **quest** [kwést] 332 | ☐☐ | 探求, 追求 | 宗教哲学の領域には, 至高の存在を人間が**探求**してきた歴史が記されている。 |
| **revival** [riváivəl] 333 | ☐☐ | 回復, 復活<br>動 revive よみがえらせる | 実際ニューディール政策によって, 個々の市民は行政への関心を急速に**取り戻したの**である。 |
| **statistics** [stətístiks] 334 | ☐☐ | 統計学, 統計データ<br>形 statistical 統計(学)の | これらの**統計データ**には, 非都市部の人口の相対的な減少だけでなく, 農業従事者人口の絶対的な減少も表れている。 |
| **deity** [díːəti] 335 | ☐☐ | 神, 絶対的存在 | 神道が**神の存在**を自然の中に見いだしたのに対して, 仏教は人間と同形の神々の雑多な集団という見方を取り入れた。 |
| **erode** [iróud] 336 | ☐☐ | むしばむ, 浸食する<br>名 erosion 腐食 | このような生物学的要素の重要性を認識すると, 文化決定論の土台は次第に**崩されてい**く。 |
| **exploit** [iksplɔ́it] 337 | ☐☐ | 搾取する, 開発する<br>名 exploitation 開発, 利用, 搾取 | 少数民族ナショナリズムは, ある集団が自分たちが経済的に**搾取されたり**脅かされていると感じると, 強く激しいものとなる。 |
| **file** [fáil] 338 | ☐☐ | 申し立てる, 提出する | 裁判官は, もし自分が判決全体, もしくはその一部に賛成できない場合は, 誰でも個別意見を**提出する**ことができる。 |

Congressional committees have the power to **compel** testimony from unwilling witnesses.

By the end of 1926, Italy was a one-party **dictatorship** under Mussolini's unquestioned leadership.

Five-year plans were introduced to cope with the enormous task of economic **reconstruction**.

In this egalitarian climate, the unofficial segregation of the classes in Britain has become less **rigid** than it was.

It is the combination of environment, society and culture that creates **aggressive** behavior.

**Approximately** one million Amazonian species exist, including at least 3,000 tree species and 3,000 fish species.

The field of the philosophy of religion documents the history of humanity's **quest** for a supreme being.

In fact, the New Deal brought to the individual citizen a sharp **revival** of interest in government.

These **statistics** reflect not only a relative decline in rural population, but also an absolute decline in farm population.

Where Shinto had found **deities** in nature, Buddhism introduced a complex pantheon of anthropomorphic gods.

Recognition of the importance of these biological factors **erodes** the foundations of cultural determinism.

Ethnic nationalism proves strong and deadly, when one group feels it is being economically **exploited** or threatened.

Any judge may **file** a separate opinion if he does not agree in whole or part with the judgement.

| 見出し語 | 意味 | 例文の意味 |
|---|---|---|
| **inherit** [inhérit] 339 | 受け継ぐ, 相続する 名 inheritance 継承(物) | 私たちの世代は, 地球を親たちから受け継いだのではなく, むしろ未来の子どもたちから借りているのである。 |
| **proclaim** [proukléim] 340 | はっきりと述べる 名 proclamation 宣言, 声明 | 唯物論者は, 心の中にのみ存在して知覚しうるような諸性質も, 実際に物体の中にあるのだと明言している。 |
| **progressive** [prəgrésiv] 341 | 進歩する, 前向きな 名 progression 発展 | 人間の精神は常に理性的で進歩を目指すという昔からの安易な楽観を, フロイトは土台から崩してしまった。 |
| **vocabulary** [voukǽbjulèri] 342 | 語彙, 用語, 表現形式 | 古代ギリシャの芸術家たちは, 今日まで深い影響を与える建築様式を生み出した。 |
| **condemn** [kəndém] 343 | 非難する, 追いやる ▶ be condemned to を余儀なくされる | 農村地帯から都市に移住した人々は劣悪な住居や社会的孤立, またしばしば失業を余儀なくされた。 |
| **framework** [fréimwə̀ːrk] 344 | 枠組み, 構造 | ニュートン物理学の閉じられた構造は, アインシュタイン物理学の構造に比べると非常に限られたものだった。 |
| **moisture** [mɔ́istʃər] 345 | 水分, 湿気 形 moist 湿った | 降り出した雪がそのまま降り続けるには, 絶えず湿った空気が流れ込んでいる必要がある。 |
| **rebel** [rébəl] 346 | 反抗する 名 rebellion 反乱, 暴動 | スコットランド人は反乱を起こし, 軍勢を集めて, イングランドに侵攻しチャールズ1世の支配から逃れようとした。 |
| **recession** [riséʃən] 347 | 一時的な景気後退 | 政府による景気後退への対応策の1つに, 財政政策がある。 |
| **ego** [íːgou] 348 | 自我, エゴ | イド(=本能的衝動の源泉)とは異なり, 自我は常に社会的現実を判断に入れて, 適応する方法を探そうとする。 |
| **formulate** [fɔ́ːrmjulèit] 349 | 法則[公式]を立てる 名 formulation 公式化, 系統化 | 丁寧な実験や観察とその結果の分析によって, メンデルは最初の遺伝法則をうち立てた。 |
| **juvenile** [dʒúːvənàil] 350 | 年少者の | 少年裁判所を擁護する人々は, 少年裁判所がなければ未成年者犯罪は今よりも更に増えるだろうと強く主張している。 |
| **mobile** [moubíːl] 351 | 流動性のある 名 mobility 流動性, 可動性 | 1945年以降, ヨーロッパ社会はより流動的でより民主的になった。 |

Our generation has not **inherited** the earth from our parents, but rather, borrowed it from our children.

The materialist is **proclaiming** that sensible qualities, which exist in the mind only, are actually in the object.

Freud drastically undermined the old, easy optimism about the rational and **progressive** nature of the human mind.

Early Greek artists developed a **vocabulary** of architecture that continues to have a profound influence today.

Migrants to cities from rural areas were **condemned** to poor housing, social anonymity, and, often, unemployment.

The closed **framework** of Newtonian physics was quite limited compared to that of Einsteinian physics.

For a snowfall to continue once it starts, there must be a constant inflow of **moisture**.

The Scots **rebelled** and amassed an army to invade England and emancipate themselves from Charles I's authority.

One of the tools available to government in fighting a **recession** is fiscal policy.

Unlike the id, the **ego** constantly evaluates social realities and looks for ways to adjust to them.

By careful experiment, observation, and analysis of his results, Mendel **formulated** the first laws of heredity.

Defenders of the **juvenile** courts contend that there would be even more **juvenile** crime without them.

After 1945 European society became more **mobile** and more democratic.

| 見出し語 | Check | 意味 | ▼例文の意味 |
|---|---|---|---|
| **obscure** [əbskjúər] 352 | ☐☐ | 無名の, 不明瞭な | 1918年、オズヴァルド・シュペングラーという無名のドイツの高校教師が、『西洋の没落』という著作を発表した。 |
| **offender** [əféndər] 353 | ☐☐ | 犯罪者, 違反者<br>動 offend 違反する | 執行猶予にせず, 刑務所に入れる犯罪者の数をあと1000人増やすと, 1年に2500万ドル余計な経費がかかることになる。 |
| **outcome** [áutkʌm] 354 | ☐☐ | 結果, 結末 | 「ハインドサイト・バイアス（＝後知恵）」とは結果がわかってから, それは必然で予測可能であったと考える傾向のことである。 |
| **satire** [sǽtaiər] 355 | ☐☐ | 諷刺<br>形 satirical 諷刺的な | 諷刺が人に訴えるのは, 道徳的に有益なだけでなく, 芸術作品として美的にも人を満足させるからだ。 |
| **scope** [skóup] 356 | ☐☐ | 範囲, 領域 | 心理学の分野はその領域を広げ, 人間の多様性の広がりと豊かさをすみずみまで探ろうとしている。 |
| **soar** [sɔ́ːr] 357 | ☐☐ | 急増する, 跳ね上がる | 1932年, 失業者は全労働人口の約3分の1まで跳ね上がった。つまり1400万人が失業していたのである。 |
| **surrender** [səréndər] 358 | ☐☐ | 降伏する, 身をゆだねる, 降伏 | ドイツが降伏した後, 連合軍は日本に対しても降伏するよう最後通牒を送った。 |
| **warrior** [wɔ́ːriə] 359 | ☐☐ | 戦士, 武士 | タサダイ族は平和な集団だったが, それに対してフェントゥ族は攻撃的な戦士たちだった。 |
| **assets** [ǽsets] 360 | ☐☐ | （通常複数形で）資産 | 合衆国の富の大半は, 不動産と株, そして事業資産から成り立っている。 |
| **confine** [kənfáin] 361 | ☐☐ | 限定する, 閉じ込める<br>名 confinement 制限, 監禁 | 植民地では文学活動はもっぱらニューイングランド地域に限られていた。 |
| **exert** [igzə́ːrt] 362 | ☐☐ | （力を）用いる<br>名 exertion 権力の行使 | 1994年のカイロ人口会議では, ローマ法王庁は堕胎問題に関して大きな影響力を発揮した。 |
| **flexible** [fléksəbl] 363 | ☐☐ | 柔軟な, 適応性のある<br>名 flexibility 柔軟性 | 文化のおかげで人間は様々な環境にすばやく適応し, 地球上で最も適応性の高い種となることができた。 |
| **foster** [fɔ́ːstər] 364 | ☐☐ | 育てる, 助長する | ルーズベルト大統領は経済的満足を助長する政策をとれば自由と民主主義の力を高めることになる, と強く主張した。 |

In 1918 an **obscure** German high school teacher named Oswald Spengler published *The Decline of the West*.

Sending 1,000 additional **offenders** to prison, instead of putting them on probation, would cost an additional $25 million per year.

"Hindsight bias" refers to the tendency to view **outcomes** as inevitable and predictable after we know the **outcome**.

**Satires** appeal not only because they are morally wholesome but because they are aesthetically satisfying works of art.

The field of psychology is broadening its **scope** to probe the full range and richness of human diversity.

In 1932 unemployment **soared** to about one-third of the entire labor force: fourteen million people were out of work.

After Germany **surrendered**, the Allies sent Japan an ultimatum to **surrender**.

The Tasaday tribe was a peaceful group of people, while the Fentou were aggressive **warriors**.

Most wealth in the United States consists of real estate, stocks and business **assets**.

Literary production in the colonies was largely **confined** to New England.

At the 1994 Cairo Conference on Population, the papacy **exerted** great influence on the abortion issue.

Culture has allowed humans to adapt quickly to different habitats and become the most **flexible** species on earth.

President Roosevelt insisted that measures **fostering** economic well-being would strengthen liberty and democracy.

| 見出し語 | 意味 | 派生・関連 | 例文の意味 |
|---|---|---|---|
| **fraud** [frɔ́ːd] 365 | 詐欺[不正]行為, 虚偽 | 形 fraudulent 詐欺の | 科学の歴史のうえでは, **虚偽**の実例はいくらでもある。 |
| **hostile** [hάstl] 366 | 敵意のある, 敵対する | 名 hostility 敵意 | ベトナムは共産主義と反共産主義という2つの**敵対する**地域に分割された。 |
| **illuminate** [ilúːmənèit] 367 | を解明する, 照らす | | 認知心理学者の研究は, 日常的学習が知的進歩をもたらす非常に細かい仕組みを**解明し**てきた。 |
| **monumental** [mὰnjuméntl] 368 | 不朽の, 途方もなく大きい | 名 monument 記念碑 | それによってバーナード・マラマッドがピュリッツァー賞を授けられた**不朽**の名作は, 『修理屋』である。 |
| **oral** [ɔ́ːrəl] 369 | 口頭による, 口述の | | 彼らの詩は**口承**の伝統から強い影響を受けており, 音読すると非常に力強く感じられる。 |
| **presumably** [prizúːməbli] 370 | たぶん, 推定上は | 動 presume 推定する | 紀元前750年までには, **おそらく**中央アメリカから**だろう**がペルーにとうもろこしが渡っていた。 |
| **prohibit** [prouhíbit] 371 | 禁止する, 妨げる | 名 prohibition 禁止 | 産業化の初期段階においては, 近代的な労働組合は一般には法律で**禁じられていた**。 |
| **reinforce** [rìːinfɔ́ːrs] 372 | 強化する | 名 reinforcement 強化 | 心理学の一派は, 人間行動を社会環境によって**強化された**習慣の束から成り立っていると見なす。 |
| **simultaneously** [sàiməltéiniəsli] 373 | 同時に | | 合衆国では, 大部分の人が消費者であり**同時に**生産者でもある。 |
| **spontaneous** [spɑntéiniəs] 374 | 自発的な, 自然に起きる | 名 spontaneity 自発性 | 社会学者には, 協調を4つのタイプ, すなわち**自発的**協調, 伝統的協調, 指示による協調, 契約による協調に分けるものもある。 |
| **stimulus** [stímjuləs] 375 | 刺激 | | 条件**刺激**によって引き起こされた反応を, 条件反応(CR)と呼ぶ。 |
| **storage** [stɔ́ːridʒ] 376 | 保管, 貯蔵(庫), 記憶装置 | | 検索とは, **記憶装置**から情報を取り出す処理を言う。 |
| **comprehensive** [kὰmprihénsiv] 377 | 総合的な, 広範な | 動 comprehend 含む, 理解する | ジャン・ピアジェは, 自分の子供を細かく研究することで認知発達に関する**総合的な**理論を作り上げた。 |

The history of science is replete with examples of **frauds**.

Vietnam was divided into two **hostile** zones, one communist and one anticommunist.

The work of cognitive psychologists has **illuminated** the subtle forms of daily learning on which intellectual progress depends.

Bernard Malamud's **monumental** work—for which he was awarded the Pulitzer Prize—is *The Fixer*.

Their poetry is much influenced by **oral** tradition and is very powerful when read aloud.

By 750 B.C., maize had arrived in Peru, **presumably** from Mesoamerica.

In the early stages of industrialization, modern unions were generally **prohibited** by law.

One school of psychology sees human behavior as comprised of bundles of habits **reinforced** by the social environment.

In the United States, most people are **simultaneously** consumers and producers.

Some sociologists describe four types of cooperation: **spontaneous**, traditional, directed, and contractual.

The response caused by the conditioned **stimulus** is referred to as the conditioned response (CR).

Retrieval is the process of taking information out of memory **storage**.

Jean Piaget developed a **comprehensive** theory of cognitive development by carefully studying his children.

| 見出し語 | 意味 | 例文の意味 |
|---|---|---|
| **controversy** [kάntrəvə̀ːrsi] 378 | 議論 <br> 形 controversial 意見の分かれる | 遺伝子工学をめぐるもう1つの議論は，倫理に関するものである。 |
| **dictate** [díkteit] 379 | 指示する，決定する <br> 形 dictatorial 独裁的な | 環境決定論，つまり環境が文化の型を決定するという考えは，もはや広く認められていない。 |
| **diminish** [dimíniʃ] 380 | 減少する，減らす | 天然資源はたぶん人類全体を養うことができない程度にまで減少してしまうだろう。 |
| **ecological** [èkəládʒikəl] 381 | 環境(保護)の，生態学の | 旧ソ連は，その経済開発計画が環境に及ぼす影響など考えていなかった。 |
| **exemplify** [igzémpləfài] 382 | 実証する，好例となる <br> 形 exemplary 典型的な，模範的な | 自動車産業の驚くべき急成長は，消費者社会の到来を示す好例だった。 |
| **favorable** [féivərəbl] 383 | 好意的な，適した <br> 名 favor 好意，有利 | 化石が産出されるには，生命体の成長とその後の保存に適した環境が必要となる。 |
| **masculine** [mǽskjulin] 384 | 男の，男っぽい <br> ↔ feminine 女性らしい | 男子は，文化的に定められた男性らしい役割を受け入れ，女子は女性らしい役割を受け入れることが期待されている。 |
| **psychoanalysis** [saikouənǽləsis] 385 | 精神分析 <br> 形 psychoanalytic 精神分析の | 数多くの理由から，精神分析の技法と考え方は文学研究にとって特に興味深いものとなっている。 |
| **terrain** [təréin] 386 | 地形，領域 | 凍土と平坦な地形が組み合わさって，ツンドラ地帯では，排水が難しくなっている。 |
| **aristocratic** [ərìstəkrǽtik] 387 | 貴族の，貴族的な <br> 名 aristocrat 貴族 | 第二次大戦前は，楽しみや休養の目的で旅をすることは，まだ貴族的な娯楽であった。 |
| **disrupt** [disrʌ́pt] 388 | 混乱[分裂]させる <br> 形 disruptive 混乱を引き起こす | 安定した統一貨幣がないことが，各州間や外国との通商に混乱を引き起こした。 |
| **vigorous** [vígərəs] 389 | 活発な，生気あふれた <br> 名 vigor 活力，元気 | 活発な選挙運動の後，トルーマンはアメリカ政治史上最大級の番狂わせを演じて当選した。 |
| **meditation** [mèdətéiʃən] 390 | 熟慮，瞑想 <br> 動 meditate 深く考える | 6年間の長い瞑想の後，仏陀は完全な悟りを得た。つまり現実世界の真相を理解したのである。 |

Another **controversy** surrounding genetic engineering is that of ethics.

Environmental determinism—the belief that the environment **dictates** cultural patterns—is no longer widely accepted.

Our natural resources will be **diminished** to a degree where they cannot possibly support the entire human race.

The former Soviet Union was oblivious to the **ecological** consequences of its economic development projects.

The phenomenal expansion of the automobile industry **exemplified** the emergence of the consumer society.

An environment **favorable** to the growth and later preservation of organisms is required for the occurrence of fossils.

Boys are expected to conform to a culturally specified **masculine** role and girls to a feminine role.

There are a number of reasons the techniques and ideas of **psychoanalysis** are of special interest for the study of literature.

The combination of frozen ground and flat **terrain** on the tundra impedes the drainage of water.

Before the Second World War, travel for pleasure and relaxation remained a rather **aristocratic** pastime.

Absence of a uniform, stable currency **disrupted** trade among the states and with other countries.

After a **vigorous** campaign, Truman scored one of the greatest upsets in American politics.

After six long years of **meditation**, Buddha attained complete enlightenment—an understanding of true reality.

| 見出し語 | 意味 | 例文の意味 |
|---|---|---|
| **sentiment** [séntəmənt] 391 | 感情, 気運 / 形 sentimental 感情に訴える | 1968年には反戦感情が盛り上がって, ジョンソンは（大統領を）もう1期務めるという意向を引き下げざるをえなかった。 |
| **conservation** [kànsərvéiʃən] 392 | 保護, 保全 / 動 conserve 保護する, 貯蔵する | 保護活動の質を高め, より害の少ない技術を用いることで, 持続可能な開発への道はきっと開けるはずだ。 |
| **trigger** [trígər] 393 | 誘発する, のきっかけとなる, 引き金 | 口の中に食物が入ると自動的に唾液分泌が誘発され, また大きな音は自動的に恐怖を引き起こす。 |
| **paradox** [pǽrədàks] 394 | 逆説 / 副 paradoxically 逆説的に | ブルックスによれば, 科学は厳密さが重要であるのに対して, 詩は逆説に成否がかかっている。 |
| **autonomy** [ɔːtánəmi] 395 | 自治（権）, 自治体 / 形 autonomous 自治の, 自律した | アメリカの制度では, 各レベルの行政組織は, 一定の権限を与えられてある程度の自治権を有している。 |
| **prophet** [práfit] 396 | 預言者, 提唱者, 先駆者 | ジャン・ジャック・ルソーはロマン主義の代表的な先駆者と見なされている。 |
| **implement** [ímpləmènt] 397 | 実行する / 名 implementation 実施 | ソビエト連邦では, スターリンがソビエト経済を近代化するために「5ヶ年計画」を実行しつつあった。 |
| **hemisphere** [hémisfìər] 398 | 範囲, (脳)半球 | 左脳半球には通常の言語活動にとって極めて重要な3つの小さな部分がある。 |
| **secular** [sékjulər] 399 | 世俗の, 非宗教的な | ヨーロッパの都市労働者階級は19世紀後半から20世紀前半に, より宗教への関心が薄れてきたようだ。 |
| **depart** [dipáːrt] 400 | 出発する, 離れる / 名 departure 出発, 離脱 | ラカンは常に「フロイト派」を自認していたが, その研究は幾つか重要な点でフロイトとは一線を画している。 |
| **counterpart** [káuntərpàːrt] 401 | 同等の存在, もう片方 | ヨーロッパ人たちと同様, これらのアメリカ人たちも自分たちの文明がかつてないほどの高みに達してると信じていた。 |
| **verbal** [vớːrbəl] 402 | 言語の, 言葉による / 副 verbally 言葉で | 多くの人は, 言語能力と数学的能力においては, 男女間に生まれつきの差があると思っている。 |
| **spur** [spəːr] 403 | 拍車をかける, 駆り立てる | 1945年以降, 科学と技術の連携が成功したことにより新たな産業が生まれ, 急速な経済成長に拍車をかけた。 |

Anti-war **sentiment** in 1968 led Johnson to renounce any intention of seeking another term.

Better **conservation** practices and more benign technologies will have to pave the way for sustainable development.

Food in the mouth automatically **triggers** salivation; a loud noise automatically **triggers** fear.

For Brooks, science thrives on precision, whereas poetry thrives on **paradox**.

In the American system, each level of government has a degree of **autonomy** with certain powers reserved to itself.

Jean Jacques Rousseau is considered the chief **prophet** of Romanticism.

In the USSR, Stalin was **implementing** his "five year plans" to modernize the Soviet economy.

In the left cerebral **hemisphere** are three small areas which are critically important for normal linguistic performance.

It appears that the urban working classes in Europe became more **secular** in the late nineteenth and early twentieth centuries.

Lacan consistently described himself as a "Freudian," but his work **departs** from Freud's in several crucial ways.

Like their European **counterparts**, these Americans believed that their civilization had reached unprecedented heights.

Many people believe that males and females are innately different in their **verbal** and mathematical abilities.

The successful union of science and technology created new industries and **spurred** rapid economic growth after 1945.

| 見出し語 | 意味 | 例文の意味 |
|---|---|---|
| **devastate** [dévəstèit] 404 | 壊滅させる 名 devastation 壊滅的破壊 | 1995年1月、神戸を襲った地震はそれまで安全だと思われた非常に多くの建物を**壊滅させた**。 |
| **consolidate** [kənsálədèit] 405 | ひとつにまとめる, 強固なものにする | 8世紀後半、シャルルマーニュはヨーロッパ大陸に**統一**帝国**を建てた**。 |
| **literally** [lítərəli] 406 | 文字通り, 本当に 形 literal 文字通りの | アマゾンのジャングルに今日も住んでいる部族の人々は、**文字通り**何百もの植物を識別する。 |
| **alienate** [éiljənèit] 407 | 疎外する 名 alienation 疎外 | アメリカ小説の典型的な主人公は、何かに取り憑かれ、**疎外された**人間である。 |
| **substitute** [sʌ́bstətjùːt] 408 | 代わりの人, 代替物 | ウェレックとウォレンは、文学は社会学や政治学の**代替物**ではない、と主張している。 |
| **temporary** [témpərèri] 409 | 一時的な, 暫定的な | 映画の最大の魅力は、それが人々に日常生活の厳しい現実からの**一時的な**逃避をもたらした点にあった。 |
| **encompass** [inkʌ́mpəs] 410 | 包み込む, 含む, 取り巻く | 多くの学校制度では、学科教育だけでなく子供の社会化も**含んだ**内容の教育理念を設定している。 |
| **displace** [displéis] 411 | 追放する, 置き換える 名 displacement 置換 | 男は女を**追い出して**その仕事を奪うことでこれまで女を差別してきた。 |
| **culminate** [kʌ́lmənèit] 412 | 絶頂に達する 名 culmination 頂点 | 革命への高まりは1905年10月の大規模なゼネストで**最高潮に達し**、政府を屈服させることになった。 |
| **identical** [aidéntikəl] 413 | 全く同じの, 一卵性の | 合衆国の統治形態は一般に民主制だと思われているが、実際にはほとんど(古代)ローマと**同じ**共和制である。 |
| **signify** [sígnəfài] 414 | を意味する, 重大な意味を持つ 名 signification 意義 | 現代の一般人からは、お金は安全、権力、奢侈、自由、あるいは誘惑などを**意味する**ように見える。 |
| **medium** [míːdiəm] 415 | 媒体, 手段, 中間 名 media マスメディア | 公的な交換**媒体**が金貨であったのに対して、たいていの貸付と支払いは紙幣でなされていた。 |
| **vulnerable** [vʌ́lnərəbl] 416 | 攻撃[被害]をうけやすい 名 vulnerability 脆弱なこと | 高齢者は、強盗やひったくり、またレイプなどの犯罪の**被害に**非常に**遭いやすい**。 |

In January 1995, an earthquake struck the city of Kobe, **devastating** large numbers of buildings which had been thought safe.

Charlemagne **consolidated** an empire in continental Europe during the second half of the eighth century.

Tribes living today in the jungles of the Amazon recognize **literally** hundreds of plants.

The typical protagonists of the American Romance are haunted, **alienated** individuals.

Wellek and Warren argue that literature is no **substitute** for sociology or politics.

The major appeal of motion pictures was that they offered people a **temporary** escape from the harsh realities of everyday life.

Many school systems have established a philosophy of education that **encompasses** socialization as well as academic instruction.

Men have discriminated against women by **displacing** them and taking their jobs.

The revolutionary surge **culminated** in October 1905 in a great general strike, which forced the government to capitulate.

The United States government is commonly known as a democracy, but it's actually a republic, almost **identical** to the Roman one.

To a modern laymen's eye, money may **signify** security, power, luxury, freedom or temptation.

While the official **medium** of exchange was gold coins, most loans and payments were carried out with bank notes.

The elderly are quite **vulnerable** to crimes such as robbery, purse snatching and pocket picking.

| 語 | 意味 | 例文の意味 |
|---|---|---|
| **impulse** [ímpʌls] 417 | 衝動, 衝撃 | 社会の中でうまくやっていくためには、人は**衝動**を抑え、社会的に許されるような形で感情を表現しなければならない。 |
| **rhetoric** [rétərik] 418 | 修辞(学), 言葉のあや | **修辞学**の研究は、それが最も重要な学科とされていたローマから直接受け継がれた。 |
| **fertile** [fə́ːrtl] 419 | 肥沃な 名 fertility 生産力, 肥沃 | 世界で最初の定住型農村が現れたのは、長く「**肥沃な三日月**」と呼ばれてきた古代中近東の一地域である。 |
| **dialogue** [dáiəlɔ̀ːg] 420 | 対話, 会話 形 dialogic 対話的な | 選挙民と、選ばれた代表との**対話**は、常に続けられるものである。 |
| **agrarian** [əgréəriən] 421 | 農業の, 土地に関する | 先進的で工業の発展した北部と停滞して**農業中心**の南部との間には社会的にも文化的にも大きな隔たりがあった。 |
| **artisan** [áːrtəzən] 422 | 職人, 熟練工 | その間に、高度な技術を持った**職人**たちと技術を持たない肉体労働者との間に昔からあった明確な区別は次第に崩れていった。 |
| **inscription** [inskrípʃən] 423 | 刻まれたもの, 記入 動 inscribe 刻む, 記入する | その縦穴は、ヒエログリフで**刻まれた文**と、王や神たちの絵で飾られていた。 |
| **attain** [ətéin] 424 | 成し遂げる, 手に入れる 名 attainment 到達 | 適切で良質の食物を取るという目標は、先進国ならほとんどどこでも**達成された**。 |
| **frustrate** [frʌ́streit] 425 | いらいらさせる, 台無しにする, 挫折させる | トマス・ハーディーの小説には、運命や不運によって**挫折を味わい**、打ちひしがれる男女の姿が描かれている。 |
| **concede** [kənsíːd] 426 | (しぶしぶ)認める, 譲る 名 concession 譲歩 | 内容について非常に強い嫌悪感を示した人々でさえ、その書物が重要であることはすぐ**認めた**。 |
| **precede** [prisíːd] 427 | より先立つ[以前の] 形 precedent に先行する | ミハイル・バフチンの行った研究は、**それ以前の**どの範疇にも収まりにくいものである。 |
| **intimate** [íntəmət] 428 | 親密な 名 intimacy 親密(な関係) | 大抵のアメリカ人は仕事や社会的関係において**親密な**距離、個人的距離、社会的距離、公的距離という4種類の距離を使い分けている。 |
| **convict** [kənvíkt] 429 | 有罪を宣告する 名 conviction 確信, 有罪判決 | フランス陸軍大尉であったユダヤ人のアルフレド・ドレフュスは、不当にも起訴され、反逆罪を**宣告された**。 |

To get along in society, people must suppress their **impulses** and express feelings in a socially approved manner.

The study of **rhetoric** was inherited directly from Rome, where it was considered the most important subject.

The world's first settled farming communities emerged in an area of the ancient Near East long referred to as the **Fertile** Crescent.

The **dialogue** between the voters and their elected representatives is a continuing one.

There was also a great social and cultural gap between the progressive, industrial North and the stagnant, **agrarian** South.

Meanwhile, the old sharp distinction between highly skilled **artisans** and unskilled manual workers was gradually breaking down.

The shafts were decorated with hieroglyphic **inscriptions** and images of kings and gods.

The goal of adequate and good food was **attained** almost universally in advanced countries.

Thomas Hardy's novels depict men and women **frustrated** and crushed by fate and bad luck.

Even those who most bitterly despised its content were quick to **concede** the importance of the book.

Mikhail Bakhtin's work is difficult to fit into any of the **preceding** categories.

Most Americans use four distances in their business and social relations: **intimate**, personal, social, and public.

Alfred Dreyfus, a Jewish captain in the French army, was falsely accused and **convicted** of treason.

| 見出し語 | 発音 | No. | 意味 | 例文の意味 |
|---|---|---|---|---|
| **archaeology** | [à:rkiáləd ʒi] | 430 | 考古学 / 形 archaeological 考古学の | 文化人類学に含まれる重要な分野の1つは先史**考古学**、あるいは先史学である。 |
| **chaos** | [kéiɑs] | 431 | 混沌, 無秩序状態 / 形 chaotic 混沌とした | ほとんどの古代文明では、宇宙は初め**混沌**としたもので、創造主の手によってそこに秩序がもたらされたと思われていた。 |
| **consensus** | [kənsénsəs] | 432 | 合意, 総意 | このような規範や価値については人々の間に**合意**があり、法律はこの**合意**を反映している。 |
| **optimism** | [ɑ́ptəmìzm] | 433 | 楽観(主義) / 形 optimistic 楽観的な | 歴史の浅い民主主義国の無邪気な**楽観**は戦後姿を消し、代わって疲弊した時代がやってきたのである。 |
| **endeavor** | [indévər] | 434 | 努力, 試み | アイデンティティの研究は極めて学際的な**試み**である。 |
| **mold** | [móuld] | 435 | 形作る, 形成する | 子供は、ある文化特有の枠組みに沿って考え、さらには現実を経験するように**形作られてしまう**。 |
| **refine** | [rifáin] | 436 | 洗練[精緻化]する / 名 refinement 洗練, 改良 | 国によっては、抑圧の技術は近年、より**手の込んだもの**となっている。 |
| **scientism** | [sáiəntìzm] | 437 | 科学主義 | 社会**科学主義**と社会人文主義を分けて、客観的現実と主観的現実の対立のように、対極的な存在ととらえることは確かに簡単である。 |
| **enlarge** | [inlá:rdʒ] | 438 | 大きくする / 名 enlargement 拡大 | ファシズムに屈したイタリアはその領土をリビアに**広げ**、1935年にはエチオピアを攻撃した。 |
| **mandate** | [mǽndeit] | 439 | 命令, 任務, 権限 / 形 mandatory 義務的な, 命令による | ケネディは強力な指導力を発揮したいと思ったが、紙一重の差の勝利であったために、その**権限**も限られたものとなった。 |
| **materialism** | [mətíəriəlìzm] | 440 | 物質[実利]主義 / 名 materialist 実利主義者, 唯物論者 | ポーは、立身出世というアメリカンドリームの裏面を正確に描きだし、**実利主義**の代償を示して見せた。 |
| **hierarchy** | [háiərɑ̀:rki] | 441 | 階層(制度) / 形 hierarchical 階層的な | 政治的あるいは宗教的な**階層**は、灌漑用水路の掘削のような共同体全体の仕事に結束して当たる中で、次第にできあがっていった。 |
| **mourn** | [mɔ́:rn] | 442 | 嘆き悲しむ, 悼む / 名 mourner 会葬者 | 生き残ったものたちは、祖国の敗北を**嘆く**よりも食物と住居を探すことの方に関心が向いていた。 |

One major subfield of cultural anthropology is prehistoric **archaeology** or prehistory.

In most ancient cultures, the universe was seen as an original **chaos** into which order had been introduced by a creative hand.

There is a **consensus** among the people on these norms and values, and the laws reflect this **consensus**.

The innocent **optimism** of the young democratic nation gave way, after the war, to a period of exhaustion.

Studying identity is very much an interdisciplinary **endeavor**.

Children are **molded** to think and even to experience the world in terms of one particular cultural perspective.

In some countries, the technology of repression has become more **refined** in recent years.

It is certainly easy to split social **scientism** and social humanism into polar opposites, such as objective versus subjective realities.

Italy, having succumbed to fascism, **enlarged** its boundaries in Libya and in 1935 attacked Ethiopia.

Kennedy wanted to exert strong leadership, but a razor-thin margin of victory limited his **mandate**.

Poe accurately described the underside of the American dream of the self-made man and showed the price of **materialism**.

Political and religious **hierarchies** evolved as people banded together in community projects like digging irrigation ditches.

The survivors were more concerned about finding food and shelter than **mourning** their nation's defeat.

| 見出し語 | 意味 | 例文の意味 |
|---|---|---|
| **script** [skrípt] 443 | 筆記体, 脚本 | クレタ(文明)の文字で最も古いヒエログリフと, 線文字Aと呼ばれる書体はともにまだ解読されていない。 |
| **shrink** [ʃríŋk] 444 | 縮小する, ひるむ | かつて合衆国には2620億バレル相当の石油埋蔵量があったが, 今ではその量は920億バレルまで減少してしまっている。 |
| **span** [spǽn] 445 | 期間, 範囲 | 20世紀初頭には, アメリカ国民の平均寿命はおよそ50歳だった。 |
| **supervise** [súːpərvàiz] 446 | 監督する, 管理する 名 supervisor 監督者 | 中産階級の若い女性の場合, その恋愛生活も, 良かれと思う母親によって注意深く監督されていた。 |
| **viewpoint** [vjúːpòint] 447 | 観察位置, 観点, 見解 | 特殊相対性理論は, 時間も空間も絶対的なものではなく, 観察者の見る位置に左右される相対的なものだと仮定していた。 |
| **abortion** [əbɔ́ːrʃən] 448 | 妊娠中絶 | キリスト教保守主義者は, 政府は妊娠中絶に反対すべきだと提言している。 |
| **authoritarian** [əθɔ̀ːrətéəriən] 449 | 独裁的な, 権威主義的な | 現代の全体主義国家は, 旧態依然の独裁制国家とは違っていた。 |
| **succession** [səkséʃən] 450 | 連続, 継承, 後任(者) 形 successive 継続的な | (合衆国)憲法は議会に副大統領以下の継承順位を定める権限を与えている。 |
| **continually** [kəntínjuəli] 451 | 絶えず, ひっきりなしに 形 continual 絶え間ない | 脳は絶え間なく微弱な電波を放っている。 |
| **integrity** [intégrəti] 452 | 高潔, 完全な状態 形 integral 不可欠な | ピタゴラス学派の人々は互いの友情や, 利他主義, 高潔, そして義務への献身で有名だった。 |
| **sphere** [sfíər] 453 | 領域, 球(体) 形 spherical 球形の | 現代思想は, 科学, 道徳, 芸術という別個の, 互いに没交渉な分野に分かれてしまった。 |
| **concession** [kənséʃən] 454 | 譲歩, 許容 動 concede 譲歩する | 戦争が続くと, 英米双方の交渉者はそれぞれ相手から譲歩を引き出そうとした。 |
| **deregulation** [diːrégjuléiʃən] 455 | 規制撤廃, 自由化 動 deregulate の規制を廃止する | 航空会社の自由化は当初は航空運賃の値下げ競争の激化を招いた。 |

The two earliest forms of Cretan writing, hieroglyphs and a **script** called Linear A, still defy translation.

The United States once had 262 billion barrels worth of oil under its soil, but that amount has **shrunk** to 92 billion barrels.

At the beginning of the 20th century, people in the United States had an **average life span** of about 50 years.

A young woman of the middle class found her romantic life carefully **supervised** by her well-meaning mother.

The theory of special relativity postulated that time and space are not absolute, but relative to the **viewpoint** of the observer.

Christian conservatives suggest that government should oppose **abortion**.

The modern totalitarian state differed from the old-fashioned **authoritarian** state.

The Constitution gives Congress the power to establish the order of **succession** after the vice president.

The brain **continually** gives off small waves of electricity.

Pythagoreans were renowned for their mutual friendship, altruism, **integrity**, and devotion to duty.

Modern thought has become separated into the distinct and noncommunicating **spheres** of science, morality, and art.

As the war continued, British and American negotiators each demanded **concessions** from the other.

Airline **deregulation** initially fostered increased competition that lowered the cost of flying.

| 見出し語 | 発音 | 意味 | 派生語 | 例文の意味 |
|---|---|---|---|---|
| **assess** | [əsés] | を評価[査定]する | 名 assessment 評価, 査定 | 勤務評定とは, 組織が従業員の業務実績を評価するために用いる, 正式な手続きである。 |
| **dense** | [déns] | 濃い, 密度の高い | 名 density 密度 | 都市部の密集した高速道路網のおかげで, 大都市地域ではかなり高速での移動が可能になっている。 |
| **generalize** | [dʒénərəlàiz] | 一般[法則]化 | 名 generalization 一般化 | 何らかの意味を得るためには, まず何らかの方法で事実を整理し, 分析し, 一般化して他の事実と関連付けなければならない。 |
| **integrate** | [íntəgrèit] | まとめる, 完全なものにする | | 文化的な同一性は, 社会のもととなる集団に個々人をまとめあげるという重要な機能を果たす。 |
| **liberate** | [líbərèit] | 解放する, 自由化する | 名 liberation 解放(運動) | ホー・チ・ミンは国民を植民地支配から解放しようとして, アメリカ独立戦争を手本とした。 |
| **discourage** | [diskə́:ridʒ] | がっかりさせる, を妨げる | | 大規模な調査によって, 女性が科学分野での職業に進むことを妨げる幾つかの要因が明らかにされている。 |
| **persist** | [pərsíst] | 言い張る, 存続する | 形 persistent 持続性の, しつこい | 新石器時代の文化は, およそ紀元前2000年頃までヨーロッパ北部に残っていた。 |
| **deprive** | [dipráiv] | 奪う | 形 deprived 貧しい | 全く嫌々ではあったが, ルイ・ナポレオンは多くの貧しい人々から選挙権を奪う保守主義的な法案にサインした。 |
| **spatial** | [spéiʃəl] | 空間的な, 空間の | | 飛びぬけた空間能力—距離を知覚し形状を認識する能力—を持つ人は流暢に話す能力を欠いていることがある。 |
| **vein** | [véin] | 血管, 鉱[水]脈 | | エレイン・ショーウォルターが「女性批評」と名づけたフェミニスト批評の1つの鉱脈は, 極めて豊かであることがわかった。 |
| **populate** | [pápjulèit] | に住みつく, 住民となる | 形 populous 人口の多い | プリンス・エドワード島はカナダでは最も小さいが最も人口の密集した州である。 |
| **diplomatic** | [dìpləmǽtik] | 外交(上)の, 駆け引きのうまい | 名 diplomacy 外交(術) | 1797年までに, フランスは300隻のアメリカ船を拿捕し, 合衆国との外交関係も打ち切ってしまった。 |
| **arouse** | [əráuz] | を喚起する, を引き起こす | 名 arousal 覚醒, 喚起 | ドイツの成功は, 他のヨーロッパ諸国で自由市場資本主義を新たに重視する動きを引き起こした。 |

Performance evaluation is the formal procedure that an organization uses to **assess** the job performance of employees.

The urban area's **dense** system of freeways makes possible fairly high-speed movement across the metropolitan region.

To have any meaning, facts must be ordered in some way, analyzed, **generalized**, and related to other facts.

Cultural identity serves an important function by **integrating** individuals into groups that become societies.

Ho Chi Minh sought to **liberate** his nation from colonial rule and took the American War for Independence as his model.

Considerable research has identified several factors that **discourage** females from pursuing careers in science.

Neolithic culture **persisted** in northern Europe until about 2000 BCE.

Very reluctantly, Louis Napoleon signed a conservative law **depriving** many poor people of the right to vote.

An individual with exceptional **spatial** ability—ability to perceive distance and recognize shapes—might lack word fluency.

One **vein** of feminist criticism, which Elaine Showalter has labeled "gynocriticism," has proved to be extremely rich.

Prince Edward Island is the smallest but most **thickly populated** province of Canada.

By 1797 France had seized 300 American ships and had broken off **diplomatic** relations with the United States.

Germany's success **aroused** renewed respect for free-market capitalism in other European nations.

| 見出し語 | 意味 | 例文の意味 |
|---|---|---|
| **industrialization** [indÀstriəlaizéiʃən] 469 | 工業化, 産業化 ⬚industrialize 工[産]業化する | 急激な工業化によって, 熟練労働者や技術者, 工場長といった訓練を受けた専門家が大量に必要となった。 |
| **legitimate** [lidʒítəmət] 470 | 合法の, 正当な | 多くのテロリストたちは, 暴力が正当な政治行動であるかのように言う。 |
| **fiscal** [fískəl] 471 | 国庫の, 財務上の | ケインズは, 財政政策によって積極的に経済を操ることが政府の義務であると述べた。 |
| **thrust** [θrʌ́st] 472 | 推進(力), 攻撃 | ルター主義もカルヴァン主義も主な推進力となったのは, 新たに現れた世俗的社会への拭いがたい敵意だった。 |
| **undertake** [Àndərtéik] 473 | 引き受ける, 保証する | 社会科学は, 人間行動の複雑な様相を研究するという大変な課題を引き受けている。 |
| **Arctic** [ɑ́ːrktik] 474 | 北極(地方)の ↔Antarctic 南極の | 地理学者は, 極周辺の地域全体を2つの区域, つまり北極地帯とその下の亜北極地帯に分けている。 |
| **overlook** [òuvərlúk] 475 | 見逃す, 見過ごす | アメリカの文学は長い間男性の価値基準に依拠し, しばしば女性による貢献を見逃すことがあった。 |
| **pervasive** [pərvéisiv] 476 | 行き渡っている, 広範囲の ⬚pervade 行き渡る | フーコーによれば, 現代世界では権力の及ぶ範囲は狭まっているのではなく, 広がっている。 |
| **levy** [lévi] 477 | (税金などを)課する, 取り立てる | 憲法は, 中央政府に課税と徴税の権限を与えていた。 |
| **transmit** [trænsmít] 478 | 伝える, 送信する ⬚transmission 伝達, 送信 | 言語は文化を世代間で伝える能力においてなくてはならない要素である。 |
| **boost** [búːst] 479 | 押し上げる, 推進する | カエサルはガリアとブリタニアを征服したことによって, その人気を高めた。 |
| **metaphysical** [mètəfízikəl] 480 | 形而上学の, 抽象的で難解な | 哲学の問題は純理論的かつ抽象的であり, そのため重要な哲学的命題を正しいとも誤っているとも証明できないことがある。 |
| **Mediterranean** [mèdətəréiniən] 481 | 地中海, 地中海の | 地中海地域の自生植物は好乾性, つまり旱魃にも耐性がある。 |

Rapid **industrialization** required massive numbers of trained experts, such as skilled workers, engineers, and plant managers.

Many terrorists attempt to portray violence as **legitimate** political behavior.

Keynes argued that it was the duty of government to actively influence the economy through **fiscal** policies.

The central **thrust** of both Lutheranism and Calvinism was implacable hostility to the emerging worldly society.

The social sciences **undertake** the daunting task of studying the complexities of human behavior.

Geographers divide the overall circumpolar domain into two zones, the **Arctic** and, below it, the Subarctic.

Literature in the United States was long based on male standards that often **overlooked** women's contributions.

Faucoult argues that in the modern world power is not **less pervasive**, but more so.

The Constitution authorized the national government to **levy** and collect taxes.

Language is the crucial ingredient in the ability to **transmit** culture from one generation to the next.

Caesar **boosted** his popularity by conquering Gaul and Britain.

Philosophical questions are speculative and **metaphysical**, hence one cannot prove or disprove the important philosophical theses.

In the **Mediterranean** area the natural vegetation is xerophytic, or drought resistant.

| 見出語 | 意味 | 例文の意味 |
|---|---|---|
| **erect** [irékt] 482 | 直立した, 垂直の | この絵では, 母と子が**背筋を伸ばして**正面を向き, 王侯のような威厳をたたえて座っている。 |
| **haunt** [hɔ́:nt] 483 | つきまとって離れない, 悩ませる | 天安門広場の虐殺の生々しい記憶は多くの香港住民にその後も**つきまとって離れなかった**。 |
| **halt** [hɔ́:lt] 484 | 停止する[させる], 中止する[させる] | 活動家グループは, 野生動物の生息地を保護するために, 国中で多くの開発計画を**中止させてきた**。 |
| **strive** [stráiv] 485 | 努力する, を得ようと争う 名 strife 闘争 | 資本主義者は, 利益を求めて**競争する**のは人にとって有益である, それによって人々はほしいものを得るのだから, と信じている。 |
| **fascinate** [fǽsənèit] 486 | 人の心を魅了する 名 fascination 魅力, 陶酔 | 神秘と未知なるものの探求は常に人々を**魅了してきた**。 |
| **injustice** [indʒʌ́stis] 487 | 不正, 不公平, 不当 | 合衆国政府は収容所への収監が**不当**であったと認め, 存命の日系アメリカ人たちにわずかばかりの補償金を与えた。 |
| **riot** [ráiət] 488 | 暴動, 反乱 | 3月8日, ペトログラードでパンを求める女性たちが**暴動**を起こし, 瞬く間に市内中の工場に広がっていった。 |
| **prestige** [prestí:ʒ] 489 | 名声, 威信, 格 形 prestigious 一流の, 格の高い | グールドは1982年, 50歳の誕生日の直後に脳卒中で亡くなったが, それ以降もその**名声**はただ増すばかりのようだ。 |
| **denounce** [dináuns] 490 | 非難する, 告発する 名 denouncement 非難 | 飲酒と賭博は悪徳として**非難され**, 純潔と貞節は美徳として賞賛された。 |
| **doom** [dú:m] 491 | 運命づける | ニーチェの論考によれば, 西洋哲学の底にある真理の探究は, 結局失敗する**運命にある**。 |
| **heir** [ɛ́ər] 492 | 相続人, 後継者 | 敬虔王ルイの**跡継ぎたちは**, カロリング朝帝国を3つに分割した。 |
| **impeachment** [impí:tʃmənt] 493 | 弾劾, 非難 動 impeach 告発する | **弾劾**の試みは僅差で失敗し, ジョンソン(大統領)は任期満了まで職務を続けることとなった。 |
| **install** [instɔ́:l] 494 | 設置する, 就任させる 名 installation 取り付け, 設備 | ヒトラーとナチ党は政府官僚組織をそのまま引継ぎ, 各署の長として多くのナチ党員を**就任させた**。 |

In the painting, mother and child sit **erect** in a frontal pose, as rigid as they are regal.

Fresh memories of the Tiananmen Square massacre continued to **haunt** many Hong Kong residents.

Activist groups have **halted** many development projects around the nation to preserve wildlife habitats.

Capitalists believe that **striving** for profit is good for society, because it provides people with what they desire.

Mystery and the study of the unknown have always **fascinated** people.

The U.S. government acknowledged the **injustice** of internment with limited payments to surviving Japanese-Americans.

On March 8, women demanding bread in Petrograd started **riots**, which quickly spread to factories throughout the city.

Since Gould's death in 1982, caused by a stroke shortly after his fiftieth birthday, his **prestige** seems only to have grown.

Drinking and gambling were **denounced** as vices; sexual purity and fidelity were celebrated as virtues.

Nietzsche's essay suggests that the search for truth that underlies Western philosophy is ultimately **doomed** to failure.

The **heirs** of Louis the Pious divided the Carolingian Empire into three parts.

The attempted **impeachment** failed by a narrow margin, and Johnson continued in office until his term expired.

Hitler and the Nazis took over the government bureaucracy intact, **installing** many Nazis in top positions.

| 見出し語 | 意味 | 例文の意味 |
|---|---|---|
| **legacy** [légəsi] 495 | 遺産, 遺物 | 第一次大戦は, 戦勝国にも敗戦国にも回復不可能な痛手を負わせ, 憎しみという危険な**遺産**を残すことになった。 |
| **manipulate** [mənípjulèit] 496 | 操作する, 操る 名manipulation 巧みな操作 | ヒトラーとスターリンは政治宣伝によって国民を**巧みに操る**ことができたので, ほとんどどんなことでも国民に信じ込ませることができた。 |
| **posit** [pázit] 497 | 仮定する, 置く | アナクサゴラスは, 火, 空気, 水, 土という4つの基本元素から成る多元的宇宙を**仮定した**。 |
| **proponent** [prəpóunənt] 498 | 提唱者, 支持者 | 労働党の**支持者たち**は, 最近の賃上げは, 単に生活費の増に合う必要からなされたものに過ぎない, と主張している。 |
| **provoke** [prəvóuk] 499 | 引き起こす, 挑発する 形provocative 挑発的な | 個人の成熟につれて, 特定の刺激が誰からも同じ感情を**引き出す**, ということはもはやなくなる。 |
| **speculation** [spèkjuléiʃən] 500 | 考察, 思索, 投機 動speculate 思索する | 宗教や哲学的**思索**と異なり, 科学は具体的な事実に基づいている, と信じられていた。 |
| **submit** [səbmít] 501 | 提出する, 服従する 名submission 服従, 提出 | 予算案は大統領の指導のもとに用意され, 議会に**提出されて**修正あるいは承認を受ける。 |
| **subsidy** [sʌ́bsədi] 502 | (政府)補助金, 交付金 | 19世紀, 鉄道を敷設するものは, 土地を付与され, 公的な**補助金**を受け取っていた。 |
| **thereafter** [ðèərǽftər] 503 | その後, 従って | 英国はエジプトで反攻に転じ, ほぼ**その**直後に英米連合軍がモロッコに上陸した。 |
| **cosmic** [kázmik] 504 | 宇宙の 名cosmos 宇宙 | 天子としての皇帝の義務は, 世界の中心にある玉座から**宇宙**の秩序を維持することにあった。 |
| **allegory** [ǽligɔ̀:ri] 505 | 寓話, たとえ話 形allegorical 寓話の | **寓話**は, 抽象的な概念を具体的なイメージや出来事に言い換え, 教育の程度にかかわらずすべての人に伝える。 |
| **existential** [ègzisténʃəl] 506 | 実存的な 名existentialism 実存主義 | **実存**心理学は, 心理学的問題の原因を現代生活における疎外感に求めようとする学派である。 |
| **sediment** [sédəmənt] 507 | 堆積物, 沈殿物 形sedimentary 沈殿物の, 堆積性の | 放水ダムは, もっぱら洪水の影響を弱めて**堆積物**を集積する目的で建設される。 |

▼ [大学院受験] 完全対応例文

The First World War was to cripple both the victorious and the defeated nations, and to leave a dangerous **legacy** of hate.

Hitler and Stalin were able to **manipulate** people with propaganda, so they could convince people of almost anything.

Anaxagoras **posited** a pluralistic universe with four essential elements: fire, air, water and earth.

The Labor **proponents** argue that most recent increases in wages are designed just to keep up with the cost of living.

As individuals mature, specific stimuli no longer **provoke** the same emotion in every person.

It was believed that science, unlike religion and philosophical **speculation**, was based on hard facts.

The budget is prepared under the supervision of the president, then **submitted** to Congress for modification and approval.

Railroad builders accepted grants of land and public **subsidies** in the 19th century.

The British counterattacked in Egypt, and almost immediately **thereafter** an Anglo-American force landed in Morocco.

The emperor's duty as the Son of Heaven was to maintain the **cosmic** order from his throne in the middle of the world.

**Allegories** translate abstract ideas into concrete images and events, communicating them to people of all levels of education.

**Existential** psychology is a school of thought that attributes psychological problems to feelings of alienation in modern life.

Diversion dams are mainly built to lessen the effects of floods and to trap **sediment**.

| [院単] 頻出1500語 | Check | | ▼ 例文の意味 |
|---|---|---|---|
| **unfold** [ʌnfóuld] 508 | | 発展する, 広げる | スキャンダルが広がると, 議会多数派である民主党は, ニクソンに対して弾劾の手続きを始めた。 |
| **defy** [difái] 509 | | 反抗する, 拒む 名 defiance 反抗, 挑戦 | 特に芸術家が構想を極端な形で示した場合など, 芸術作品が単純な分類を拒む場合がある。 |
| **abundant** [əbʌ́ndənt] 510 | | 豊富な 名 abundance 多量, 豊富 | カナダと合衆国はともに農業に適した肥沃な土地と豊かな天然資源に恵まれている。 |
| **analogy** [ənǽlədʒi] 511 | | 類似, 類推 形 analogical 類推の | 多くの哲学者は, 単に類推にのみ基づくものではないような学説を作り出そうとしてきた。 |
| **gene** [dʒíːn] 512 | | 遺伝子 名 genealogy 家系, 系図学 | 遺伝子治療は, 最初は遺伝性疾患の治療を目的として始められた。 |
| **monarchy** [mánərki] 513 | | 君主制, 君主国 名 monarch 君主 | 第一次大戦間際には, ロシアは部分的な近代化を果たし, 保守的な立憲君主国になっていた。 |
| **array** of [əréi] 514 | | 多量の 名 array 配列 | 知的障害には, 原因も治療も予後も実に様々な, 非常に多くの知能の欠損が含まれる。 |
| **corruption** [kərʌ́pʃən] 515 | | (政治)腐敗, 不正行為 形 corrupt 腐敗した | 就任した最初の年に, ゴルバチョフは官僚機構の上層部における腐敗と無能を攻撃した。 |
| **rally** [rǽli] 516 | | (再び)結集する | 他のたいていの社会主義者たちとは異なり, レーニンは1914年に国旗の下に馳せ参じるということになっていた。 |
| **ambiguity** [æmbigjúːəti] 517 | | 曖昧さ, 多義性 形 ambiguous 曖昧な | ブルックスは, 科学の正確さは世界を貧しくし, 詩の持つ逆説や多義性は世界を生き生きと豊かにするものだと信じた。 |
| **accelerate** [æksélərèit] 518 | | 加速させる[する], 促進する 名 accelerator アクセル | 熱核反応は, 陽子が加速されて他の陽子と衝突するときに起こる。 |
| **proliferation** [prəlifəréiʃən] 519 | | 急増, 拡散, 蔓延 動 proliferate 増殖する, 蔓延する | ヨーロッパと北アメリカの人々は過食気味で, ダイエット食やダイエットブームが大きく広がることとなった。 |
| **communal** [kəmjúːnəl] 520 | | 共通の, 共有される, 共同社会の | 古代ギリシャでは住民共有の泉が都市に水を供給し, そこには毎日女性たちが集まっていた。 |

As the scandal **unfolded**, the Democratic majority in the Congress instituted impeachment proceedings against Nixon.

Some works of art **defy** simple categories, especially when artists go to extraordinary lengths to represent their visions.

Canada and the United States both enjoy rich arable land and **abundant** natural resources.

Many philosophers have attempted to produce theories that are not based solely on **analogies**.

Initially **gene** therapy was envisioned for the treatment of genetic disorders.

On the eve of World War I, Russia was partially modernized into a conservative constitutional **monarchy**.

Mental retardation encompasses a vast **array of** mental deficits with a wide variety of causes, treatments, and outcomes.

In his first year in office, Gorbachev attacked **corruption** and incompetence in the upper reaches of the bureaucracy.

Unlike most other socialists, Lenin did not **rally** round the national flag in 1914.

Brooks sees the precision of science as impoverishing and the paradox and **ambiguity** of poetry as vivifying and enriching.

Thermonuclear reactions occur when a proton is **accelerated** and collides with another proton.

Europeans and North Americans were eating too much, giving rise to a **proliferation** of diet foods and diet fads.

In ancient Greece, **communal** fountains supplied water to the cities, and the daily meeting of the women was held there.

| 見出し語 | 意味 | 例文の意味 |
|---|---|---|
| **rationality** [ræ̀ʃənǽləti] 521 | 合理性, 理性的であること | 啓蒙主義によって、科学や理性, **合理性**が, 精神的純潔性に代わってヨーロッパ社会の中心的な価値基準となった。 |
| **denomination** [dinɑ̀mənéiʃən] 522 | 宗派, 名称 / 動 denominate 命名する | 18世紀後半のアメリカ独立戦争の終わりには、監督教会派など、幾つかの**宗派**が創設された。 |
| **accommodate** [əkámədèit] 523 | 収容する, 供給する, 適合させる | その後団塊の世代が登場すると、彼らを**収容する**ために大学は拡張を続けた。 |
| **sequential** [sikwénʃəl] 524 | 順次起きる / 名 sequence 一続きの事柄 | 発達段階説では、一連の変化を、秩序立って**順を追った**パターンに従うものとして説明している。 |
| **pilgrimage** [pílgrəmidʒ] 525 | 巡礼 / 名 pilgrim 巡礼者 | 観光旅行という概念自体, その起源はカンタベリーのような場所への**巡礼**にある。 |
| **petition** [pətíʃən] 526 | 請願(書) | 合衆国憲法修正第一条項は、言論, 出版, 宗教, 集会, そして**請願**の自由を保証している。 |
| **suffrage** [sʌ́fridʒ] 527 | 選挙権, 参政権 | 女性**参政権**運動は、まず合衆国西部で成功を収めた。 |
| **centralize** [séntrəlàiz] 528 | 中央に集める, 中央集権化する | 毛(沢東)と共産党は中国に住む5億5000万人を強力な**中央集権**国家のもとにまとめあげた。 |
| **forge** [fɔ́:rdʒ] 529 | 作り出す, 捏造する | 1840年代までには、後に最初の女権運動を**作り出す**ことになる一群のアメリカ女性たちが現れていた。 |
| **subversive** [səbvə́:rsiv] 530 | 破壊的な, (体制の)転覆をはかる / 動 subvert 覆す, うち倒す | 組合は**秩序破壊を**はかる組織であり、どこでも可能ならば弾圧し壊滅させるべきだと考えられていた。 |
| **absurd** [æbsə́:rd] 531 | 不合理でばからしい / 名 absurdity 不合理, 不条理 | 無神論者である彼の父親は, カトリックの教え自体を時代遅れで**ばかばかしい**迷信で汚されているとみなしていた。 |
| **segregation** [sègrigéiʃən] 532 | 分離, 人種分離(政策) / 動 segregate 分離[隔離]する | 約1年後, 最高裁判所は学校における**人種分離**と同様, バス内の**人種分離**も憲法違反だと裁定した。 |
| **inherently** [inhíərəntli] 533 | 本質的に, 生まれつきに | 科学的方法とは, **本質的には**, 規則的で予測可能な行動パターンを明らかにすることを目的としている。 |

With the Enlightenment, science, reason and **rationality** replaced spiritual purity as the central paradigms of European society.

Several **denominations**, such as the Episcopalians, were created at the end of the American Revolution in the late 1700s.

Then came the baby boomers, and to **accommodate** them colleges continued to grow.

Stage theories describe a series of changes that follow an orderly **sequential** pattern.

The very concept of tourism has its origin in **pilgrimages** to sites such as Canterbury.

The U.S. Constitution's First Amendment guarantees freedom of speech, press, religion, assembly, and **petition**.

The women's **suffrage** movement achieved its first success in the western United States.

Mao and the Communists united China's 550 million inhabitants in a strong **centralized** state.

By the 1840s a group of American women emerged who would **forge** the first women's rights movement.

Unions were considered **subversive** organization, to be hounded and crushed wherever possible.

His atheistic father regarded Catholic thought itself as obsolete and tainted with **absurd** superstitions.

About a year later, the Supreme Court ruled that bus **segregation**, like school **segregation**, was unconstitutional.

Scientific method **inherently** seeks to uncover regular and predictable patterns of behavior.

| 見出し語 | 意味 | 例文の意味 |
|---|---|---|
| **unrelated** [ʌnriléitid] 534 | 無関係な | フライの考えでは，文学史は社会史や政治史とは本質的に**無関係**であり，むしろ循環的に進行するものである。 |
| **on one's behalf** [bihǽf] 535 | のために，に代わって | 民主主義では，私たちは投票によって，政治家に対し，**私たちに代わって**法律を作る権限を与える。 |
| **tolerate** [tálərèit] 536 | 許容する，我慢する 名 toleration 寛容, 忍耐 | ナチは，党の必要性にかなう限りにおいてのみ，特権や富の所有を**許容した**。 |
| **manuscript** [mǽnjuskrìpt] 537 | 原稿，写本 | ヨーロッパ中世においては，多くの彩色**写本**が大小の修道院で作られた。 |
| **motif** [moutíːf] 538 | 主題，モチーフ，特色 | ユングによれば，この集合的無意識には，元型としてのイメージや**テーマ**が数多く宿っている。 |
| **theologian** [θìːəlóudʒən] 539 | 神学者 名 theology 神学 | 多くの思想家や**神学者たち**は，特に第一次大戦後，キリスト教の原理に新たな活力をふき込みはじめた。 |
| **artifact** [áːrtəfækt] 540 | 人工物，芸術品 | 人文学者は人間の普遍的性質の跡を求めて書物や**芸術作品**を研究する。 |
| **purge** [páːrdʒ] 541 | 追放，粛清 | スターリンによる大量**粛清**はまさに不可解なものであり，これまで多くの解釈がなされてきた。 |
| **entrench** [intréntʃ] 542 | 定着させる，確立する | 長い闘いのすえに，黒人は深く**根付いていた**人種隔離や差別，抑圧の体制を打ち破った。 |
| **reparation** [rèpəréiʃən] 543 | 補償，賠償金 | オーストリアはプロシアに対して**賠償金**も払わず領土も取られなかったが，ヴェネツィアをイタリアに割譲することとなった。 |
| **profitable** [práfitəbl] 544 | 利益になる 名 profitability 採算性 | 帝国主義は本国にとって経済的な**利益になる**，とほとんどの国民が信じていた。 |
| **entail** [intéil] 545 | 伴う，含意する，引き起こす | 初期のソフィストたちの考えは，後期のグループのようなより冷笑的な見方を**含む**ものではないとする学者もいる。 |
| **specialty** [spéʃəlti] 546 | 専門，特色 | 物理学の分野は常に分化，細分化を続けて新たな**専門分野**や下位区分の領域を生み出していた。 |

For Frye, literary history is essentially **unrelated** to social and political history but instead proceeds cyclically.

In a democracy, by means of our vote we give politicians the right to make laws **on our behalf**.

The Nazis **tolerated** privilege and wealth only as long as they served the needs of the party.

During the European Middle Ages, many illuminated **manuscripts** were made in monasteries and convents.

Residing in this collective unconscious, according to Jung, are a number of fundamental images and **motifs**.

A number of thinkers and **theologians** began to revitalize the fundamentals of Christianity, especially after World War One.

Humanists study books and **artifacts** in order to find traces of our common humanity.

Stalin's mass **purges** were truly baffling, and many explanations have been given for them.

After a long struggle, blacks threw off a deeply **entrenched** system of segregation, discrimination, and repression.

Austria paid no **reparations** and lost no territory to Prussia, although Venice was ceded to Italy.

Most people believed that imperialism was economically **profitable** for the homeland.

Some scholars say that the views of the early Sophists do not **entail** the more cynical ones of the later group.

The field of physics was constantly dividing and subdividing into new **specialties** and subdisciplines.

| # | 見出し語 | 意味 | 例文の意味 |
|---|---|---|---|
| 547 | **repress** [riprés] | 抑制する, 抑圧する<br>名 repression 抑圧, 弾圧 | 精神分析の考え方である願望充足理論では, 夢は抑圧された欲望が形を変えて表象されたものだと考えられている。 |
| 548 | **preside** [prizáid] | 取り仕切る, 議長を務める | 上院は副大統領が不在の場合は暫定的に議長を務めるものを選ぶ。 |
| 549 | **fluid** [flú:id] | 流動的な, 変わりやすい<br>名 fluidity 流動(性) | 応用科学の大きな成果は, 経済の拡大だけでなく, 階級構造をより流動的にすることにも役立った。 |
| 550 | **reconcile** [rékənsàil] | 和解[両立]させる<br>名 reconciliation 和解, 融和 | 各国の代表には, 自国の利害と地球気候の保全を両立させることが求められていた。 |
| 551 | **emancipation** [imænsəpéiʃən] | 解放<br>動 emancipate 解放する | 既婚女性の就業率が上がったことは, 女性の男性に対する平等と解放を目指すうえで強力な後押しとなった。 |
| 552 | **intriguing** [intrí:giŋ] | 興味をかきたてるような<br>動 intrigue 興味をそそる | ネス湖の怪物のように, バーミューダ三角海域も興味をかきたてる謎を世界中の人々に投げかけている。 |
| 553 | **deliberately** [dilíbərətli] | 故意に, 念入りに<br>形 deliberate 故意の, 慎重な | 新古典主義者たちは, 古代の文学形式や筋, 登場人物, 詩型などを故意に模倣した。 |
| 554 | **torture** [tɔ́:rtʃər] | 拷問, 折檻 | よい先生は, 折檻や暴力に頼ることなく子供を教育し, 人格形成を助けることができる。 |
| 555 | **apostle** [əpásl] | 使徒, 伝道者 | イエスは死後自分の使命をひきつぐ使徒として, 12人を選んだ。 |
| 556 | **testimony** [téstəmòuni] | 証言, 証拠<br>形 testimonial 証拠の, 証拠となる | 記憶には出来事を作り上げる性質があるので, 目撃者の証言の信用性には疑問がある。 |
| 557 | **restraint** [ristréint] | 制限, 抑制, 遠慮<br>動 restrain 抑える | ホッブスとマキャヴェリは, 人間は本質的に邪悪であり, 法と刑罰によって行動を制限する必要がある, と考えていた。 |
| 558 | **proximity** [praksíməti] | 近いこと, 近接<br>形 proximate 最も近い | 肉体的な魅力と距離の近さ, そして類似は対人的魅力に影響を与える3つの要因である。 |
| 559 | **breakdown** [bréikdàun] | 崩壊, 故障 | フロイト派心理学とマルクス主義は,「神のいない」世界観を示唆し, 伝統的価値観の崩壊に一役買った。 |

The psychoanalytic view, wish-fulfillment theory, holds that dreams are disguised symbols of **repressed** desires.

The Senate chooses a president pro tempore to **preside** when the vice president is absent.

The triumphs of applied science contributed not only to economic expansion but also to a more **fluid** class structure.

Representatives of countries were supposed to **reconcile** their nations' interests with the protection of the earth's climate.

The rising employment of married women was a powerful force in the drive for women's equality and **emancipation**.

Like the Loch Ness monster, the Bermuda triangle presents another **intriguing** wonder to the world.

The Neoclassicists **deliberately** imitated the literary forms, plots, characters, and verse of the ancients.

A good teacher can educate and help build character without resorting to **torture** and brutality.

Jesus chose twelve as his **apostles** to carry on his work after his death.

Because of the constructive nature of memory, the reliability of eyewitness **testimony** is questioned.

Hobbes and Machiavelli thought man to be essentially wicked and in need of **restraint** by laws and punishments.

Physical attractiveness, **proximity**, and similarity are the three factors that influence interpersonal attraction.

Freudian psychology and Marxism implied a "godless" world view and contributed to the **breakdown** of traditional values.

| 見出し語 | 意味 | 例文の意味 |
|---|---|---|
| **endow** [indáu] 560 | (神・自然などが)授ける, 寄付する 名endowment 資質 | 新大陸は自然に恵まれていたが, 入植者たちが作り出すことのできないものを手に入れるために, ヨーロッパとの交易は不可欠だった。 |
| **designate** [dézignèit] 561 | 指定する, 指名する 名designation 指定, 指名 | たいていこの郡でも, 1つの町や市が, 政府機関が置かれる郡の中心地に指定されている。 |
| **gross** [gróus] 562 | 全体の, 総計の 副grossly 大幅に, はなはだしく | 国民総生産(GNP)は1年間の財とサービスの総生産高を測って示すものである。 |
| **manifest** [mǽnəfèst] 563 | 一目でわかる 名manifestation 明白な表れ | 合併に向かう傾向は, 他の分野, 特に運輸と通信の分野で明らかだった。 |
| **clarify** [klǽrəfài] 564 | 明確にする 名clarification 説明 | アインシュタインの考えを明確に説明するために, その教授は, 学生たちに電車に乗っている人を想定してみてください, と言った。 |
| **alert** [ələ́ːrt] 565 | 用心深い, 機敏な | 良い社会科学者は, 自分が拠っている基準を詳しく説明することで, 自分の研究に潜むかもしれない偏見に用心させる。 |
| **quota** [kwóutə] 566 | 割り当て, 分け前, 定員 | 移民と難民の割り当てはかなり需要を下回っているので, 不法移民がいまだ大きな問題となっている。 |
| **mock** [mák] 567 | 嘲笑う, 馬鹿にする 名mockery あざけり | ヨーゼフ・ボイスのような芸術家が家と家具に対するドイツ人のセンスを嘲笑ったのは有名である。 |
| **comprise** [kəmpráiz] 568 | から構成される, 含む | 労働者階級の約15%を占める高度熟練労働者は, まさしく「労働貴族」であった。 |
| **surpass** [sərpǽs] 569 | を越える, に勝る 形surpassing ずば抜けた | 1926年の工業生産高は1913年を上回り, ロシアの農民は戦前とほぼ同程度の穀物を生産した。 |
| **temporarily** [tèmpərérəli] 570 | 一時的に, 暫定的に 形temporal 一時的な, 現世の | 例えば, 一時的に強い精神的苦痛を引き出すが, その後大きな利益をもたらすような研究を想定してみよう。 |
| **surge** [sə́ːrdʒ] 571 | うねり, 高揚, 急増 | 一般的に言って, 問題を解決する気になるためには, 私たちはある程度気持ちを高揚させねばならない。 |
| **Catholic** [kǽθəlik] 572 | カトリックの, カトリック教徒 | アフリカでは, カトリックとプロテスタントの伝道者たちが改宗者を増やそうとし, 福音を伝えるために学校を設立していた。 |

Although the new continent was **endowed** by nature, trade with Europe was vital for articles the settlers could not produce.

In most counties, one town or city is **designated** as the county seat where the government offices are located.

The **gross** national product (GNP) measures the total output of goods and services in a given year.

The trend toward amalgamation was **manifest** in other fields, particularly in transportation and communications.

To **clarify** Einstein's idea, the professor asked students to imagine a person riding on a train.

Good social scientists will spell out what their standards are so that readers will be **alert** to possible bias in their studies.

Because immigrant and refugee **quotas** remain well under demand, illegal immigration is still a major problem.

Artists such as Joseph Beuys famously **mocked** the German sense of home and home furnishings.

Highly skilled workers, who **comprised** about 15 percent of the working classes, were a real "labor aristocracy."

Industrial output in 1926 **surpassed** the level of 1913, and Russian peasants produced almost as much grain as before the war.

Suppose a study that **temporarily** induces severe emotional distress promises significant benefits.

Generally, we must generate a certain **surge** of excitement to motivate ourselves to solve a problem.

In Africa, **Catholic** and Protestant missionaries were seeking converts and building schools to spread the Gospel.

| 見出し語 | 意味 | 例文の意味 |
|---|---|---|
| **patriarchal** [pèitriáːrkəl] 573 | 家父長制の, 男性優位の | 他の多くの宗教と同様, キリスト教にも, それに影響を与えた社会の**家父長的な**考え方が反映している。 |
| **inductive** [indʌ́ktiv] 574 | 帰納的な, 誘導的な 動induce を促す | **帰納的**推理と同様, 仮説的推論も結論の真実性を保証するものではない。 |
| **underscore** [ʌ̀ndərskɔ́ːr] 575 | 強調する, 下線を引く | ピューリタンが聖書を直接読むことを重視したのは, 識字能力の重要性を**強調する**ものだった。 |
| **flaw** [flɔ́ː] 576 | 欠陥, 弱点 | これらの大がかりな地政学理論には, すべて致命的な**欠陥**がある。 |
| **inhibit** [inhíbit] 577 | 妨げる, 抑える, 禁止する 名inhibition 抑制, 禁止 | ビタミンEに癌性の腫瘍を**抑制する**可能性があることが研究で明らかにされている。 |
| **entrepreneur** [àːntrəprənə́ːr] 578 | 事業家, 起業家 | アメリカの**事業家**ヘンリー・フォードは, 製造技術を発展させて, 一般の人でも買えるくらい自動車を安くした。 |
| **sovereignty** [sávərənti] 579 | 主権, 統治権 形sovereign 主権を有する | 中国が外国の支配を排し, 国家の**主権**を取り戻したのは, 第二次大戦後のことだった。 |
| **frontal** [frʌ́ntl] 580 | 正面の | ルーズベルトは英米軍がフランス全域で**正面**攻撃をかけた方が良い, という点でスターリンに同意した。 |
| **pact** [pǽkt] 581 | 条約, 協定 | ナチス(ドイツ)とソビエトの相互不可侵**条約**はポーランドを分割し, ヒトラーに開戦を許すことになった。 |
| **inhabit** [inhǽbit] 582 | に住む, に生息する 名inhabitant 住民 | 北極地帯には, 陸にも海にも数多くの動物が**生息している**。 |
| **mature** [mətjúər] 583 | 成熟する, 成熟した 名maturity 成熟 | 子供が学校内の社会秩序に適応する過程は, 彼らが**成熟した**時に求められるものの予告編である。 |
| **physiological** [fìziəládʒikəl] 584 | 生理学的な 名physiology 生理学, 生理 | フロイトは, 神経症の多くの原因は**生理学的な**ものではなく, 心理学的なものだと確信していた。 |
| **respectively** [rispéktivli] 585 | それぞれ 形respective それぞれの | 1980年から88年までの間に, アンゴラとモザンビークでは, 戦争に関係する原因で, **それぞれ**3万3000人と49万人の子供の命が失われた。 |

Also like many religions, Christianity reflects the **patriarchal** attitudes of the societies that influenced it.

Like **inductive** reasoning, abduction does not guarantee the truth of the conclusions.

The Puritan emphasis on reading directly from the Scriptures **underscored** the importance of literacy.

All of these grand geopolitical theories contained fatal **flaws**.

Research reveals that vitamin E may **inhibit** the growth of cancerous tumors.

American **entrepreneur** Henry Ford developed production techniques that made autos cheep enough for ordinary people to buy.

Not until after World War II did China throw off foreign dominance and regain national **sovereignty**.

Roosevelt agreed with Stalin that an American-British **frontal** assault through France would be better.

The Nazi-Soviet non-aggression **pact**, which partitioned Poland, allowed Hitler to start the war.

Abundant animal life **inhabits** the Arctic, both on land and in the sea.

Children's process of adjustment to the school's social order is a preview of what will be expected as they **mature**.

Freud was convinced that many nervous ailments are psychological rather than **physiological** in origin.

From 1980 through 1988, Angola and Mozambique lost 33,000 and 490,000 children **respectively** to war-related causes.

| 見出し語 | 意味 | 例文の意味 |
|---|---|---|
| **allege** [əlédʒ] 586 | 断言する, 強く主張する | 妊娠中絶は道徳的に間違っている、なぜならそれは罪のない人間を殺すことだから、という風に**断言される**ことがよくある。 |
| **exile** [éɡzail] 587 | 追放(者), 亡命(者) | ダライ・ラマは現在も**インドで**亡命しているが, チベット人は、本来の居住地において中国の少数民族となってしまった。 |
| **compensation** [kàmpənséiʃən] 588 | 償い, 補償, 対価 動compensate 償う | ソビエト政府は, 外国人の所有していた工場を何の**補償**も行わないまま国有化した。 |
| **elicit** [ilísit] 589 | 引き出す | 慣習を破る人は, 変わっているとかせいぜい奇人だとか見なされるだけで, 普通の人々から強い反応を**引き出す**ことは滅多にない。 |
| **endorse** [indɔ́ːrs] 590 | 保証する, 支持する 名endorsement 承認, 支持 | ジェイムソンやウィリアムズのようなマルクス主義批評家は, バフチンの理論の少なくとも幾つかの点については, 公然と**支持した**。 |
| **domain** [douméin] 591 | 領地, 専門分野, 領域 | 伝統的に工学は, これまでほぼ男にのみ限られた**領域**だった。 |
| **obscene** [əbsíːn] 592 | 猥褻な 名obscenity 猥褻(なもの) | 20世紀前半には, ジェイムズ・ジョイスの『ユリシーズ』は**猥褻**だとして攻撃された。 |
| **eloquent** [éləkwənt] 593 | 雄弁な, 説得力のある | **雄弁な**活動家であったマルコムXは, 白人種からの黒人の分離独立に賛成した。 |
| **suppress** [səprés] 594 | 抑える, 鎮圧する, 抑圧する 名suppression 抑圧 | 難関は, 重要な臓器にダメージを与えることなく, 免疫システムを**抑制できる**ような治療法を見つけることであった。 |
| **dissolve** [dizálv] 595 | 解散する, 溶解する 名dissolution 解散, 溶解 | 1629年, 英国王チャールズ1世は議会を**解散し**, 専制的な統治を開始した。 |
| **geometric** [dʒìːəmétrik] 596 | 幾何学の, 幾何学的な 名geometry 幾何学 | 自然の形態を単純化して**幾何学的な**形にする点が, 3世紀末までのローマ芸術の特徴だった。 |
| **prescribe** [priskráib] 597 | 規定する, 指示する 名prescription 規定, 処方 | コーランにはキリスト教の聖書にはみられないような詳細に渡って, 何が道徳的な行動か**規定されている**。 |
| **undergo** [ʌ̀ndərɡóu] 598 | 経験する, 被る | 金融の世界は今, 電子化による劇的な技術革新を**経験して**おり, あらゆる形態の金融取引が迅速化されつつある。 |

Often it is **alleged** that abortion is morally wrong because it is the killing of innocent human beings.

The Dalai Lama remains in **exile** today in India, while Tibetans have become a minority Chinese in their native land.

The Soviet government nationalized all foreign-owned factories without **compensation**.

People who violate folkways are seen as peculiar or possibly eccentric, but rarely do they **elicit** strong public response.

Marxist critics such as Jameson and Williams have openly **endorsed** at least some aspects of Bakhtin's work.

Engineering has traditionally been almost exclusively a male **domain**.

In the early 20th century, James Joyce's *Ulysses* was attacked as **obscene**.

Malcolm X, an **eloquent** activist, argued for black separation from the white race.

The challenge was to find a treatment that could **suppress** the immune system without damaging vital organs.

In 1629 King Charles I **dissolved** Parliament and started governing tyrannically.

Simplification of natural forms to **geometric** shapes is a characteristic Roman art made by the end of the third century.

The Koran **prescribes** ethical behavior in a detailed manner not present in the Christian Bible.

The world of finance is **undergoing** dramatic electronic innovations, speeding up every form of financial transaction.

| 見出し語 | 発音 | No. | 意味 | 例文の意味 |
|---|---|---|---|---|
| **inspection** | [inspékʃən] | 599 | 検査, 査察 <br> 名 inspector 検査官 | 傷みやすい貿易品は一般的に国の**検査**を受けていた。 |
| **texture** | [tékstʃər] | 600 | 質感, 組織, 性質 | 土**質**とは, 土壌に含まれる大きさの異なった粒の割合を意味する。 |
| **nominate** | [námənèit] | 601 | 指名する, 任命する <br> 名 nominee 指名された人 | 1860年の大統領選挙で, 共和党はエイブラハム・リンカーンを大統領候補に**指名した**。 |
| **sheer** | [ʃíər] | 602 | 純然たる, 全くの | 芸術家には, 人間が芸術作品を作るのは美への**純然たる**愛情からだと信じて「芸術のための芸術」という理念を喧伝するものもいた。 |
| **horizontal** | [hɔ̀:rəzántl] | 603 | 水平の, 左右方向の <br> 名 horizon 水[地]平線 | 植物や動物が**水平の**帯状に配されて, その花瓶の底部を飾っている。 |
| **predominantly** | [pridámənəntli] | 604 | 大部分は, 主に <br> 動 predominate 優勢である | ヨーロッパの社会はロマネスク時代は**大部分が**農業社会であった。 |
| **pledge** | [plédʒ] | 605 | 誓う, 保証する | ゴルバチョフが東欧諸国の政治的選択を尊重すると**誓った**ことの歴史的重要性は非常に大きい。 |
| **plague** | [pléig] | 606 | 伝染病, 災い, ペスト | ペトラルカはソネットの中で讃えたラウラを1348年の**ペスト**で失い, さらに後に起きたペストで息子も失った。 |
| **astronomy** | [əstránəmi] | 607 | 天文学 <br> 形 astronomical 天文(学)の | 占星術と**天文学**は時々混同されるが, お互い非常に異なるものである。 |
| **mobilize** | [móubəlàiz] | 608 | 動員する <br> 名 mobilization 動員 | 英国は総力戦に向けて**動員を行ったが**, 迅速性においても徹底性においてもドイツに劣っていた。 |
| **schizophrenia** | [skìtsəfríːniə] | 609 | 統合失調症 | **統合失調症**は, 文化の違いを超えて世界でも最も普遍的な精神病である。 |
| **spouse** | [spáus] | 610 | 配偶者 | 虐待を行う**配偶者**は自分自身が子供の時に虐待の犠牲者であったり, 虐待の目撃者であったりした可能性がある。 |
| **standardize** | [stǽndərdàiz] | 611 | 標準化する, 規格化する | 世界の貿易は, **規格化された**コンテナ船によって効率性の面で飛躍的に向上した。 |

The perishable commodities of trade generally came under state **inspection**.

Soil **texture** refers to the proportion of particles of different size in the soil.

In the presidential election of 1860 the Republican Party **nominated** Abraham Lincoln as its candidate.

Some artists promoted the idea of "art for art's sake," believing that people create works of art for the **sheer** love of beauty.

Plants and animals in **horizontal** bands decorate the base of the vase.

Europe's society was **predominantly** agricultural during the Romanesque period.

It is of enormous historical importance that Gorbachev **pledged** to respect the political choices of Eastern Europeans.

Petrarch lost the Laura he celebrated in his sonnets to the 1348 **plague**, and his son to a later one.

Astrology and **astronomy** are sometimes confused, but they are both very different from each other.

Great Britain **mobilized** for total war less rapidly and less completely than Germany.

**Schizophrenia** is the most culturally universal mental disorder in the world.

The abusive **spouse** may have been a victim of abuse as a child or even have been a witness to abuse.

World trade has been revolutionized through efficiency based on **standardized** containerships.

| # | 見出し語 | 意味 | 例文の意味 |
|---|---|---|---|
| 612 | **feudal** [fjúːdl] | 封建的な, 封建主義の<br>名 feudalism 封建主義 | 封建領地は, 農奴と呼ばれる領民を統治する特権的な領主によって経営されていた。 |
| 613 | **chronic** [kránik] | 慢性の, 長期に渡る<br>副 chronically 慢性的に | 世界で約7億の人が, 慢性的な栄養不良に悩まされている。 |
| 614 | **intact** [intǽkt] | 無傷の, 元のままの | 昔ながらの甚だしい経済的不平等は, 全く元のままだった。 |
| 615 | **plausible** [plɔ́ːzəbl] | もっともらしい<br>名 plausibility もっともらしさ | チョムスキーの論は生物学的にはもっともらしいが, 正しくはないだろう。少なくとも誇張されているのは確かだろう。 |
| 616 | **theism** [θíːizm] | 有神論<br>名 theist 有神論者 | 悪(の存在)は, 有神論に常につきまとう問題であり, 有神論者たちは攻撃をかわす方法をいつも考えている。 |
| 617 | **nurture** [nə́ːrtʃər] | 養育, 養育環境 | 人間の行動形成には遺伝的性質と生育環境が複雑に混じり合って関係しているので, 生物的性と社会的性は混同されやすい。 |
| 618 | **facilitate** [fəsílətèit] | 容易にする, 手助けする<br>形 facile 容易な | ラテンアメリカでは, カトリックと厳しい階級制度によって, 権威への服従が容易になっている。 |
| 619 | **contingency** [kəntíndʒənsi] | 付随性, 偶発性<br>形 contingent 偶然の | 付随性とは, ある出来事が他の出来事に依存するような関係である。 |
| 620 | **impoverish** [impávəriʃ] | 貧しくする, やせさせる | 天文学的な額の賠償金要求をすれば, ドイツは貧窮化した二等国になってしまうだろう, とケインズは述べた。 |
| 621 | **deteriorate** [ditíəriərèit] | 悪化する, 堕落する<br>名 deterioration 劣化, 退歩 | 保護貿易主義は, 市場競争をなくすことによって製品の質的な劣化を招くことが往々にしてある。 |
| 622 | **crude** [krúːd] | 大ざっぱな, 粗野な | 出来事を大ざっぱに要約するならば, 1970年代はヨーロッパが好況で, 80年代は日本, そして90年代は合衆国が好況だった。 |
| 623 | **venue** [vénjuː] | 開催地, 場所 | 英国のカジノ業界は, 終日営業できるような場所を求めて, 議員への働きかけを行ってきた。 |
| 624 | **adorn** [ədɔ́ːrn] | 飾る, 引き立てる<br>名 adornment 装飾品 | 壁面を飾る絵画の題材はあらゆる分野に及んでおり, 歴史や神話の場面を描いたものもあれば, 風景画もあった。 |

**Feudal** manors were run by privileged lords who ruled over their subjects, known as serfs.

About 700 million global citizens suffer from **chronic** malnutrition.

The age-old pattern of great economic inequality remained firmly **intact**.

Though Chomsky's view may be biologically **plausible**, it may not be right; at least it may well be overstated.

The problem of evil persists in haunting **theism**, and theists continue to devise strategies to ward off the attacks.

The complex mix of nature and **nurture** in shaping human behavior makes it easy to confuse the roles of sex and gender.

Catholicism and a rigid class system in Latin America **facilitates** obedience to authority.

A **contingency** is a relationship in which one event depends on another.

Keynes argued that astronomical reparations would reduce Germany to the position of an **impoverished** second-rate power.

Protectionism often results in **deteriorating** product quality by removing market competition.

A **crude** summary of events is that Europe did well in the 1970s, Japan did so in the 1980s and the U.S. did so in the 1990s.

The UK casino industry has lobbied for **venues** to be allowed to stay open day and night.

The pictures that **adorned** the walls featured every kind of subject, including historical and mythological scenes and landscapes.

| 見出し語 | 意味 | 例文の意味 |
|---|---|---|
| **penetrate** [pénətrèit] 625 | 貫通する, 侵入する, 浸透する | それほど警戒したにもかかわらず, 初期の盗掘者たちはまんまと墓室に侵入し, クフ王の副葬品である宝物を盗み去った。 |
| **tolerance** [tálərəns] 626 | 寛容, 忍耐<br>形 tolerant 寛容な | 逸脱行動に対して寛容を示すことが安全弁となって働き, もっと重大な違反行為の発生を現実に防ぐ場合がある。 |
| **unskilled** [ʌnskíld] 627 | 技術を持っていない, 未熟練の | 最も境界が曖昧なのは, 下層中産階級と未熟練労働者階級の間である。 |
| **criterion** [kraitíəriən] 628 | 基準, 尺度 | 2人の人間が同じ人種に属すると見なすべきか否かを決定するような客観的基準は存在しない。 |
| **wit** [wít] 629 | 機知, 機転<br>形 witty 機知に富んだ | ケネディの品の良さや機知, そして立ち居振る舞いは, 彼の人気を支え, のちのちまで政治家たちに影響を与えた。 |
| **dimension** [dimén ʃən] 630 | 局面, 次元, 容量 | ジークムント・フロイトの理論は, 心理学に新たな局面を開いた。 |
| **predicate** [prédikət] 631 | 述語 | 「ソクラテスは死ぬ運命だ」という文では, 「ソクラテス」が主語で「死ぬ運命だ」が述語である。 |
| **assent** [əsént] 632 | 同意(する)<br>⇔ dissent 異議(を唱える) | 1788年半ばまでにさらに3つの州が同意し, 9州の批准という条件を満たすことになった。 |
| **sue** [súː] 633 | を告訴する | 1974年, 司法省は電話事業の独占を図ったとして, 米国電話電信会社(AT&T)を告発した。 |
| **circulate** [sə́ːrkjulèit] 634 | 回る, 循環する, 流通する<br>名 circulation 循環 | 19世紀後半のヨーロッパでは, ファシズムの原型となるような考え方が知識人の小さなグループの中で広がり始めていた。 |
| **personnel** [pə̀ːrsənél] 635 | 人員, 職員 | 新たに領土を得ると, その防衛と統治のために莫大な額の資金と, より多くの人員が必要になるだろう。 |
| **colloquial** [kəlóukwiəl] 636 | 口語体の, 日常会話の | 生き生きとしたアメリカの口語体に基づいたトウェインの文体は, アメリカの作家たちに自国の言葉に対する新たな評価をもたらした。 |
| **fusion** [fjúːʒən] 637 | 融合, 統合 | イスラムの歴史を通じて文化的に「自明の理」とされているものに, 宗教と政治の融合がある。 |

Despite such precaution, early looters managed to **penetrate** to the tomb chamber and make off with Khufu's funeral treasure.

**Tolerance** of deviant behavior may act as a safety valve and actually prevents more serious instances of nonconformity.

The fuzziest demarcation is that between lower-middle class and the **unskilled** working class.

No objective **criterion** enables us to decide whether two people should be considered part of the same race or not.

Kennedy's combination of grace, **wit** and style sustained his popularity and influenced generations of later politicians.

The theories of Sigmund Freud added another new **dimension** to psychology.

In 'Socrates is mortal', Socrates is the subject term, and mortal is the **predicate** term.

By mid 1788, three other states had given their **assent**, satisfying the requirement for ratification by nine states.

In 1974 the Justice Department **sued** AT&T for attempting to monopolize the telephone industry.

Proto-fascist ideas began **circulating** among small groups of intellectuals throughout Europe in the late 19th century.

Defense and administration of the new territories would require huge sums of money and increased **personnel**.

Twain's style, based on vigorous **colloquial** American speech, gave American writers a new appreciation of their national voice.

One cultural "given" throughout Islamic history has been its **fusion** of religion and politics.

| 見出し語 | 意味 | 例文の意味 |
|---|---|---|
| **transcendental** [trænsendéntl] 638 | 超越(論)的な 图transcendentalist 超越論者 | 構造主義は，著者が自分の作品にとって**超越的な**創造主である，というロマン主義的な考え方に疑問を投げかけている。 |
| **conceive** [kənsíːv] 639 | 心に抱く，思いつく 形conceivable 想像しうる | 行動主義者は，個人の行動は中の見えないブラック・ボックスであり，重要なのはその内部ではなく外部で起きることだ，**と考えている**。 |
| **drastically** [dræstikəli] 640 | 徹底的に，根本的に | **根本的に**異なる文化からやってきた2人の人間が出会うような場合，多くの誤解が生じうる。 |
| **eschew** [istʃúː] 641 | 避ける，控える | 今日ではたいていの人は人種決定論を**口にはしない**が，遺伝子によって人の運命が定まっていると考える人は多い。 |
| **postmodernism** [pòustmádərnizm] 642 | ポストモダニズム | ジェイムソンによれば，モダニズムと**ポストモダニズム**は，資本主義における文化の商品化を示すものである。 |
| **adolescent** [ædəlésnt] 643 | 青年期の，若者 图adolescence 青年期，思春期 | **青年期**うつ症の主な兆候の1つに，食習慣や睡眠習慣のはなはだしい変化がある。 |
| **incentive** [inséntiv] 644 | やる気を起こさせるもの，動機 | 大企業の従業員たちは年功序列型の賃金を得ており，転職を求めない強い**動機**を持っていた。 |
| **naturalism** [nætʃərəlìzm] 645 | 自然主義 | モダニズムは**自然主義**の科学的な側面と，個人や文化に対する心理学的考察を結びつけた。 |
| **solitary** [sálətèri] 646 | 一人だけの，孤独な | 物語りをするような共同的な活動とは対照的に，小説を読んだり書いたりすることは**孤独な**行為である。 |
| **tributary** [tríbjutèri] 647 | 支流 | ワシントン州では，コロンビア川の**支流**が，アメリカで最も有名なりんごの生産地に水を供給している。 |
| **stem from** [stém] 648 | が原因である，から始まる | フランクリン・D・ルーズベルトは，大恐慌の**原因は**合衆国経済の根本的な欠陥に**ある**，と述べた。 |
| **settler** [sétlər] 649 | 移住者，入植者，開拓者 | 1617年，オランダからの**入植者**がハドソン川とモホーク川の合流点，現在のオールバニーに砦を築いた。 |
| **Islamic** [isláːmik] 650 | イスラム(教)の 图Islam イスラム(教・全教徒・世界) | イスラム教は偶像の使用を認めていないので，**イスラム**の画家は非具象的な装飾を用いた豊かな様式を作り上げた。 |

The structuralism undercuts the Romantic notion of the author as the **transcendental** originator of his own texts.

Behaviorists **conceive** of individual behavior as a black box where the vital question is what happens on the outside, not inside.

Many misunderstandings can arise from a situation that places two people from **drastically** different cultures together.

Most of us now **eschew** racial determinism, yet many people still assume that genes contain a person's destiny.

Jameson argues that modernism and **postmodernism** are symptoms of commodification of culture in capitalism.

Key indicators of **adolescent** depression include a drastic change in eating and sleeping patterns.

Employees of large corporations who were paid salaries based on seniority had a strong **incentive** not to change jobs.

Modernism combined the scientific aspects of **naturalism** along with a psychological examination of the individual and the culture.

In contrast to the communal activity of telling stories, both the reading and the writing of novels are **solitary** activities.

In Washington, **tributaries** of the Columbia River supply water for America's most famous apple-producing regions.

Franklin D. Roosevelt argued that the Depression **stemmed from** the U.S. economy's underlying flaws.

In 1617 Dutch **settlers** built a fort at the junction of the Hudson and the Mohawk Rivers, where Albany now stands.

Because Islam discouraged the use of figural images, **Islamic** artists developed a rich vocabulary of nonfigurative ornament.

[院単] 頻出1500語　Check❶　　　　　▼例文の意味

## imagery
[ímidʒəri] 651

イメージ, 比喩的表現, 心象

ウィリアムズと同様, カミングズも日常語と鋭い**比喩表現**, そして大衆文化の中の言葉を用いた。

## bypass
[báipæs] 652

迂回する, 無視する

州によっては, かなりの数の有権者が通常の立法手続きを**無視して**法律の採択を請願する場合がある。

## reminder
[rimáindər] 653

思い出させるもの[人], 合図

真っ暗な夜でも, 山々に点在する村の明かりが小さくまとまって輝き, そこに村があることを**思い出させて**くれた。

## livestock
[láivstɑ̀k] 654

家畜

合衆国の**家畜**は毎年世界の人々の4分の3が食べる量以上の穀物を食べる。

## disgust
[disgʌ́st] 655

嫌悪, 反感
形 disgusting　むかつくような

女性の同性愛は恐怖の対象になったり, 道徳的な憤慨や, 広く不安の対象となることはあっても, **嫌悪**の対象となることは少ない。

## exaggerate
[igzǽdʒərèit] 656

誇張する, 過大視する
名 exaggeration　誇張

中年の危機とか空の巣症候群は, 少数の人の体験した事例を**誇張した**ものにすぎない, と批判する人もいる。

## soothe
[súːð] 657

静める, 和らげる, 慰める
形 soothing　心地よい

私たちは魂を**慰める**宗教という癒しの仕組みを作ることで死の不安をやりすごしている。

## totality
[toutǽləti] 658

全体(性)

真に偉大な芸術家とは, 人間の生の**全体像**をわかりやすく提示してくれるものである。

## expertise
[èkspərtíːz] 659

専門的技術[知識]

アメリカ社会では, 伝統的に**専門的知識**が高い文化的価値を持っている。

## flank
[flǽŋk] 660

側面に立つ, 側面に置く

3本のかまぼこ天井の通路の**側面には**, 高い台座のついた**柱が立てられている**。

## resort
[rizɔ́ːrt] 661

頼る, に訴える

これらの要求が互いに矛盾すると, 自我は防衛機制に**頼って**, 不安に陥らないようにする場合がある。

## slavery
[sléivəri] 662

奴隷制度
名 slave　奴隷

**奴隷制度**問題について内部で意見の不一致があったために, その党は全国的なレベルで政治的役割を果たすことができなかった。

## glacier
[gléiʃər] 663

氷河
形 glacial　氷河の, 氷の

**氷河**が長い間同じ場所に留まっていた所では, モレーンと呼ばれる氷河より高い丘ができあがった。

Like Williams, Cummings also used colloquial language, sharp **imagery**, and words from popular culture.

In some states, a substantial number of voters may petition for the adoption of a law, **bypassing** the normal legislative process.

Even on the darkest night, the lights of the villages perched on the mountains shine in small clusters as a **reminder** of their presence.

**Livestock** in the United States eat more grain each year than do three-quarters of the world's people.

Female homosexuals may be objects of fear, or moral indignation, or generalized anxiety, but they are less often objects of **disgust**.

Critics say that the midlife crisis and empty nest syndrome may be **exaggerated** accounts of a few people's experiences.

We cope with our death anxieties by creating the therapeutic institution of religion to **soothe** our psyches.

The greatest artists are those who can effectively represent the **totality** of human life.

In American society professional **expertise** traditionally carries a great deal of cultural prestige.

Three barrel-vaulted passageways are **flanked** by columns on high pedestals.

When these demands are in conflict, the ego may **resort** to defense mechanisms to relieve the resultant anxiety.

Disagreements over the **slavery** issue prevented the party from playing a role in national politics.

Where the **glaciers** remained stationary for long periods of time, higher hills, called moraines, were created.

| # | 見出し語 | 意味 | 例文の意味 |
|---|---|---|---|
| 664 | **irrational** [iræʃənl] | 不合理な, 筋の通らない **名** irrationality 不合理 | 恐怖症とは, 特定の物事や状況, 例えば蜘蛛とか飛ぶこととか, 閉じ込められることなどに対する強烈だが訳のわからない恐怖を指す。 |
| 665 | **state** [stéit] | 明言する | カストロは, キューバはこれ以上新たにミサイルを受け入れることはしないと公式に表明した。 |
| 666 | **nuisance** [njúːsns] | 迷惑な人[行為], 面倒 | 自分の意思に反して何かに注意を向けなければならないのは, 面倒である。 |
| 667 | **automatically** [ɔ̀ːtəmǽtikəli] | 反射的に, 機械的に **形** automatic 機械的な, 自動的な | 乳児は反射的に, 例えば鉛筆とか指といったものを強く握る。 |
| 668 | **masterpiece** [mǽstərpìːs] | (最高)傑作, 代表作 | ロシアでは出版されなかったが,「ドクトル・ジバゴ」は文学として傑作であるとともに, 共産主義に対する強力な異議となっている。 |
| 669 | **ornament** [ɔ́ːrnəmənt] | を飾る, 装飾 **名** ornamentation 装飾品 | 塔門の表面は王の軍功を詳細に描いたレリーフで飾られている。 |
| 670 | **spark** [spáːrk] | を誘発する, 火をつける | ベトコンは大敗を喫し, またその攻撃が大衆蜂起を引き起こすこともなかった。 |
| 671 | **unsettle** [ʌnsétl] | 動揺させる, 不安にする **形** unsettled 不穏な | 文学の1つの機能は, 読者を驚かせ, 動揺させて, 新しいものの見方を提示することにある。 |
| 672 | **axis** [ǽksis] | 軸, 中心軸 **複** axes | 私たちが住んでいる世界では, 国際的な対立軸はすでに東西(アメリカ対ソ連)から南北(富裕対貧困)へと移ってしまっている。 |
| 673 | **conscience** [kánʃəns] | 良心, 善悪の判断(力) **形** conscientious 良心的な | 国際経済は, 食料の問題になると, 正しい判断を下す特別な力を持っているようには見えない。 |
| 674 | **crusade** [kruːséid] | 十字軍, 聖戦, 反対運動 **名** crusader 社会活動家 | テロリストたちはたいてい自分たちのことを政治的あるいは宗教的な聖戦の殉教者だとみなしている。 |
| 675 | **dub** [dʌ́b] | と呼ぶ, と綽名をつける | 1948年初め, 議会は「マーシャル・プラン」と呼ばれるヨーロッパの経済復興援助策を決定した。 |
| 676 | **icon** [áikɑn] | 聖像(画), 表示記号 | 多くの聖画は奇跡によって作られたと信じられ, 人を守り, 癒す不思議な力を持つと考えられていた。 |

Phobias are intense, **irrational** fears of particular things or situations, such as spiders, flying, or being in enclosed places.

Castro **stated** publicly that no new missiles would be accepted by Cuba.

It is a **nuisance** when we are made to attend to something that we would rather not.

The baby **automatically** grips objects tightly, for example, a pencil or a finger.

Not published in Russia, *Doctor Zhivago* is both a literary **masterpiece** and a powerful challenge to communism.

The faces of the pylon are **ornamented** with reliefs detailing the king's military exploits.

The Vietcong suffered heavy losses and the attack did not **spark** a mass uprising.

One function of literature is to surprise and **unsettle** the reader and present her with new perspectives.

We live in a world in which the global **axis** of conflict has shifted from East-West (U.S. vs. Soviet) to North-South (rich vs. poor).

The international economy does not seem to have a special **conscience** when it comes to food.

Terrorists usually consider themselves to be martyrs in a political or religious **crusade**.

In early 1948 Congress voted to assist European economic recovery, **dubbed** the "Marshall Plan."

Many **icons** were believed to have been created miraculously and were thought to have magical protective and healing powers.

# [院単] 頻出1500語

| 見出し語 | 意味 | 例文の意味 |
|---|---|---|
| **indirectly** [ìndəréktli] 677 | 間接的に, 遠まわしに | 古典文化の復活は, 聖書の正確な翻訳に対する興味を促し, 宗教改革に**間接的な**影響を与えた。 |
| **landowner** [lændòunər] 678 | 土地所有者, 地主 <br> 名 landowning 土地所有 | ドイツでは, 保守的な右翼である**大地主**や実業家たちが厳しい批判にさらされた。 |
| **stun** [stʌ́n] 679 | 茫然とさせる, 衝撃を与える, 気絶させる | 1973年に起きた最初の石油価格暴騰は国際経済に**衝撃を与え**, 1979年の2度目の暴騰は深刻な不況を招いた。 |
| **distort** [distɔ́ːrt] 680 | 歪める, 曲解する <br> 名 distortion 歪曲, 曲解 | 研究者がそこにいるだけで状況を**歪め**, 被験者から普段と異なる反応を引き出す可能性がある。 |
| **dividend** [dívədènd] 681 | 配当(金), 分け前 | 利子**配当**には高い税金が課せられたので, 人々は貯金したり株を買う気にはならなかった。 |
| **expel** [ikspél] 682 | 追放する, 除名する | 1973年の対イスラエル戦争の後, サダトによってエジプトから**追い出された**ソ連は, 足がかりを南イエメンに求め, 確保した。 |
| **landmark** [lǽndmàːrk] 683 | 画期的な出来事(となる) | 翌年, 合衆国, ソ連, そして英国は**歴史上画期的な**部分的核実験禁止条約を結んだ。 |
| **mound** [máund] 684 | 盛り土をする, 土塁を築く | 石室の上には砕いた岩や土が**盛られ**, ケルンと呼ばれる人工的な丘になった。 |
| **nitrogen** [náitrədʒən] 685 | 窒素 | 今日農業で必要とされる固定**窒素**の量は, 自然の生物的過程によって供給される量よりはるかに多い。 |
| **outlet** [áutlet] 686 | はけ口, 排出[気]口 <br> ↔ inlet 吸気口 | 植民地が拡大すると, そこが, こうした住む場所を失った農民たちの**流出先**となった。 |
| **theft** [θéft] 687 | 窃盗(罪) | すべての**空き巣**件数のうち約27パーセントしか報告されていない点に留意していただきたい。 |
| **veto** [víːtou] 688 | 拒否権, 否認 | 安全保障理事会でソ連かアメリカが**拒否権**を発動する恐れがあるため, その世界機関は和平を実現する機能を失っていた。 |
| **unrestrained** [ʌ̀nristréind] 689 | 無制限の, 縛られない | その全体主義国家の運命は, 法律にも慣習にも**縛られない**1人の強力な指導者と単一の政党によって決定された。 |

The classical revival did **indirectly** influence the Reformation by stimulating interest in accurate Biblical translation.

In Germany, big **landowners** and industrialists on the conservative right were sharply criticized.

The first surge in oil prices in 1973 **stunned** the international economy, and the second one in 1979 led to a deep recession.

The mere presence of investigators may **distort** the situation and produce unusual reactions from subjects.

People were reluctant to put money into savings accounts or stocks because the interest **dividends** were highly taxed.

Having been **expelled** from Egypt by Sadat after the 1973 war with Israel, the Soviets sought and won toeholds in South Yemen.

The following year, the United States, the Soviet Union, and Great Britain signed a **landmark** Limited Test Ban Treaty.

Smaller rocks and dirt were **mounded** on top of the chamber to form an artificial hill called a cairn.

The need for fixed **nitrogen** in agriculture today is far greater than can be supplied by natural biological processes.

Colonial expansion became an **outlet** for this displaced peasant population.

Keep in mind that only about 27 percent of all household **thefts** are reported.

The threat of a Soviet or American **veto** in the Security Council crippled the world body's role as an enforcer of the peace.

A single powerful leader and a single party, **unrestrained** by law or tradition, determined the destiny of the totalitarian state.

# [院単]頻出1500語　Check ▼例文の意味

| 見出し語 | | 意味 | 例文の意味 |
|---|---|---|---|
| **cue** [kjúː] | 690 | 合図, きっかけ | 条件反応が周囲の環境からの**きっかけ**に影響される場合, 刺激制御が起きる。 |
| **dramatize** [dræmətàiz] | 691 | を劇にする, 劇的に表現する <br> 名 dramatization 戯曲化 | より重要なのは, タブーや儀式が人間のライフ・サイクルに組み込まれた地位の変化を**劇的に示す**方法である。 |
| **emission** [imíʃən] | 692 | 放出, 放射, 排気 <br> 動 emit 放つ | 主たる西洋工業先進国のほとんどは, 1990年代に自国内の二酸化炭素**排出**量の現状維持もしくは削減を約束した。 |
| **excavate** [ékskəvèit] | 693 | 発掘する, 掘る <br> 名 excavation 発掘(物) | 英国の考古学者アーサー・エヴァンズ卿は, クノッソスで途方もなく大規模な宮殿の埋没遺跡を**発掘した**。 |
| **fade** [féid] | 694 | 衰える, 徐々に消える[薄れる] | 古代文明は5世紀のローマ帝国衰退とともに次第に**衰えて**いった。 |
| **irony** [áiərəni] | 695 | 反語法, 皮肉, アイロニー <br> 副 ironically 皮肉なことに | **アイロニー**と曖昧性は解釈過程において最終的な意味決定を揺るがせるかもしれないが, それを妨げるわけではない。 |
| **outrage** [áutreidʒ] | 696 | 激怒させる <br> 形 outrageous とんでもない | 『悪魔の詩』は英国の**激怒した**イスラム教徒からは信仰への冒瀆であると非難された。 |
| **puzzle** [pʌ́zl] | 697 | 悩ませる, 当惑させる <br> 形 puzzling 不可解な | 19世紀後半になって初めて, 彼らはそれまで何世紀も哲学者たちを**悩ませてきた**問題に対して科学的方法を適用しはじめたのである。 |
| **applicant** [ǽplikənt] | 698 | 応募者, 志願者 | ブリストル大学では英文学科の65人の定員に対して1800人の**応募者**があり, そのうち900人はAを3つ取ると予測される。 |
| **staggering** [stǽɡəriŋ] | 699 | 驚くほど膨大な, ふらついている <br> 動 stagger ふらつく | 拡大する人口に対して供給するためには, 世界は毎年7.1兆ガロンという**膨大な量**の水を必要としている。 |
| **drought** [dráut] | 700 | 旱魃, 日照り, (水)不足 | 洪水や**旱魃**を経るうちに, 木の根は浅くなり, 土壌からほとんど栄養分を得られなくなる。 |
| **grid** [ɡríd] | 701 | 格子, マス目 | これらの陣営はローマの都市のように**格子**状に設計され, 大通りによって区画に分けられていた。 |
| **equity** [ékwəti] | 702 | 公平(なもの), 衡平法 | アフリカ諸国は, 大部分が男女**平等基準**からすると最底辺部に固まっている。 |

When conditioned responses are influenced by surrounding **cues** in the environment, stimulus control occurs.

More important are the ways in which the taboos and rites **dramatize** changes of status built into the human life cycle.

Most major Western industrial nations pledged to stabilize or reduce their $CO_2$ **emissions** during the 1990s.

A British archeologist, Sir Arthur Evans, **excavated** the buried ruins of an extraordinary palace complex at Knossos.

The ancient civilizations **faded** away with the fall of the Roman Empire in the fifth century A. D.

**Irony** and ambiguity may delay the final resolution of the interpretive process, but they do not prevent it.

*The Satanic Verses* was denounced as blasphemous by **outraged** Muslims in Britain.

Not until the late 1800s did they begin to apply the scientific method to questions that had **puzzled** philosophers for centuries.

Bristol University receives 1,800 **applicants** for 65 places in English, 900 of whom are predicted to get three As.

The world needs a **staggering** 7.1 trillion gallons of water a year to service expanding populations.

In the process of a flood and **drought**, the roots of trees are shallow and virtually no nutrients are obtained from the soil.

These camps were laid out in a **grid** pattern, like Roman cities, with main streets dividing them into blocks.

African nations mostly clustered at the bottom of the gender **equity** scale.

| 見出し語 | 意味 | 例文の意味 |
|---|---|---|
| **retail** [rí:teil] 703 | 小売りの, 小売りする 名 retailing 小売業 | 中央地区は政府機関や大型小売店, また劇場を備えたオフィス街になった。 |
| **raid** [réid] 704 | 襲撃, 襲撃する, 急襲, 急襲する | 英米軍の爆撃によって多くのドイツ民間人が殺されたが, 軍事的には, それらは驚くほど効果がなかった。 |
| **gifted** [gíftid] 705 | 優れた才能に恵まれた | その詩人たちは非常に才能豊かな人たちではあったが, 自作の解釈をさせると凡庸なものだった。 |
| **ensuing** [insú:iŋ] 706 | 次の, 後に続く 動 ensue 続いて起きる | 1970年代のオイルショックとそれに続く世界的な不景気が, 合衆国の貿易収支に打撃を与えた。 |
| **spectrum** [spéktrəm] 707 | 範囲, 連続体, スペクトル | そういった知的好奇心は, 学問研究に, 広い範囲に及ぶ人間の多様性を観察するための広角レンズを与えてくれる。 |
| **arsenal** [á:rsənl] 708 | 兵器庫, 兵器工場 | ルーズベルト大統領はアメリカを「民主主義の兵器庫」と呼び, 英国とロシアに軍事支援を行った。 |
| **privatization** [pràivətaizéiʃən] 709 | 民営化 動 privatize を民営化する | 当然と言えば当然だが, 公営企業の労働組合は, たいていの民営化には頑なに反対している。 |
| **recount** [rikáunt] 710 | 物語る, 列挙する | アーチに彫られた新しいレリーフは, コンスタンティヌスの勝利を詳しく物語り, 見る者に彼の権力と富裕を改めて感じさせる。 |
| **curb** [ká:rb] 711 | 抑制する | 若者にその熱狂を抑えろというのは, どこか間違っている。分野を問わず, 熱狂は生命力の表れなのだから。 |
| **envision** [invíʒən] 712 | (未来を) 想像する, 予見する | マルクスはやがて起きるプロレタリア革命によって資本主義は終わり, 社会主義社会が誕生するだろう, と予見している。 |
| **relic** [rélik] 713 | 遺物, 名残 | ジョン・B・ワトソンによれば, 精神生活などという概念自体が迷信であり, 中世からの遺物にすぎない。 |
| **offset** [ɔ̀fsét] 714 | 埋め合わせをする, 弱める | 連邦政府支出を埋め合わせ, 国家予算赤字を減らすためには増税が最も容易な方法であるように思われた。 |
| **benevolent** [bənévələnt] 715 | 温情ある, 慈悲深い 名 benevolence 慈悲心 | ほとんどの宗教で中心となっている概念は, 神とは全能で慈悲深く, 摂理によって宇宙を創造した存在であるとする考え方である。 |

Central areas became business districts with government offices, large **retail** stores, and theaters.

British and American **bombing raids** killed many German civilians, but they were surprisingly ineffective militarily.

While the poets were very **gifted** individuals, their own interpretations of their work were banal.

The oil price shocks of the 1970s and the **ensuing** worldwide recession hurt the U. S. trade balance.

Such intellectual curiosity provides the discipline with a wide-angled lens to examine the broad **spectrum** of human diversity.

President Roosevelt called America the "**arsenal** of democracy" and gave military aid to Britain and Russia.

Public-sector unions, not surprisingly, are adamantly opposed to most **privatization**.

New reliefs made for the arch **recount** the story of Constantine's victory and remind the viewers of his power and generosity.

There is something wrong about telling the young to **curb** their enthusiasms, for these are the signs of life in every field.

Marx **envisions** the end of capitalism in a coming proletarian revolution that will lead to the establishment of a socialist society.

John B. Watson argues that the whole idea of mental life was superstition, a **relic** left over from the Middle Ages.

It appeared that a tax increase would be the simplest way to **offset** federal spending and reduce the federal budget deficit.

The key notion of most religions is the idea of a God—an all-powerful, **benevolent**, and providential being who created the universe.

| # | 単語 | 発音 | No. | 意味 | 例文の意味 |
|---|---|---|---|---|---|
| | **robust** | [roubÁst] | 716 | 頑丈な, 手強い, 強健な | 科学主義に対する最も**手強い**批判の1つは、人間の自由意思に関するものである。 |
| | **semiotic** | [sìːmiátik] | 717 | 記号(論)の / 名 semiotics 記号論 | クリステヴァによれば、音楽は純粋に**記号的**であるが、言語は常に象徴的要素と記号的要素を含んでいる。 |
| | **fortify** | [fɔ́ːrtəfài] | 718 | 強化する, 元気づける | 経済を**強化すれば**、それだけで我が国の地政学的役割の重要性は増すだろう。 |
| | **markedly** | [máːrktli] | 719 | 際立って, 目立って | 合衆国における社会科学の進展は、ヨーロッパの社会科学とは**際立って**異なった道筋をたどった。 |
| | **succumb** | [səkÁm] | 720 | 屈服する, 死ぬ | 多くの部族民が白人の持ち込んだ病気や悪弊の前に**倒れた**。 |
| | **incline** | [inkláin] | 721 | 傾向がある, 気が向く / 名 inclination 傾向, 意向 | アメリカ人は筋骨たくましい人は運動好きで行動も積極的な**傾向がある**と思っている。 |
| | **upheaval** | [ʌphíːvəl] | 722 | 激変, 大変動 / 動 upheave 大混乱に陥れる | ダーウィンの研究成果はそれまでの西洋思想にはなかったような思想革命と社会的**大変動**をもたらした。 |
| | **empower** | [impáuər] | 723 | 権限を与える / 名 empowerment 権限付与 | マグナカルタによって、貴族諸侯は、国王との封建的契約のもと諸権利を行使する**権限を与えられた**。 |
| | **bare** | [béər] | 724 | 最低限の, ぎりぎりの, むき出しの | 人間としての尊厳を保つために**最低限**必要なものとして、政府はある程度の公教育と医療を施すべきである。 |
| | **uphold** | [ʌphóuld] | 725 | 支持する, 守る / 名 upholder 支持者 | ジョン・ロックとデイヴィッド・ヒュームは知覚可能なものは質料を持つ実体からなっているという考えを**支持していた**。 |
| | **guideline** | [gáidlàin] | 726 | 指針, 目標, ガイドライン | 産業によっては、政府が**指針**を定めることで、直接規制せずとも公平な競争が確保できている。 |
| | **deadline** | [dédlàin] | 727 | 締め切り, (最終)期限 | 戦争は国連の設定した**最終期限**が過ぎて24時間も経たないうちに始まった。 |
| | **latitude** | [lǽtətjùːd] | 728 | 自由(裁量), 許容範囲, 緯度 | 資本主義経済は、個人にかなりの**自由裁量**を与え、市場の力をあてにしている。 |

One of the most **robust** criticisms of scientism has to do with human free will.

For Kristeva, music may be purely **semiotic**, but language will always contain both symbolic and semiotic elements.

Once we **fortify** our economy, our geopolitical role will increase.

The evolution of social sciences in the United States followed a **markedly** different course of events from those in Europe.

Many tribes people **succumbed** to the white man's diseases and vices.

Americans expect strongly muscled people to be physically active and **inclined** toward aggressiveness.

Darwin's findings marked a revolution of thought and social **upheaval** unprecedented in Western consciousness.

The Magna Carta **empowered** the noble barons to enforce their rights under a feudal contract with the king.

The government should provide some degree of formal education and medical care as the **bare** necessities of human dignity.

John Locke and David Hume **upheld** the belief that sensible things were composed of material substance.

In some industries, government sets **guidelines** to ensure fair competition without using direct control.

War broke out less than 24 hours after the U. N. **deadline**.

Capitalist economies give considerable **latitude** to the individual and rely on the forces of the marketplace.

| 見出し語 | 意味 | 例文の意味 |
|---|---|---|
| **scrutiny** [skrúːtəni] 729 | 精査, 吟味 動 scrutinize 綿密に調べる | これらの見解はどれも科学的な**精査**に耐えるものではない。 |
| **polar** [póulər] 730 | 正反対の, 極の 名 polarity 両極性, 対立 | ミードはアラペシュ族とムンドグモ族では性役割が**全く正反対である**ことを記述した。 |
| **turmoil** [tə́ːrmɔil] 731 | 騒動, 混乱, 不安定 | 青年期は情緒的に**不安定**で気分が移りやすく, ふさぎ込んだりまた感受性が強くなったりする時期である。 |
| **commonplace** [kámənplèis] 732 | 通常の, 当たり前の | 誰でも読み書きができるので, 現代の人間は祖先たちには**当たり前だった**ような記憶作業がひどく苦手になってしまっている。 |
| **exhaust** [igzɔ́ːst] 733 | 使い果たす, 疲れ果てさせる 形 exhausted 疲れ切った | 農場の多くは壊滅し, 食料の蓄えも**尽きた**。 |
| **suburb** [sʌ́bəːrb] 734 | 都市近郊(の住宅地), 郊外 形 suburban 郊外の | 自家用車の保有が広がったために, アメリカでは人々が都市の中心部を出て**郊外**に移住する動きが加速された。 |
| **intrinsic** [intrínsik] 735 | 内在的な, 本質的に有する ↔ extrinsic 外在的な | 文学テクストは歴史や時間から自由であり, それ自体の**内在的な**芸術的価値を備えている。 |
| **interpersonal** [ìntərpə́ːrsənl] 736 | 人間関係の | 文化や人種や民族間の差異について理解すると, このような**人間関係の**緊張もいくらか減らす手段が得られる。 |
| **outlaw** [áutlɔ̀ː] 737 | 非合法化する, 禁止する, 無法者 | 社会民主党は**非合法化され**, 地下活動に追いやられた。 |
| **repudiate** [ripjúːdièit] 738 | 否認する, 拒絶する 名 repudiation 拒否 | そのロマン主義的な革命的理想主義は, より多くの消費財を求めることを愚かで有害だとして**拒絶した**。 |
| **ratio** [réiʃou] 739 | 比率, 割合 | 学生数が増えたにもかかわらずそれに応じた予算増がなかった結果, 教員数に対する学生数の**割合**が上がった。 |
| **resurrection** [rèzərékʃən] 740 | 復活, よみがえり 動 resurrect 生き返らせる | キリスト教徒は, その物語がキリストの死と**復活**を予示するものだと解釈した。 |
| **inappropriate** [ìnəpróupriət] 741 | 不適切な, 似つかわしくない | 成績が低いのは, 教え方が悪かったか, カリキュラムもしくは政府の方針自体が**不適切である**ためかもしれない。 |

Neither of these beliefs holds up under scientific **scrutiny**.

Mead described **polar** opposite sex roles in the Arapesh versus the Mundugumor groups.

Adolescence is a time of emotional **turmoil**, mood swings, gloomy thoughts, and heightened sensitivity.

With mass literacy, humans have become dismally poor at tasks of memory that were **commonplace** for their ancestors.

Many farms were in ruins, and food supplies were **exhausted**.

The widespread ownership of cars fueled a migration of Americans out of central cities to **suburbs**.

A literary text is free from history and time, and has **intrinsic** artistic worth.

Understanding cultural, racial, and ethnic differences gives us the tools to reduce some of these **interpersonal** tensions.

The Social Democratic Party was **outlawed** and driven underground.

The romantic revolutionary idealism **repudiated** the quest for ever more consumer goods as stupid and destructive.

One result of increased students without a corresponding increase in budgets is that the student/staff **ratio** has risen.

Christians interpreted the story as a prefiguring of Christ's death and **resurrection**.

Poor attainment may be the result of poor teaching, **inappropriate** curriculum or even government policy.

# [院単]頻出1500語

| 見出し語 | 意味 | 例文の意味 |
|---|---|---|
| **sprawl** [sprɔ́ːl] 742 | 無秩序に広がる | 合衆国では都市が絶えず広がるパターンによって，どこまでも都市化が**だらしなく広がって進む**傾向がもたらされた。 |
| **cautious** [kɔ́ːʃəs] 743 | 用心深い，慎重な | 科学者は，科学的な結果の重要性を誇張しないよう**用心するように**教え込まれている。 |
| **spiral** [spáiərəl] 744 | 螺旋，螺旋状の，渦巻き，渦巻き状の | 銀河系は**渦巻き状**銀河である。つまり平たく円上に広がった星の集まりでその中心核から2本の腕が**渦巻き状**に伸びている。 |
| **betray** [bitréi] 745 | 裏切る，表す 名 betrayal 裏切り | フートンは人間は体型によってその犯罪傾向を**表している**，と確信していた。 |
| **agony** [ǽgəni] 746 | 激しい苦痛，苦悶 | 天使たちは十字架の腕木の上を舞い，下では死を悼む人々が**苦悶**に身をよじらせている。 |
| **broaden** [brɔ́ːdn] 747 | 広がる，広げる | 社会学習理論が期待，洞察力，そして情報を強調したおかげで，私たちの学習に対する理解は**広がっている**。 |
| **articulate** [ɑːrtíkjulèit] 748 | 明確に述べる，発音する 名 articulation 明瞭な発音 | 三角形の定義を**明確に述べる**ことができなくとも，私たちは実際に見ればそれが三角形だとわかるようだ。 |
| **affluent** [ǽfluənt] 749 | 裕福な，豊かな 名 affluence 豊富 | 多くの**裕福な**国では，環境保護運動が世俗宗教のような趣を呈して，膨大な信奉者を引き付けている。 |
| **cede** [síːd] 750 | 譲る，割譲する | 中国(=清)が悲惨なアヘン戦争に負けたことによって，香港は1842年に英国に**割譲された**。 |
| **ingredient** [ingríːdiənt] 751 | 成分，構成要素 | 安定した家庭という単位は，社会が円滑に機能するためには，その主たる**構成要素**として不可欠である。 |
| **unparalleled** [ʌnpǽrəleld] 752 | 並ぶもののない，前代未聞の | 驚くべき戦後経済の進展は，その速さの点でも確かさの点でも**史上空前であった**が，突然歩みを止めてしまったのである。 |
| **herald** [hérəld] 753 | ～の先駆けとなる，到来を告げる | 合衆国はその後も日本に軍事基地を維持することになっていたものの，サンフランシスコ平和条約は新しい時代の**到来を告げた**。 |
| **plow** [pláu] 754 | 鋤，鋤で耕す，開墾する 英 plough | 彼らは改良した家畜を連れてきて巧みに土地を**開墾し**，実り多い作物の種を蒔いた。 |

The pattern of continuing urban growth in the United States has stimulated a great **sprawling** pattern of urbanization.

Scientists are trained to be **cautious** about exaggerating the significance of scientific results.

The Milky Way is a **spiral** galaxy: a flattish disc of stars with two **spiral** arms emerging from its central nucleus.

Hooton was convinced that people **betrayed** their criminal tendencies by the shape of their bodies.

Angels hover above the arms of the cross, and mourners twist in **agony** below.

Social learning theory's emphasis on expectations, insights, and information **broadens** understanding of how we learn.

Even before we can **articulate** the definition of a triangle, we seem to know one when we see it.

In many **affluent** countries, environmentalism has assumed the aura of a secular religion, attracting legions of followers.

Hong Kong was **ceded** to the British in 1842, owing to Chinese losses in the devastating Opium War.

A stable family unit is the main **ingredient** necessary for the smooth functioning of society.

The astonishing postwar economic advance, **unparalleled** in its rapidity and consistency, came to an abrupt halt.

Although the United States would maintain military bases in Japan, but the San Francisco peace treaty **heralded** a new era.

They brought improved livestock, **plowed** the land skillfully and sowed productive seed.

| # | 見出し語 | 意味 | 例文の意味 |
|---|---|---|---|
| 755 | **distress** [distrés] | 苦しめる<br>形 distressing 痛ましい | 厳密に言えば、精神分析とは精神的に病んでいたり**苦しんでいる**患者を治すための療法である。 |
| 756 | **epoch** [épək] | 時代, 時期<br>形 epoch-making 画期的な | 国際問題だけでなく国内問題から言っても、ルーズベルトの(大統領)就任時期は、アメリカの政治状況における新**時代**の到来と一致した。 |
| 757 | **perennial** [pəréniəl] | 永続する,<br>(植物が)多年生の<br>→ annual 1年(生)の | サトウキビは、完全に成長するまでに1年以上を要する**多年生の**農作物である。 |
| 758 | **pirate** [páiərət] | 海賊, 著作権侵害(をする) | ジェイムズ・フェニモア・クーパーなどのアメリカ人は、目の前で自分の著作権が**侵害される**というひどい目に遭わざるをえなかった。 |
| 759 | **coherent** [kouhíərənt] | 首尾一貫した,<br>論理的に筋の通った<br>名 coherence 一貫性 | 社会構成が多様で複雑であるにもかかわらず、ブラジルには国民のほとんどが共有する**一貫した**国民的文化というものがある。 |
| 760 | **extinction** [ikstíŋkʃən] | 絶滅, 消滅<br>形 extinct 絶滅した, なくなった | 絶滅危惧種とは、個体数があまりに減って**絶滅**の危機に瀕している生物のことである。 |
| 761 | **institutionalize** [ìnstətjúːʃənəlàiz] | 制度化する,<br>慣例化する<br>名 institution 機関, 慣例 | その自然発生的性格と精神性を重視し、彼らは東洋の神秘主義を西洋で**制度化された**宗教よりも高く評価した。 |
| 762 | **preoccupation** [priàkjupéiʃən] | に夢中になること<br>形 preoccupied ~に夢中になった | 卓越や競争を重視するアメリカ人の考え方は、「一番になること」に対する**熱中**の一因となっている。 |
| 763 | **deductive** [didʌ́ktiv] | 演繹的な<br>名 deduction 演繹(法), 推論 | 知識が観察と**演繹的**推理という2つの方法によってしか得られないということは現在では非常に広く信じられている。 |
| 764 | **crust** [krʌ́st] | 外皮, 地殻 | 地表プレートを形成する**地殻**と上部マントルは岩石圏と呼ばれている。 |
| 765 | **excel** [iksél] | に抜きんでている,<br>勝っている<br>形 excellent 優れた | 天分に恵まれた人といえど、必ずしもすべての知的能力に**秀でている**わけではない。 |
| 766 | **explanatory** [iksplǽnətɔ̀ːri] | 解説的な, 説明の<br>名 explanation 説明 | なぜ世界が誕生したのかという疑問に対しては、神の存在が1つの**説明的な**仮説となるだろう。 |
| 767 | **martyr** [máːrtər] | 殉教者, 犠牲者<br>名 martyrdom 受難, 殉教 | 熱狂的な奴隷制度反対者たちは、ジョン・ブラウンを大義に殉じた**犠牲者**だと称賛した。 |

Strictly speaking, psychoanalysis is a method of therapy for the treatment of mentally ill or **distressed** patients.

In domestic as well as international affairs, Roosevelt's accession coincided with a new **epoch** in American political life.

Sugarcane is a **perennial** crop requiring more than one year for full maturity.

Americans such as James Fenimore Cooper had to suffer seeing their works **pirated** under their noses.

Despite social heterogeneity, Brazil possesses a **coherent** national culture shared by most of its citizens.

Endangered species are living things whose population is so reduced that they are threatened with **extinction**.

Stressing spontaneity and spirituality, they asserted Eastern mysticism over Western **institutionalized** religion.

Faith in American exceptionality and competitiveness contribute to a **preoccupation** with "being number one."

Now it is very widely believed that there are only two sources of knowledge: observation and **deductive** reasoning.

The Earth's **crust** and upper mantle, which form the surface plates, are called the lithosphere.

Gifted people do not necessarily **excel** in all mental abilities.

God may be one **explanatory** hypothesis, answering the question why the world came to be.

Antislavery zealots hailed John Brown as a **martyr** to a great cause.

| 見出し語 | 意味 | 例文の意味 |
|---|---|---|
| **rage** [réidʒ] 768 | 激怒する, 荒れ狂う, 激しい怒り | 再び宗教が重要な役割を果たすようになって, この論争は長い間さらに**激しく続くことになった**。 |
| **commemorate** [kəmémərèit] 769 | 祝う, 記念する 名commemoration 記念 | ブラントはワルシャワのユダヤ人居住地区でナチスの占領に対して起きた蜂起を**記念する**碑に献花した。 |
| **dump** [dʌ́mp] 770 | (どさっと)捨てる 名dumping 投げ捨て, 投売り | 毎年1億ポンドものプラスチックが海中に**投棄され**, 魚や動物たちがそれを呑みこもうとする。 |
| **pragmatic** [prægmǽtik] 771 | 実利的, 実用的な 名pragmaticism 実用主義哲学 | 予想通り, 鄧小平は思想的な統一よりも**実利的な**政策に力を入れた。 |
| **differentiate** [dìfərénʃièit] 772 | 差異化する, 区別する 名differentiation 差異化 | ラカンの言う鏡像段階において, 幼児はまず自己と他者を**区別する**方法から覚え始める。 |
| **subordinate** [səbɔ́ːrdənət] 773 | に服従する, より下位の | ルネサンスの芸術家たちはもはや聖職者たちの関心や価値観に**従って**はいなかった。 |
| **pregnant** [prégnənt] 774 | 妊娠している 名pregnancy 妊娠(期間) | 花嫁がすでに**妊娠している**割合は依然として高く, 減る傾向はほとんど, もしくは全く見られなかった。 |
| **embark** [imbáːrk] 775 | 乗り出す, 着手する | 韓国は1962年前半に経済発展に**乗り出し**, 以後世界で最も早いペースで経済成長を遂げてきた。 |
| **explicit** [iksplísit] 776 | はっきりとした, 明示された | 何かが含意される場合, 聞き手は, 実際に口にされた言葉には**明示されて**いない情報が存在することを推測できる。 |
| **verdict** [vɚ́ːrdikt] 777 | 判決, 判断 | ソクラテスはこの非合法的な**判決**に対し, 自らの命を賭けて, ただひとり勇敢に異議を申し立てた。 |
| **peninsula** [pənínsjulə] 778 | 半島 形peninsular 半島(状)の | 5世紀と6世紀に, イタリア**半島**は北方のゲルマン民族によって侵略を受けた。 |
| **obedience** [oubíːdiəns] 779 | 服従, 従順 動obey 従う | 社会の調和というものは, 法への服従や, 何らかの権威に対する**従順**からは得られない。 |
| **segment** [ségmənt] 780 | 部分, 一区切り 動segmentalize 分割する | 合衆国社会の**一部**として近年拡大した底辺層においては, 社会階層を移動する見込みが最も少ない。 |

Once again, religion played a major part in this argument that would **rage** on for many years to come.

Brandt laid a wreath at the monument **commemorating** the uprising of Warsaw's Jewish ghetto against occupying Nazis.

Each year 100 million pounds of plastics are **dumped** into the sea and fish and animals try to ingest it.

Deng Xiaoping, not surprisingly, emphasized **pragmatic** policies rather than ideological conformity.

In Lacan's mirror stage, the infant first begins to learn how to **differentiate** between self and other.

Renaissance artists no longer were **subordinate** to the interests and the values of the Clergy.

The percentage of brides who were **pregnant** continued to be high and showed little or no tendency to decline.

Korea **embarked** on development in early 1962, and its economy has since grown at one of the fastest paces in the world.

Implicature allows the audience to make assumptions about the existence of information not made **explicit** in what is actually said.

Socrates risked his life by rendering a lone, courageous protest against this illegal **verdict**.

During the fifth and sixth centuries, the Italian **peninsula** was invaded by the Germanic peoples from the north.

Harmony in society is not obtained by submission to laws, or by **obedience** to any form of authority.

Prospects for social mobility are minimal among the underclass, a **segment** of U.S. society that has grown in recent decades.

| 見出し語 | 意味 | 例文の意味 |
|---|---|---|
| **outright** [áutràit] 781 | 全くの, 明白な | 20年前には, 鍼療法やイメージ誘導法, また手当て療法は, **全くの**いんちき療法だと見なされていた。 |
| **compile** [kəmpáil] 782 | まとめる, 編纂する 图 compilation 編集 | 何百もの文化について調べた後, 文化人類学者ジョージ・マードックは数十の普遍的な文化特性をリストに**まとめあげた**。 |
| **irrelevant** [iréləvənt] 783 | 無関係な, 重要ではない ↔ relevant 関係している | もう1つの隠れた問題は, 心理学者が**無関係な**と思われるような行動を観察しなかったり, 記録しなかったりする可能性である。 |
| **innocence** [ínəsəns] 784 | 無垢, 無罪 形 innocent 無垢の, 無罪の | 愛と**無垢**の黄金時代を思い起こさせるティツィアーノの画風はそういった牧歌的な時代と場所を捉えるのに完璧に適しているようだ。 |
| **conspicuous** [kənspíkjuəs] 785 | 目立つ, 見えやすい ↔ inconspicuous 目立たない | 氷河が残した景観として北アメリカで最も**顕著な**ものは五大湖だろう。 |
| **vessel** [vésəl] 786 | 容器, 船 | その**器**の丸い底部は, たき火で調理するときには, 安定させるために砂の中に埋められていたと思われる。 |
| **epitomize** [ipítəmàiz] 787 | 要約する, の縮図である | マックス・ヴェーバーは, 歴史的分析こそがあらゆる社会分析の要であるというドイツでは一般的な考え方を**典型的に示していた**。 |
| **cynical** [sínikəl] 788 | 冷笑的な, 世をすねた 图 cynicism 皮肉, 冷笑 | ソフィストたちは信仰に対して懐疑的で, 宗教を社会統制機構として用いようとすることをしばしば**冷笑した**。 |
| **incoherent** [ìnkouhíərənt] 789 | 論理的に一貫していない, ばらばらの | ほとんどの神学者は神が無から自分を創り出したという因果説を, **論理的一貫性がない**として拒絶した。 |
| **confer** [kənfə́:r] 790 | (資格・称号などを)授ける, 協議する 图 conference 会議 | 1968年には, アメリカで**授与された**学士号のうち21%以上が人文学の学士号だった。 |
| **starve** [stá:rv] 791 | 飢える, 飢え死にする[させる] 图 starvation 飢餓, 餓死 | 1970年代には地球の人口は推定42億人で, そのうち25億人以上が**飢餓**に瀕していた。 |
| **supplant** [səplǽnt] 792 | に取って代わる, 奪い取る | 足踏みミシンによって, 最も貧しい主婦や未亡人でも, 最高の技術を持つ男性の仕立屋に**取って代わる**ことができた。 |
| **turbulent** [tə́:rbjulənt] 793 | 騒然とした 图 turbulence 大荒れ, 騒乱 | クックによる発見後120年間, ハワイの政治史は, **騒然とした**ものだった。 |

Twenty years ago, acupuncture, guided imagery, and therapeutic touch were considered **outright** quackery.

After examining hundreds of cultures, anthropologist George Murdock **compiled** a list of a few dozen cultural universals.

Another potential problem is that psychologists may not observe or record behavior that seems to be **irrelevant**.

Evoking a golden age of love and **innocence**, Titian's painting style seems perfectly suited to capturing such an idyllic time and space.

In North America, perhaps the most **conspicuous** features of the postglacial landscape are the Great Lakes.

The round base of the **vessel** was probably buried in sand to steady it when cooking food over an open fire.

Max Weber **epitomized** the widespread German belief that historical analysis stands as the linchpin of all social analysis.

The Sophists were skeptical of religious beliefs, often **cynical** of the use of religion as a mechanism for social control.

Most theologians rejected the notion of causation, that God created himself out of nothing, as **incoherent**.

In 1968, more than 21 percent of all the bachelor's degrees **conferred** in America were humanities degrees.

In the 1970s there were estimated 4.2 billion people on the earth, more than 2.5 billion of whom were **starving**.

Footpowered sewing machines allowed the poorest wife or widow to **supplant** the most highly skilled male tailor.

The political history of Hawaii was **turbulent** during the 120 years after Cook's discovery.

[院単] 頻出1500語　Check❶　▼例文の意味

| 見出し語 | | 訳語 | 例文の意味 |
|---|---|---|---|
| **intricate** [íntrikət] | 794 | 入り組んだ, 複雑な 名 intricacy 複雑さ | 市場経済とは, 価格体系のみによって緊密につなぎ合わされた, **複雑だ**が秩序ある組織網である。 |
| **retrieval** [ritríːvəl] | 795 | (情報)検索, 回復 動 retrieve (情報を)検索する, 回収する | 情報**検索**は, 迅速な解決が求められる場合には特に重要な選択肢である。 |
| **exodus** [éksədəs] | 796 | (大量の人間の)脱出, 移住 | その結果起きたのは, 農村部からの**大量な人口移動**だった。5年間におよそ400万人の若者が故郷を離れたのである。 |
| **be apt to** [ǽpt] | 797 | 〜しやすい 形 apt 適切な 副 aptly 適切に | 父親のような年長者の目があるところでは子供は**あまり**悪さ**をしない**。 |
| **induce** [indjúːs] | 798 | (人などを)促して〜させる, 誘発する | テレビは精神を安定させるメディアであり, 熱心な視聴者を軽い睡眠状態に**誘う**ような催眠剤である。 |
| **oblige** [əbláidʒ] | 799 | (人に何かを)強いる, 恩義を施す 名 obligation 義務, 恩義 | 農奴は領主の意向に沿って, 労役を提供するかお金を納めることが**義務づけられて**いた。 |
| **perpetual** [pərpétʃuəl] | 800 | 永久の, 絶え間ない 動 perpetuate 永続させる | 万物は**絶え間なく**流動しており, 永久不変という概念は幻想である。 |
| **terrifying** [térəfàiiŋ] | 801 | 恐ろしい, ぞっとするような 動 terrify 恐れさせる | 非伝染性の病気にも, アルツハイマー病のような**恐ろしい**疾患が含まれる。 |
| **assassination** [əsæsənéiʃən] | 802 | 暗殺 動 assassinate 暗殺する | フィリッポスが2年後に**暗殺**されると, 息子のアレクサンドロス大王はギリシャの都市国家を統合して帝国を作り上げた。 |
| **a herd of** [hə́ːrd] | 803 | 大量の 名 herd 群れ | マンモスの代わりに, 狩猟民たちは次第に野牛の**大群**の方をねらうようになった。 |
| **conspiracy** [kənspírəsi] | 804 | 陰謀, 共謀 動 conspire 共謀する | ミルズは, 政府, 財界, そして軍上層部が手を組んで**陰謀**を企てていると考え, それを非難した。 |
| **reminiscent** [rèmənísnt] | 805 | 思い出させる, 連想させる 名 reminiscence 回想 | このようにテクストの形式上の特性に注目する行為は, 時としてニュー・クリティシズムを強く**連想させる**ことがある。 |
| **fabric** [fǽbrik] | 806 | 織物, 構造体 動 fabricate 組み立てる, でっち上げる | 文化とは, それを通じて人間が経験を理解し, 行動を導くような意味の**構造体**である。 |

The market economy was an **intricate** and orderly network held together quite well by the price system alone.

Information **retrieval** is an especially important option when a solution is needed quickly.

The result was an **exodus** of people from the countryside: some four million young people left their homes in five years.

A child **is** less **apt to** commit a crime with fathers visibly present.

TV is a tranquilizing medium, a soporific, **inducing** in its devotees a light narcosis.

Serfs were **obliged** to furnish labor services or money payments as the lord saw fit.

All things are in **perpetual** flux, and permanence is an illusion.

Noncommunicable illnesses include disorders as **terrifying** as Alzheimer's disease.

After Philip's **assassination** two years later, his son, Alexander the Great, incorporated the Greek city-states into an empire.

The hunters increasingly turned to the large **herds** of buffaloes instead of the mammoths.

Mills denounced what he saw as an interlocking **conspiracy** between governmental, business, and military elites.

This attention to the formal properties of texts is sometimes highly **reminiscent** of the New Criticism.

Culture is the **fabric** of meaning in terms of which human beings interpret their experience and guide their action.

| 見出し語 | 意味 | 例文の意味 |
|---|---|---|
| **rotate** [róuteit] 807 | 回転する[させる], 循環する[させる] 名 rotation 回転, 循環, 交代 | 月は、地球がまだ誕生まもなくて高速で自転していた頃、地球から分離したものである。 |
| **probability** [prɑ̀bəbíləti] 808 | 確率, 見込み, 蓋然性 形 probable あり得そうな | 当然ながら、観察した事例が多ければ多いほど、そこから一般化した法則の蓋然性は高くなる。 |
| **multiply** [mʌ́ltəplài] 809 | 数が増える, 増殖する, 掛け算をする 形 multiple 多数の, 複数の | ショッピングセンターの数は増え、第二次大戦終了時には8店舗だったものが、1960年には3840店舗にまで上った。 |
| **innumerable** [injúːmərəbl] 810 | 数え切れないほど多くの 副 innumerably 無数に | 社会は、その構成員を「標準化する」ために、数え切れないほど様々な規則を課している。 |
| **tilt** [tílt] 811 | 傾き, 傾く, 傾かせる | 科学者によれば、地軸の傾きは、1万年ごとに周期のようにして反対側に傾きを変える。 |
| **energetic** [ènərdʒétik] 812 | 活力に満ちた, 力強い 名 energy 活動力 | 対立候補リチャード・ニクソンと何度か行ったテレビ討論で、テレビに映ったケネディは有能で、発言が明確で、活力に満ちているように見えた。 |
| **oversee** [òuvərsíː] 813 | 監督する, 見渡す | 米国連邦会計監査院は立法部門の一機関で、行政部門の支出を監督する。 |
| **functional** [fʌ́ŋkʃənl] 814 | 機能(上)の, 機能を果たす 名 function 働き, 機能 | 細胞は、生命の構造と機能における基本的な単位である。 |
| **gigantic** [dʒaigǽntik] 815 | 巨大な, 巨人のような | ヨーロッパの列強は支配を強め、巨大な帝国を統治するために植民地政府を置いた。 |
| **adjacent** [ədʒéisnt] 816 | 近接している, 隣り合った 名 adjacency 近接, 隣接 | 一度放出されると、その神経伝達物質は隣の細胞との隔たりを越えて、セロトニン受容体に結合する。 |
| **embargo** [imbɑ́ːrgou] 817 | 禁輸措置, 出入港禁止 | 植民地による「英国紅茶」の禁輸措置は続いていたが、あまりきちんと遵守されてはいなかった。 |
| **infuriate** [infjúərièit] 818 | 激怒させる 形 infuriating 極めて腹立たしい | このように不遜な態度をみせつけられて、陪審員たちは激怒し、死刑を票決した。 |
| **rigorous** [rígərəs] 819 | 厳格な, 苛酷な 名 rigor 厳格, 困難 | 経済学には定量的な性質があるために、科学的方法を厳密に適用することが容易になっている。 |

The moon was spun off from the earth when the earth was young and **rotating** rapidly on its axis.

Naturally, the greater the sample size of our observation, the greater the **probability** of our generalization.

Shopping centers **multiplied**, rising from eight at the end of World War II to 3,840 in 1960.

Society imposes **innumerable** and various rules to 'normalize' its members.

Scientists believe that the **tilt** of the earth's axis changes to **tilt** the opposite way every 10,000 years like a cycle.

On television, in a series of debates with opponent Richard Nixon, Kennedy appeared able, articulate and **energetic**.

The General Accounting Office is an arm of the legislative branch that **oversees** expenditures by the executive branch.

Cells are the basic structural and **functional** units of life.

The European powers tightened their control and established colonial governments to rule their **gigantic** empires.

Once released, the neurotransmitters cross a gap between the **adjacent** cells and bind with serotonin receptors.

A colonial **embargo** on "English tea" continued but was not too scrupulously observed.

At this display of insolence, the jury became **infuriated** and voted for the death penalty.

The quantitative nature of economics has facilitated the **rigorous** application of scientific methods.

| 見出し語 | 意味 | 例文の意味 |
|---|---|---|
| **nationality** [næʃənǽləti] 820 | 国籍, 国民(性), 民族(性) | 1850年代, (皇帝)フランツ・ヨーゼフは様々な民族からなる国の言語と文化をドイツ化しようと躍起になった。 |
| **constraint** [kənstréint] 821 | 拘束, 強制, 制限 動 constrain 強制する, 束縛する | 自由の定義を試みる中で, アダム・スミスは消極的自由, もしくは束縛からの解放というものにもっぱら関心を向けている。 |
| **well-being** [wélbíːiŋ] 822 | 幸福, 健康, 福祉 | 聖フランチェスコは動物の幸福に心を砕いた, キリスト教では珍しい聖人だった。 |
| **humble** [hʌ́mbl] 823 | 謙虚な, 質素な, 卑しい | そういった慈善財団は, たいていは, 比較的貧しい環境に育った地元の少年たちに教育を受けさせることを目的にしていた。 |
| **slay** [sléi] 824 | 殺す, 強い影響を与える 過去分詞形＝slain | その部族は殺した動物の子供を連れ帰り, 部族の名誉あるペットとして育てるのだ。 |
| **fallacy** [fǽləsi] 825 | 誤謬, 虚偽 形 fallacious 誤った | 人間から動植物に視点を移すことによって, ダーウィンはマルサスの主張の根本的な誤りを明らかにした。 |
| **indigenous** [indídʒənəs] 826 | 固有の, 先住(民)の, 土着の 動 indigenize 土着化させる | ブラジル政府は, その地球最大のジャングルの中に200以上の先住部族が点在していることを確認している。 |
| **probe** [próub] 827 | 探る, 詳しく調べる, 精査 | フロイト以前は, 詩人や神秘主義者たちが人間行動の無意識的で非合理的な側面を詳しく探っていた。 |
| **disillusioned** [dìsilúːʒənd] 828 | 幻滅した 名 disillusion 幻滅 | 未来に対するソ連のこのような楽観的見方は, 1930年代に, 多くの幻滅した西洋の進歩主義者たちを惹きつけた。 |
| **hybrid** [háibrid] 829 | 雑種, 混成物, 雑種の 動 hybridize 雑種を作る | 程度の違いこそあれ, 人間は誰でも「人種的には混血児」である。 |
| **arbitrary** [áːrbətrèri] 830 | 恣意的な, 自由意志による 名 arbitrariness 恣意性 | ソシュールは, 私たちが恣意的な概念に従って世界を切り分け, それらの概念に恣意的な名称をつけていると述べた。 |
| **eligible** [élidʒəbl] 831 | 資格がある 名 eligibility 適格(性), 被選挙資格 | 彼らは, 自分たちには学習障害の生徒を教える資格があると明言した。 |
| **offspring** [ɔ́fspriŋ] 832 | 子孫, 結果, 産物 ↔ ancestor 先祖 | 突然変異によって生殖細胞のDNAが変えられることがあるが, この種の変異は子孫に遺伝する可能性がある。 |

Throughout the 1850s, Franz Joseph tried hard to Germanize the language and culture of the different **nationalities**.

In attempting to define liberty, Adam Smith is mostly concerned with negative liberty, or freedom from **constraint**.

Saint Francis was a rare Christian saint who cared deeply about the **well-being** of animals.

Such charitable foundations were usually intended to educate local boys from relatively **humble** backgrounds.

The tribe takes on any **slain** animal's offspring to raise as honored tribal pets.

By shifting his perspective from mankind to animals and plants Darwin revealed the basic **fallacy** of Malthus' argument.

Brazil's government identifies more than 200 **indigenous** tribes scattered across the globe's grandest jungle.

Before Freud, poets and mystics had **probed** the unconscious and irrational aspects of human behavior.

This optimistic belief in the future of Soviet Russia attracted many **disillusioned** Western liberals to communism in the 1930s.

To a greater or lesser degree, all humans are "racial **hybrids**."

Saussure proposed that we divide up the world according to **arbitrary** concepts and assign **arbitrary** labels to those concepts.

They proclaimed themselves **eligible** to teach learning-disabled students.

Some mutations change the DNA in reproductive cells, and this type of mutation can be inherited by **offspring**.

| 見出し語 | 意味 | 例文の意味 |
|---|---|---|
| **accordingly** [əkɔ́ːrdiŋli] 833 | 従って, そのために | 両生類は最も古く地上にあがった脊椎動物であり, そのために進化過程の研究には理想的な対象とされてきた。 |
| **viable** [váiəbl] 834 | 実現[存続]可能な, 成功できる 名viability 実行可能性 | 事実, 小規模な家族経営の農場は, 合衆国ではもはや成り立たないと断言する人もいる。 |
| **practitioner** [præktíʃənər] 835 | 実践している人, 開業医, 弁護士 | テリー・イーグルトンはイギリスの文化唯物論を実践する当今の代表的な存在とみなして良いだろう。 |
| **mortality** [mɔːrtǽləti] 836 | 死亡, 死ぬ運命, 死亡率 形mortal 死を免れない | 1750年以降, ヨーロッパ人の死亡率は医療と衛生の改善に応じて減少していた。 |
| **naturalization** [næ̀tʃərəlizéiʃən] 837 | 市民権取得, 帰化 動naturalize 帰化させる, 順応させる | 市民権取得の資格を得るためには, 少なくとも18歳になっていなければならない。 |
| **obsession** [əbséʃən] 838 | 執着, 強迫観念 動obsess 取り付く | 安全保障に対するクレマンソーの強迫的な執着には, 長きにわたるフランスの脆弱性に対する彼の懸念が反映していた。 |
| **peripheral** [pərífərəl] 839 | 周辺にある, 重要ではない 名periphery 周辺, 外縁 | 文学の言語は, もう1つの意味, あるいは外縁的な意味をそれとなく示すような作用を引き起こす。 |
| **Confucianism** [kənfjúːʃənìzm] 840 | 儒教 名Confucius 孔子 | 道教が形而上学的な色彩が強いのとは対照的に, 儒教は人間の実世界に重きを置いている。 |
| **reproduction** [rìːprədʌ́kʃən] 841 | 生[繁]殖, 再生, 復元 動reproduce 再生する, 繁殖する | 何千人もの赤ん坊が体外受精によって生まれているが, ローマ教会はこの種の人間生殖には反対している。 |
| **obstacle** [ábstəkl] 842 | 障害, 邪魔者 | 突き詰めて言えば, 人が経済に期待していることは, 人間の幸福に対する障害物を取り除くことである。 |
| **transaction** [trænsǽkʃən] 843 | 商取引, 業務の執行 動transact 業務を行う, 取引を行う | 産業革命以前の社会では, 商取引は町の真ん中にある市場で行われた。 |
| **disposal** [dispóuzəl] 844 | 処理, 廃棄, 配列 動dispose 配列する, 処理する | 家庭には, 頻繁にその都度処理しなければならないような有害な物質がたくさんある。 |
| **humane** [hjuːméin] 845 | 人道的な, 慈悲深い 名humaneness 人道主義 | 米国心理学会は, 実験用動物の人道的な扱いについて, 指針を発表している。 |

Amphibians are the oldest land vertebrates and **accordingly** have been ideal subjects for studying the process of evolution.

In fact, some observers assert that the small family farm is no longer **viable** in the United States.

Terry Eagleton is probably the leading contemporary **practitioner** of British cultural materialism.

After 1750, European **mortality** rates declined in response to improved medical care and sanitation.

To be eligible for **naturalization**, a person must be at least 18 years of age.

Clemenceau's **obsession** with security reflected his anxiety about France's long-term weakness.

Literary language generates the implied suggestion of alternative or **peripheral** meanings.

In contrast to the metaphysical focus of Daoism, **Confucianism** is concerned with the human world.

Thousands of babies have been born through in-vitro fertilization, but the Church opposes this type of human **reproduction**.

In essence, what people expect from the economy is the removal of **obstacles** to human happiness.

In preindustrial societies, economic **transactions** took place in centrally located marketplaces.

There are many hazardous substances around the house that frequently need **disposal**.

The American Psychological Association has issued guidelines for the **humane** treatment of laboratory animals.

| 見出し語 | 意味 | 例文の意味 |
|---|---|---|
| **revere** [rivíər] 846 | 崇拝する, 尊敬する 名 reverence 尊敬, 崇拝 | 年齢差別は, 高齢者にとっては大きなストレス要因だが, 年をとることが敬われるような文化もある。 |
| **dwell** [dwél] 847 | 住む, 暮らす 名 dwelling 住居 | プルーストは防音をほどこしたパリのアパルトマンで10年間世捨て人のように暮らし, 現在から過去の世界に移り住んだのである。 |
| **cosmopolitan** [kàzməpálətn] 848 | 国を越えた 名 cosmopolitanism 世界主義 | 次の世紀に移るころまでには, シカゴは大都市になって, 独創的な建築や国を越えた芸術品収集の中心地となっていた。 |
| **chromosome** [króuməsòum] 849 | 染色体 | 20世紀初めには, 細胞内の遺伝物質である染色体にDNAが含まれていることは知られていた。 |
| **tyranny** [tírəni] 850 | 専制政治(体制), 暴虐 名 tyrant 暴君, 専制君主 | トクヴィルは多数による専制政治に向かう傾向にとりわけ注目している。 |
| **interdependence** [ìntərdipéndəns] 851 | 相互依存(関係) 形 interdependent 持ちつ持たれつの | 個人主義的な文化のセラピーは「自己」を強調するのに対して, 集団主義的な文化のセラピーは相互依存関係を強調する。 |
| **exterior** [ikstíəriər] 852 | 外側の, 外部からの ↔ interior 内側の | 彼らは色を塗ったり, また色つき煉瓦と素焼きの煉瓦で模様を作ったりして, ジッグラト(=ピラミッド型神殿)の外面を飾った。 |
| **furnish** [fə́ːrniʃ] 853 | 備え付ける, 供給する 名 furnishing 供給, 設備 | 多くの墓には, 高価な副葬品, 特に器や宝石, また金や銀でできた武器などが供えられていた。 |
| **embassy** [émbəsi] 854 | 大使館, 大使の地位[職務] | 法的には, 船というのはさながら海に浮かぶ大使館のようなもので, 掲げている国旗が示す国の一部が切り離されたものだと言える。 |
| **cherish** [tʃériʃ] 855 | 大切にする, 考えを抱いている | 武士階級が最も大切にした2つのシンボルは, 刀と桜だった。 |
| **bulk** [bʌ́lk] 856 | 大部分, 大量 形 bulky かさばる | 都市ゴミの大部分を占めるのが何であるか, という点について, 残念ながら一般市民は誤解している。 |
| **slaughter** [slɔ́ːtər] 857 | 大量殺戮, 大量殺戮をする | 彼らはアラーの神の名において大量殺戮を行うことで改宗を強制するようなことはしなかった。キリスト教徒はしばしばそれを行ったのだが。 |
| **abound** [əbáund] 858 | たくさんある[いる], 豊富である | 彼らは犯罪が溢れるのを許し, 市民としての責任感を失ってしまった。 |

Ageism is an important stressor for the elderly, but there are some cultures where aging is **revered**.

Proust lived like a hermit in a soundproof Paris apartment for ten years, withdrawing from the present to **dwell** on the past.

By the turn of the century, Chicago had become a great city, home of innovative architecture and **cosmopolitan** art collections.

It was known early into the 20th century that **chromosomes**, the genetic material of cells, contained DNA.

Tocqueville is especially concerned with the tendency towards **tyranny** of the majority.

While therapies in individualistic cultures emphasize the "self," collectivist cultures' therapies emphasize **interdependence**.

They decorated the **exterior** surfaces of ziggurats with paint and patterns of plain or colored bricks.

Many tombs were **furnished** with valuable burial goods, especially vessels, jewelry, and weapons made of gold and silver.

Legally speaking, a ship is much like a floating **embassy**, a detached chunk of the land whose flag it flies.

The two most **cherished** symbols of the Bushi class were the sword and the cherry blossom.

The public is sadly misinformed as to what comprises the **bulk** of municipal garbage.

They did not force conversion by **slaughter** in the name of Allah, as Christians often did.

They allowed crime to **abound**, and they lost the sense of their responsibilities as citizens.

# [院単] 頻出 1500語　Check ▼例文の意味

## oval
[óuvəl] 859
- 卵形の, 楕円形の

昆虫の卵はその形も色模様も様々だが、ほとんどは楕円形か円形で白かクリーム色をしている。

## multilateral
[mÀltilǽtərəl] 860
- 多面的な, 多国間の

近年、多国間交渉の中から、生態系の保全を目的とする非常に多くの重要な協定が生み出されている。

## protein
[próuti:n] 861
- タンパク質

涙には、何種類かの細菌を殺すタンパク質も含まれている。

## fraction
[frǽkʃən] 862
- 断片, 少量, 分数
- 形 fractional ごくわずかな, 分数の

星が爆発すると、たいていその後には破片が残るが、その破片が中性子星として知られているものである。

## forthcoming
[fɔ̀:rθkʌ́miŋ] 863
- 近々現れる, 用意されている

もし結果がすぐに現れなければ、特定の日本製商品に対して報復関税を実施する、と彼らは約束した。

## earthly
[ə́:rθli] 864
- 地上の, 現世の

仏教徒は、個人的な解脱によって、世俗的な問題から解き放されるよう教え説かれる。

## heartland
[hɑ́:rtlənd] 865
- 中核地域, 心臓部

ミシシッピー川は喫水の浅い外輪汽船を用いれば、かなり北上した地点にある農業の中心地帯まで十分航行することができた。

## copyright
[kɑ́pirɑ̀it] 866
- 著作権, 版権

適切な著作権法がなかったことが、文学活動の停滞の最も明白な原因だったかもしれない。

## remedy
[rémədi] 867
- 治療法, 救済策, 解決法
- 形 remedial 治療の, 救済の

1932年の大統領選挙戦は大恐慌の原因は何であり、どのような解決策が可能か、という議論にもっぱら終始した。

## pierce
[píərs] 868
- 突き刺さる, 貫通する, 見抜く
- 形 piercing つんざくような

レーダー装置は、霧も嵐も闇夜も貫いて地平線まで届くことができる。

## stagnation
[stægnéiʃən] 869
- 停滞, 不振, 不景気
- 動 stagnate 成長が止まる, 停滞する

意外にも経済不況と急速なインフレが同時に進展し、人々を苦しめ、経済学者たちを当惑させることになった。

## foe
[fóu] 870
- 敵, 競争相手

古代ギリシアの各都市は、共通の敵に対して団結し、紀元前479年までにその都市国家連合はペルシャ人たちを駆逐してしまっていた。

## textual
[tékstʃuəl] 871
- テクスト[原文]に関する, テクスト通りの
- 副 textually 原文通りに

ロックが福祉型自由主義者の先駆であったという見方を裏付けるようなテクスト上の証拠はほとんどない。

Insect eggs have a variety of shapes and color patterns, but most are **oval** or round and are white or cream colored.

In recent years, **multilateral** negotiations have produced numerous influential treaties aimed at ecological integrity.

Tears also contain a **protein** that kills certain germs.

After exploding, a **fraction** of the star is usually left and that **fraction** of the star is known as a Neutron Star.

They promised to invoke punitive tariffs on specified Japanese goods if results were not **forthcoming**.

Buddhists are exhorted to rise above **earthly** problems through personal transcendence.

The Mississippi was navigable by shallow draft paddle-wheel steamers far to the north, well into the agricultural **heartland**.

The absence of adequate **copyright** laws was perhaps the clearest cause of literary stagnation.

The presidential campaign of 1932 was chiefly a debate over the causes and possible **remedies** of the Great Depression.

A radar unit can **pierce** fog, storm, or black night as far as the horizon.

The unexpected combination of economic **stagnation** and rapid inflation developed to bedevil the public and baffle economists.

The Greek cities banded against their common **foe**, and by 479 BCE an alliance of city-states had driven out the Persians.

There is little **textual** evidence for the view that Locke was a proto-welfare liberal.

| 見出し語 | 意味 | 例文の意味 |
|---|---|---|
| **franchise** [fræntʃaiz] 872 | 特権, 参政権, 市民権 | 市民は, 参政権の行使を通じて, 自ら制定に参与してきた法律や規則を遵守すべきである。 |
| **bizarre** [bizá:r] 873 | とても変わっている, 奇妙な | 鍼灸は科学的な根拠がありながらも, 以前は奇妙なものに思われていた治療法の一例である。 |
| **linger** [líŋgər] 874 | 長く続く, いつまでも残る | ヒトラーは精力的にイタリアを支援し, それによってナチスに対してムッソリーニが長く捨て切れなかった疑いを払拭したのである。 |
| **remnant** [rémnənt] 875 | 残ったもの | アントニウスの艦隊はアグリッパの艦隊に撃破され, 残った船はクレオパトラとともにエジプトに逃げ帰った。 |
| **persecution** [pə:rsikjú:ʃən] 876 | 迫害, 虐待 動 persecute 虐げる | キリスト教が帝国の国教になると, 今度は非キリスト教徒が迫害の対象となった。 |
| **explosive** [iksplóusiv] 877 | 爆発的な, 爆発を起こしやすい 動 explode 爆発する | その結果, 1830年代以降科学における基礎的な発見が爆発的に増えることとなった。 |
| **pillar** [pílər] 878 | 柱, 支柱, 根幹 | 科学は西洋社会の楽観的で合理主義的な世界観の大本を支える重要な柱の1つであった。 |
| **impetus** [ímpətəs] 879 | はずみ, 勢い, 刺激 | ジャンル理論におけるバフチンの研究は, 物語の理論的研究を推進する大きな力を与えた。 |
| **invoke** [invóuk] 880 | 引き起こす, (法・権力などを)行使する 名 invocation 実施 | 父親は子供たちの心に恐怖を引き起こすために, 力を振るうことがある。 |
| **prolong** [prəlɔ́:ŋ] 881 | 引き延ばす, 長くする 形 prolonged 長期に及ぶ | 治療法はまだ見つかっていないが, エイズ患者を延命させる薬は幾種類かある。 |
| **formidable** [fɔ́:rmidəbl] 882 | 非常に恐ろしい, 手強い | その新しい国のはなはだしい多様性も, 統一を妨げる手強い障害となった。 |
| **torment** [tɔ:rmént] 883 | 常に苦しめる, 悩ませる, 強い苦痛 | 尋問されると, 少女たちは自分たちを苦しめている魔女として数人の女性を告発した。 |
| **startle** [stá:rtl] 884 | びっくりさせる, 急に驚かせる 形 startling 衝撃的な | その電気化学者たちは, 簡素な実験室でも常温核融合現象が得られると主張して科学界を仰天させた。 |

Citizens must obey the laws and regulations which they, through the exercise of their **franchise**, have helped frame.

Acupuncture is an example of a therapy once considered **bizarre** which has some scientific basis.

Hitler supported Italy energetically and thereby overcame Mussolini's **lingering** doubts about the Nazis.

Agrippa's fleet crushed Antony's fleet, the **remnants** of which escaped back to Egypt with Cleopatra.

When Christianity became the official religion of the empire, non-Christians became the targets of **persecution**.

The result was an **explosive** growth of fundamental scientific discoveries from the 1830s onward.

Science was one of the main **pillars** supporting Western society's optimistic and rationalistic view of the world.

Bakhtin's work in genre theory has provided an important **impetus** to theoretical studies of narrative.

A father can wield his power to **invoke** fear among children.

While no cure has been found, several drugs have **prolonged** the lives of AIDS sufferers.

The great diversity of the new nation was also a **formidable** obstacle to unity.

When they were questioned, the girls accused several women of being witches who were **tormenting** them.

The electrochemists **startled** the scientific world by claiming to achieve a room-temperature fusion in a simple laboratory.

| 見出し語 | 意味 | 例文の意味 |
|---|---|---|
| **overcrowded** [òuvərkráudid] 885 | 人が多すぎる, 過密の 動overcrowd 混雑させる | 教室はあまりに**超満員で**, 教授と接することもほとんどなかった。 |
| **superficial** [sù:pərfíʃəl] 886 | 表面の, 外面の, 浅薄な | **外面の**様子を見て私たちがどう考えようが, 遺伝子学者から見れば, 現代の人類は本質的には同型である。 |
| **instability** [ìnstəbíləti] 887 | 不安定(な状態), 気分の変わりやすさ | 危機をうまく切り抜けることができなかったために, 一生苦痛を感じたり, 精神的に**不安定な状態**になる場合がある。 |
| **feedback** [fí:dbæk] 888 | フィードバック, 反応 | 第3の一般情緒理論である顔面**フィードバック**仮説は, 顔面の運動が特定の情緒を引き出す, としている。 |
| **irregular** [irégjulər] 889 | 不規則の, 不揃いの 名irregularity 反則, 変則 | 銀河には, 渦巻銀河, 楕円銀河, **不規則**銀河という, 主に3つの種類がある。 |
| **imbalance** [imbæləns] 890 | 不均衡, 不安定 形imbalanced 不均衡な | 気の流れが妨げられると, **不均衡**が生まれ, 痛みや病を招くことになる。 |
| **encode** [inkóud] 891 | 符号化する, 記号化する | 記憶とは, 事象を正確に記録するのではなく, それを**記号化**したり取り出したりする過程において, むしろ構築的な処理をすると見なされる。 |
| **unreasonable** [ʌnrí:zənəbl] 892 | 不合理な, 不適切な | この世界の信じがたいほどの複雑さが単に偶然の産物にすぎないと考えるのは, **不合理**である。 |
| **discontent** [dìskəntént] 893 | 不満, 不平 形discontented 不満のある | たとえ個人が社会を必要としているとしても, 社会の制約的な規範や価値観は, 常に**不満**の種となっている。 |
| **erupt** [irʌ́pt] 894 | 噴火する, ほとばしり出る 名eruption 噴出, 突発 | 火山は**噴火する**と, もうもうたる火山塵を吹き上げて, 日光を遮ってしまう。 |
| **molecule** [máləkjù:l] 895 | 分子, 微粒子 形molecular 分子の | すべてのDNA**分子**には, ヌクレオチドと呼ばれる結合単位がひとそろい含まれている。 |
| **disguise** [disgáiz] 896 | 変装, 変装する 偽装する | ケインズの考えは当時としては非常に急進的であり, 本当は社会主義者でそれを**隠している**にすぎないなどと言われた。 |
| **loom** [lú:m] 897 | ぼんやりとだが大きく立ちはだかる[迫る] 形looming 迫ってくる | 政治的な見通しの前に**大きく立ちはだかっている**複雑な政策課題は, クローン人間の倫理性をめぐる議論に関わるものである。 |

Classes were badly **overcrowded**, and there was little contact with professors.

Whatever we may think as observers of **superficial** appearances, the human species today is to a geneticist, essentially uniform.

Unsuccessful negotiation of the crisis can lead to lifelong bitterness and mental **instability**.

The third general theory of emotion, the facial **feedback** hypothesis, asserts that facial movements elicit specific emotions.

There are three main types of galaxy: spiral, elliptical, and **irregular**.

When the flow of energy becomes blocked, an **imbalance** is created, resulting in pain or disease.

Memory is seen as a constructive process both in the **encoding** and retrieval processes rather than an exact recording of an event.

It is **unreasonable** to suppose that the incredible intricacy of the world is just a product of chance.

Even though the individual needs society, society's restrictive norms and values are a source of ongoing **discontent**.

Volcanoes, when they **erupt**, send clouds of dust into the air blocking sunlight.

All DNA **molecules** contain a set of linked units called nucleotides.

Keynes' ideas were very radical at the time, and Keynes was called a socialist in **disguise**.

One complex policy issue **looming** on the political horizon concerns the debate over the ethics of human cloning.

## [院単] 頻出1500語

| 見出し語 | 意味 | 例文の意味 |
|---|---|---|
| **upright** [ʌ́pràit] 898 | まっすぐな, 直立した, 正直な | 考古学的な根拠の示すところでは, 直立した人類が最初に現れたのは, 約440万年前のアフリカである。 |
| **utterly** [ʌ́tərli] 899 | 全く, 徹底的に 形utter 全くの, 完全な | それらの全体主義体制は, 19世紀の自由主義を完全に否定した。 |
| **stark** [stáːrk] 900 | 全くの, 完全に | 生活水準が次第に向上していったのとは全く対照的に, 政治面での自由は相変わらず存在しなかった。 |
| **ruthless** [rúːθlis] 901 | 無慈悲な, 残酷な 名ruthlessness 冷酷 | 大衆の抗議行動を目の当たりにして, チャウシェスクは冷酷な治安部隊に命じ, 何千人も虐殺させた。 |
| **unconditional** [ʌ̀nkəndíʃənl] 902 | 無条件の, 絶対的な ↔conditional 条件付きの | 日本が無条件降伏をなおも受諾できないのを見ると, トルーマンは長崎に2発目の原爆を落とすよう命じた。 |
| **atheist** [éiθiist] 903 | 無神論者 形atheistic 無神論の | たとえ無神論者であっても, 神の存在が論理的に可能であることは, ほとんどが認めている。 |
| **ignorance** [íɡnərəns] 904 | 無知, 無学 形ignorant 無学の, を知らない | ソクラテスは, 市内の若者たちの面前で, 市民の指導者たちの無知をさらけ出した。 |
| **chiefly** [tʃíːfli] 905 | もっぱら, 主として | 仏教は主としてアジア各地で信仰されており, 今日ではおよそ3億5000万人の信者がいる。 |
| **problematic** [prɑ̀bləmǽtik] 906 | 問題のある, 解決の難しい | ジェイムソン自身は, 単一で統一された「国民文化」という概念そのものに問題があることを認めている。 |
| **harness** [háːrnis] 907 | 役立てる, 生かす | 1871年以後, 主要国のほとんどは民族主義を利用して国家を強化した。 |
| **lure** [lúər] 908 | 誘惑するもの, 魅力, 誘惑する | 商品投機の取引出来高が増えている大きな理由は, 少ない証拠金で巨額の利益が期待できるという魅力にある。 |
| **obsolete** [ɑ̀bsəlíːt] 909 | 用済みになった, 時代遅れの 名obsolescence 陳腐化 | ケネディの演説は創造的破壊, つまり新たな仕事を創出する一方で, 他のものは用済みにする, という考えに基づいていた。 |
| **oppression** [əpréʃən] 910 | 抑圧, 迫害, 圧迫(感) 動oppress 圧迫する | 政府の圧制と不在地主制によって引き起こされた貧窮から逃れるために, メアリーは祖国を離れた。 |

Archeological evidence indicates that the earliest **upright** human species came into being about 4.4 million years ago in Africa.

The totalitarian regimes **utterly** rejected the liberalism of the nineteenth century.

The gradual improvement in the standard of living stood in **stark** contrast to the ongoing lack of freedom in political life.

Faced with mass protests, Ceausescu ordered his **ruthless** security forces to slaughter thousands.

When the Japanese still failed to accept **unconditional** surrender, Truman ordered a second bomb dropped on Nagasaki.

Even most **atheists** acknowledge that it is logically possible that God exists.

Socrates exposed the **ignorance** of the leading citizens in front of the youth of the city.

Found **chiefly** in diverse parts of Asia, Buddhism has roughly 350 million adherents today.

Jameson himself grants that the very concept of a single unified "national culture" is **problematic**.

Most major countries **harnessed** nationalism to strengthen the state after 1871.

The major reason for the rising volume of commodity speculation is the **lure** of huge profits which can be made on small margins.

Kennedy's speech was based on the idea of creative destruction: new jobs are created, while others are rendered **obsolete**.

Mary left their homelands to avoid the poverty induced by government **oppression** and absentee-landlordism.

| 見出し語 | 意味 | 例文の意味 |
|---|---|---|
| **repressive** [riprésiv] 911 | 抑圧的な, 管理的すぎる / 動 repress 抑圧する | 急進派の学生たちは親たちの物質主義を拒絶し、社会が抑圧的で大きな欠陥がある、と主張した。 |
| **cynicism** [sínəsìzm] 912 | 冷笑, 皮肉な見方[言葉] / 名 cynic 皮肉屋 | ポストモダニズムの旗印のもとでは、多くの学問分野が、真理に対する冷笑的な姿勢をとっている。 |
| **resume** [rizú:m] 913 | (中断後)再開する / 名 resumption 再開, 回収 | 1995年ジャック・シラク大統領は、フランスがムルロア(環礁)で核実験を再開すると発表した。 |
| **spawn** [spɔ́:n] 914 | (水に棲む動物が)卵を産む, 卵 | 鮭は淡水で産卵するために、海から川を遡上する。 |
| **indulge** [indʌ́ldʒ] 915 | にふける, 携わる, 甘やかす / 形 indulgent 甘い, 寛大な | さらに、合衆国の貿易赤字が増加するにつれて、他の国が不公正な商取引慣行に携わっているのではないか、という懸念も増大した。 |
| **implicit** [implísit] 916 | 言外に含む, 潜在の / ↔ explicit 明白な | 潜在/非陳述記憶には3種類あり、それぞれ手続き記憶、古典的条件記憶、そしてプライミングと呼ばれている。 |
| **strikingly** [stráikiŋli] 917 | 著しく, 際立って | 特に際立っているのは、エジプトの偉大な芸術家達の才能が、墓所の装飾や副葬品作成に向けられていた点である。 |
| **unveil** [ʌnvéil] 918 | (秘密を)明らかにする, 覆いを取る | ビルマの軍事政権は「民主主義への行程表」を明らかにしたが、世界は懐疑的だった。 |
| **accordance** [əkɔ́:rdns] 919 | 一致, 調和 | 伝統に従ってオリンピックは4年ごとに開かれてきており、2度の世界大戦によって中断されただけである。 |
| **imprint** [ímprint] 920 | 印, 痕跡, 印象, 動 [imprínt] 印象付ける, 刷り込む | ひとつの地域の景観は自然環境と文化的な痕跡が混じり合ってできている。 |
| **grim** [grím] 921 | 陰鬱な, 厳しい / 名 grimace しかめっつら | ベルリンの壁が壊され、人々は監獄国家の陰鬱な象徴であったその上で喜びながら踊った。 |
| **nutrition** [njuːtríʃən] 922 | 栄養補給, 栄養(分) / 形 nutritious 栄養に富んだ | 出生以前の栄養不足が、先天的欠損症の主たる要因である。 |
| **likewise** [láikwàiz] 923 | 同じように, ～もまた | 今日、中東ではユダヤ人とイスラム教徒が対立し、北アイルランドではカトリックとプロテスタントが同じように対立している。 |

Radical students rejected the materialism of their parents and claimed that their society was **repressive** and badly flawed.

Under the banner of postmodernism, **cynicism** about truth has become the stance of many academic disciplines.

In 1995, President Jacques Chirac announced that France would **resume** nuclear tests at Mururoa.

Salmon migrate upstream from the ocean to **spawn** in freshwater.

Moreover, as U.S. trade deficits mounted, concerns that other countries **indulged** in unfair trade practices also increased.

Three types of **implicit**/nondeclarative memory are called procedural memory, classically conditioned memory, and priming.

**Strikingly**, Egypt's great artistic resources were directed toward the decoration and outfitting of tombs.

Burma's military junta **unveiled** "a road map to democracy," to worldwide skepticism.

The Olympics has been held every four years, in **accordance** with tradition, being interrupted only for the two world wars.

The landscape of an area is a blending of the natural environment and a cultural **imprint**.

The Berlin Wall was opened, and people danced for joy atop that **grim** symbol of the prison state.

Poor prenatal **nutrition** is a leading cause of birth defects.

Today, Jews and Muslims oppose each other in the Middle East while Catholics and Protestants do **likewise** in Northern Ireland.

[院単] 頻出1500語　Check　　　　　　　　　▼例文の意味

## graze
[gréiz]　924
- 家畜を放牧する, (家畜が)草を食む
- 名 grazing 放牧(地)

「コモン(=共有地)」とは, 農民も職人もともに利用できるような広い放牧地もしくは農耕地であった。

## taboo
[təbú:]　925
- 禁忌, 禁止, タブー

インセスト・タブー(=近親相姦タブー)が存在する場合, 個人は社会に容認されるような性的関係を家族の外部に求めなければならない。

## salvation
[sælvéiʃən]　926
- 救済, 救出(法)

宗教団体のカリスマ的な指導者は未来の救済を説くものだが, イエスの場合, 永遠の救済は正しい行いをするか否かにかかっていた。

## plunge
[plʌ́ndʒ]　927
- 急に下がる, 飛び込む, 急落

税金を集める能力がなかったために, 連邦政府は急速に債務過多に陥った。

## prosecution
[prɑ̀sikjú:ʃən]　928
- 起訴, 実行
- 動 prosecute 起訴する, 遂行する

第二次大戦以後, 政府はトラスト規制のために積極的に訴追を行ってきた。

## prohibition
[pròuhəbíʃən]　929
- 禁止, 禁止令
- 動 prohibit 禁ずる, 妨げる

タブー(=禁忌)とは, 特定の行為を禁ずることである。

## arid
[ǽrid]　930
- 乾燥した, 不毛の
- 名 aridity 乾燥(状態)

地球は, 赤道帯, 乾燥帯, 温帯, 寒帯という4つの気候帯からなる。

## afflict
[əflíkt]　931
- 苦しめる, 悩ます
- 名 affliction 苦痛, 悩み

統合失調症は深刻な精神疾患群のひとつで, 約100人に1人がこの病気に苦しんでいる。

## endanger
[indéindʒər]　932
- 危機にさらす

人間が食料のために個体を殺していった結果, 多くの種が絶滅し, また絶滅の危機に瀕している。

## donate
[dóuneit]　933
- 寄贈する, 助成する, 提供する
- 名 donation 寄付, 贈与

骨のDNAをロシア皇帝一家の親戚から提供された血液標本と比較することによって, 研究者はその謎を解いた。

## homage
[hɑ́midʒ]　934
- 敬意, 尊敬

人間のなした劇的な出来事をほんのちょっと振り返るだけでも, そこでルネサンスが果たした決定的な役割に敬意を表さずにはいられない。

## naive
[nɑːíːv]　935
- 経験のない, 単純な, うぶな
- 名 naivety 単純, 無邪気

1914年に世界が戦争に突入したときの気分は, 無邪気な熱狂的愛国心だった。

## composite
[kəmpɑ́zit]　936
- 合成物, 混合物, 異なった要素から成る

「文化」とは常に混合物であり, 分析を経て単純化された結果生まれた抽象概念である。

The "commons" were large plots of **grazing** and farmable lands that were used by both farmers and artisans.

The presence of the incest **taboo** means that individuals must seek socially acceptable sexual relationships outside their families.

Charismatic leaders of cults preach their vision of **salvation**, and for Jesus, eternal **salvation** depended on righteous behavior.

Without the power to collect taxes, the federal government **plunged** into debt.

Since World War II, the government has been active in its antitrust **prosecutions**.

A taboo is a **prohibition** of a specific action.

The earth comprises four climatic zones: equatorial, **arid**, temperate, and polar.

Schizophrenia is a group of serious mental disorders that **afflict** approximately one out of every 100 people.

Many species have been exterminated or **endangered** as a result of humans killing the individuals for food.

By comparing skeletal DNA to blood samples **donated** by relatives of the tsar's family, investigators solved the mystery.

Even the briefest review of humanity's drama ought to pay **homage** to the pivotal role of the Renaissance.

The mood in which the world went to war in 1914 was one of **naive** patriotic fervor.

"A culture" is always a **composite**, an abstraction created as an analytical simplification.

| 語 | 意味 | 例文の意味 |
|---|---|---|
| **inclination** [ìnklənéiʃən] 937 | 傾向, 意向, 傾斜 <br> 形 inclined <br> 〜の傾向がある | アイゼンハワーには公的な役割を控えようとする**意向**があったために, しばしば立法のうえでは手詰まりとなる場合があった。 |
| **discern** [disə́ːrn] 938 | 識別する, 見分ける <br> 形 discernible <br> 識別できる | 英国の大学の種類には公的な区分はないが, 幾つか大きな範疇を**見分ける**ことは可能だ。 |
| **mortal** [mɔ́ːrtl] 939 | 死を免れ得ない, 致命的な <br> ↔ immortal 不死の | 子供も十代になると, 父親もまた**死を免れ得ず**, 特別強い存在ではないことに気づく。 |
| **allusion** [əlúːʒən] 940 | さりげない言及 <br> 動 allude <br> それとなく触れる | このように, 様々な時代や文化における文学や芸術作品に**さりげなく言及している**ために, この本は難解なものとなっている。 |
| **liberalize** [líbərəlàiz] 941 | 自由主義化する, (法律などを)緩める | ソ連は, **自由主義化した**チェコスロヴァキアがやがて中立国化し, ついには民主主義の西側寄りになるのではないかと恐れた。 |
| **instrumental** [ìnstrəméntl] 942 | 手段[助け]となる, 助ける, 楽器の <br> 名 instrument 手段, 道具 | 南北戦争とその後の再建は, 南部の白人が一体化するのを**大いに助ける**ことにもなった。 |
| **deed** [díːd] 943 | 行為, 功績 | 何らかの思想の名のもとに人間が行ったおぞましい出来事と崇高な**行為**が, ともに歴史には満ちあふれている。 |
| **dwelling** [dwéliŋ] 944 | 住居 <br> 動 dwell <br> 居住する, 暮らす | 保存状態の良い上部(=後期)旧石器時代の**住居**跡が, ロシアとウクライナではこれまで幾つか見つかっている。 |
| **acclaim** [əkléim] 945 | 称賛, 喝采, 称賛する | モリソンの豊かに作り上げられた小説は, 国際的な**称賛**を得ている。 |
| **psychotherapy** [sàikouθérəpi] 946 | 心理療法, 精神療法 <br> 形 psychotherapeutic <br> 精神治療の | この何十年かの間に, 臨床心理学と**精神療法**におけるフロイトの影響力は低下してきている。 |
| **anthropology** [æ̀nθrəpálədʒi] 947 | 人類学 <br> 形 anthropological <br> 人類学的な | 医療**人類学**は健康と病の生物学的な側面と, その文化による概念化や扱われ方を結びつけて考えるものである。 |
| **oath** [óuθ] 948 | 宣誓(書), 誓約 | 大統領は就任の**宣誓**をするが, それをつかさどるのは伝統的に最高裁判所長官である。 |
| **publicity** [pʌblísəti] 949 | 宣伝, 広告, 広報 <br> 動 publicize <br> 広告する, 公表する | NGO(=非政府組織)はその活動で政府に影響を与えることをめざしたり, しばしば**広告**を用いて法や人道に反する行為を暴露したりもする。 |

Eisenhower's **inclination** to play a modest role in public often led to legislative stalemate.

There are no official distinctions between the types of university in Britain, but it is possible to **discern** a few broad categories.

When children become teens, they realize that their fathers are also **mortal** and not especially powerful.

These **allusions** to works of literature and art from many eras and cultures make the book difficult.

The Soviet Union feared that a **liberalized** Czechoslovakia would eventually be drawn to neutralism, or even to the democratic West.

The Civil War and subsequent Reconstruction were also **instrumental** in unifying Southern whites.

History is filled with both horrors and noble **deeds** people have performed in the name of some ideology.

Some well-preserved examples of Upper Paleolithic **dwellings** have been found in Russia and Ukraine.

Morrison's richly woven fiction has gained her international **acclaim**.

In recent decades Freud's influence on clinical psychology and **psychotherapy** has declined.

Medical **anthropology** connects biological aspects of health and disease with their cultural conceptualization and treatment.

The president takes an **oath** of office, which is traditionally administered by the Chief Justice of the Supreme Court.

NGOs' actions may be aimed at influencing governments and they often use **publicity** to expose illegal or unethical behavior.

| No. | 単語 | 発音 | 意味 | 派生・類義 | 例文の意味 |
|---|---|---|---|---|---|
| 950 | **omnipotent** | [ɑmnípətənt] | 全能の | 图omnipotence 全能, 万能 | 神はこの上なく偉大である、つまり**全能**で、全知で、あまねく慈悲を施す、などといった存在だと見なさなければならない。 |
| 951 | **terminology** | [tə̀ːrmənálədʒi] | 専門用語, 術語 | | ハイデッガーは恩義とか責任という言葉で表されている意味をもっとうまく示す**専門用語**を新たに用いている。 |
| 952 | **simplify** | [símpləfài] | 単純にする | 图simplification 単純化, 簡易化 | 描き手たちは、動物の形を**単純化して**、壁に描いた輪郭の抽象的な美しさを強調した。 |
| 953 | **advent** | [ǽdvent] | 到来, 出現 | | 1750年頃に産業革命が**起きて**以来、人間のあり様に対する信頼は着実に強くなっていった。 |
| 954 | **breakthrough** | [bréikθrùː] | 突破口, 解決策, 飛躍的な進歩 | | 1940年、英国の物理学者たちは、劇的な技術上の**突破口**を開き、この短波送信の問題を解決した。 |
| 955 | **diameter** | [daiǽmətər] | 直径, 倍率 | | DNAは、**直径**がわずか1000万分の1インチほどの糸状の分子である。 |
| 956 | **extract** | [ikstrǽkt] | 引き出す, 搾り取る, 抜粋, 抽出物 | 图extraction 抽出, 摘出 | アステック族は隣接する部族のほとんどに対してひたすら征服を試み、重税や献納物を**搾り取った**。 |
| 957 | **idiosyncratic** | [ìdiousiŋkrǽtik] | 特異な, 風変わりの | 图idiosyncrasy (個人としての)特異性 | ある文化では個人の**特異な**反応とされるものが、別の文化では一般的で通常の慣習の一部として現れる場合がある。 |
| 958 | **pesticide** | [péstəsàid] | 農薬, 殺虫剤 | | 毒物専門家の中には、**農薬**が胎児や幼児の脳の発達に影響を与えるとするものもある。 |
| 959 | **replicate** | [réplikèit] | 複製する, 複写する | ≒duplicate | ウイルスは血液を通じて広がり、多くの臓器で自己**複製される**。 |
| 960 | **batter** | [bǽtər] | 強く[何度も]叩く, 打ちのめす | | **壊滅状態にあった**西ヨーロッパは瓦礫の中から立ち上がり、戦後偉大なる復活を経験した。 |
| 961 | **nonverbal** | [nɑ̀nvə́ːrbəl] | 非言語的な, 言葉によらない | | 顔の表情と身体の動きは、**非言語的**コミュニケーションの主な2つの方法である。 |
| 962 | **unrest** | [ʌnrést] | 不穏な状態, 不安 | 形unrestful 心が落ち着かない | 自由主義者や彼らを支持する中産階級が絶対王政という考え方を攻撃すると、ヨーロッパ中で政情**不安**が高まっていった。 |

God must be thought to be unsurpassably great: **omnipotent**, omniscient, omnibenevolent, and so forth.

Heidegger introduces **terminology** that better describes what is meant by indebtedness and responsibility.

The painters **simplified** the shapes and emphasized the abstract beauty of the animal silhouettes against the walls.

Confidence in the human condition had been steadily rising since the **advent** of the Industrial Revolution around 1750.

In 1940, British physicists made the dramatic technical **breakthrough** that solved this problem of short-wave transmission.

DNA is a threadlike molecule with a **diameter** of only about one ten-millionth of an inch.

The Aztecs were intent on conquering most of their neighbors, from whom they **extracted** heavy taxes and tribute.

**Idiosyncratic** individual responses in one culture may be embodied in public and normal custom in another culture.

Some toxicologists claim that **pesticides** affect brain development in unborn and young children.

The virus spreads through the blood and is **replicated** in many organs.

A **battered** Western Europe dug itself out from under the rubble and experienced a great renaissance in the postwar era.

Facial expressions and body movements are two of the major forms of **nonverbal** communication.

Throughout Europe, political **unrest** grew as liberals and their middle-class supporters attacked the concept of absolute monarchy.

[院単] 頻出1500語　Check ▼例文の意味

| 見出し語 | 意味 | 例文の意味 |
|---|---|---|
| **humiliate** [hju:mílièit] 963 | 恥をかかせる，屈辱を与える **图** humiliation　屈辱 | 第二次大戦に負けたばかりか，日本は連合軍に対して無条件降伏をするという屈辱を味わうこととなった。 |
| **trivial** [tríviəl] 964 | 取るに足らない，平凡な **图** triviality　ささいなこと | 食べ終わったことを示すのにナイフとフォークをどう置くか，などという些細な無作法に苛立っている様子を見せないようにしなさい。 |
| **resurgence** [risə́:rdʒəns] 965 | 復活，再発，蘇生 **動** resurge　復活する，蘇生する | ド・ゴールは，西ヨーロッパの主要国の政治的復活を体現するような人物だった。 |
| **mores** [mɔ́:reiz] 966 | 道徳習慣，習律，道徳観 | 道徳習慣上の違反は強い否定的反応を生むし，その否定的反応が法によって裏付けられている場合も多い。 |
| **binary** [báinəri] 967 | 2つから成る，二元的な，二進法 | 二項対立の「脱構築」とは，あらゆる価値や差異を無効にすることではない。 |
| **backlash** [bǽklæʃ] 968 | 強い反発，反感 | 人の仕事を機械がするという考え方は，多くの社会を脅かし，技術に対する強い反発を生むものだ。 |
| **disperse** [dispə́:rs] 969 | 分散させる，広める，散らばる | 1960年代から，合衆国の工場ではさらに背の高い煙突が建てられるようになり，汚染物質を広く撒き散らした。 |
| **decree** [dikrí:] 970 | 法令，布告，命じる | 1533年，議会の布告により，ヘンリー8世はイングランドの教会と聖職者の首長となった。 |
| **likelihood** [láiklihùd] 971 | 見込み，公算，可能性 | ある結果がオペラント行動を発動させる可能性を高くする場合，それは強化因子と呼ばれる。 |
| **deem** [dí:m] 972 | 見なす，考える | 18世紀末まで，犬は召使や奴隷よりも信頼でき，また忠実だと見なされていた。 |
| **massacre** [mǽsəkər] 973 | 大虐殺，皆殺し | 「ボストン虐殺事件」と名づけられたその事件は，英国側の冷酷さと暴虐の証拠として劇的に描かれた。 |
| **genocide** [dʒénəsàid] 974 | (ある民族や集団に対する)大量虐殺 | 1990年代のボスニアの民族浄化は，国際社会がなおも大量虐殺に対する警戒を怠ってはならないことを思い起こさせてくれる。 |
| **coincide** [kòuinsáid] 975 | 一致する **图** coincidence (偶然の)一致 | アメリカのロマン主義は，国土が拡張し，アメリカ人が独自の意見を持ち始めたのと時期を同じくして起こった。 |

More than defeated in World War II, Japan was **humiliated** into accepting unconditional surrender at the hands of the Allies.

Try not to show irritation over a **trivial** inelegance such as how to leave your knife and fork to indicate that you have finished.

De Gaulle personified the political **resurgence** of the leading nations of western Europe.

Violations of **mores** produce strong negative reactions, which are often supported by the law.

The "deconstruction" of a **binary** opposition is not an annihilation of all values or differences.

The idea of a machine doing the work of a human scares many societies and causes a **backlash** against technology.

Beginning in the 1960s, taller industrial chimneys were introduced in the United States to **disperse** pollutants.

In 1533, by a **decree** of Parliament, Henry VIII became supreme head of the Church and clergy in England.

When a consequence increases the **likelihood** of an operant behavior's being emitted, it is called a reinforcer.

By the end of the eighteenth century, the dog was **deemed** far more reliable and devoted than servants or slaves.

Dubbed the "Boston **Massacre**," the incident was dramatically depicted as proof of British heartlessness and tyranny.

Ethnic cleansing in Bosnia during the 1990s reminds us that the international community must remain ever vigilant against **genocide**.

Romanticism in America **coincided** with the period of national expansion and the discovery of a distinctive American voice.

| 見出し語 | 意味 | 例文の意味 |
|---|---|---|
| **turnover** [tə́:rnòuvər] 976 | 売り上げ, 生産高 | アメリカ先住民の経営するカジノの総売り上げ高は149億ドルで、上位100社に入るような企業の年間売上高に匹敵する。 |
| **constrain** [kənstréin] 977 | 強制する, 制約する 名constraint 強制, 制限 | ある個人が教育を受ける機会は、その社会的位置によって制約を受ける。 |
| **coordinate** [kouɔ́:rdənèit] 978 | 調整する, 同格の 名coordination 調整, 協調 | 8か国の主要経済国は毎年首脳会議を行って互いに絡み合っている経済戦略を調整している。 |
| **strife** [stráif] 979 | 敵対, 闘争 動strive 競う, 奮闘する | アメリカの小説家が立ち向かったのは、闘争と革命の歴史であり、広大な荒野という地учи的特徴であり、流動的な民主主義社会だった。 |
| **invalid** [invǽlid] 980 | 無効な, 根拠のない 名invalidity 無効 | あらゆる論理は、有効か無効かのどちらかだ。 |
| **constituency** [kənstítʃuənsi] 981 | 有権者, 選挙区, 支持者 | ある有権者たちから票を得るために、政治家たちは、時には他の有権者に言ったことと食い違うことを言う場合がある。 |
| **infancy** [ínfənsi] 982 | 幼年期, 幼年児, 初期 形infantile 子供じみた | ある研究によると、幼年期には、栄養不良によって知能指数が平均して20ポイントも下がることがある。 |
| **limp** [límp] 983 | 足をひきずる, なかなか進まない | 痛みに対して叫んだり足をひきずったりするのは、「生まれながらの」自然に備わった反応だが、言語は他人から教わるものである。 |
| **exceptionally** [iksépʃənəli] 984 | 例外的に, とびぬけて 名exception 例外 | いわれのない戦争や殺戮に対する嫌悪感を抱く歴史家たちは、今日では、アレクサンドロスを残忍で、異常なまでに野蛮であると見なしている。 |
| **causality** [kɔ:zǽləti] 985 | 因果関係 形causal 因果関係を示す | 因果関係の陳述とは、あるものが、他のものを引き起こしたり、影響を与えたり、変えたりすることを言うことである。 |
| **dissent** [disént] 986 | (多数意見への)異議, 意見の相違 | 学者たちが飢餓の本当の原因は何か、という最も根本的な問題を問うやいなや、一斉に反対の声が上がる。 |
| **retard** [ritá:rd] 987 | (発達・進歩を)遅らせる, 阻害する | 科学者たちはすでに自分たちの研究成果を応用して、重度知的発達遅滞児のための特殊な言語の開発に取り組んでいる。 |
| **skepticism** [sképtəsìzm] 988 | 懐疑主義, 懐疑的な態度 英scepticism | 懐疑的な姿勢というものが科学の中心にはあり、科学的な傾向を持つ人は火渡りなど信じないのが普通である。 |

The combined **turnover** of all Native American casinos was $14.9 billion, matching many top 100 companies' annual sales.

An individual's educational opportunities are **constrained** by social position.

The eight leading economic powers hold annual summit meetings to **coordinate** their intermeshed economic strategies.

American novelists were faced with a history of **strife** and revolution, a geography of vast wilderness, and a fluid democratic society.

Every argument is either valid or **invalid**.

Trying to win votes from one **constituency**, politicians sometimes contradict what they have said to other **constituencies**.

During **infancy**, malnutrition can lower IQ scores in one study by an average 20 points.

Crying and **limping** are "natural," animistic reactions to pain, but language is learned from others.

Historians with our distaste for unprovoked war and killing now cast Alexander as murderous and **exceptionally** savage.

A statement of **causality** says that something brings about, influences, or changes something else.

A chorus of **dissent** arises as soon as scholars address the most basic question concerning the true cause of hunger.

Scientists already have applied their findings toward developing a special language for severely mentally **retarded** children.

**Skepticism** is a core attitude of science, and anyone with a scientific bent would likely avoid fire-walking.

| 見出し語 | 意味 | 例文の意味 |
|---|---|---|
| **skeptical** [sképtikəl] 989 | 懐疑的な 英 sceptical | ヴェーバーは科学的な社会学の可能性については懐疑的だった。 |
| **extrinsic** [ikstrínsik] 990 | 外在的な, 本質ではない ↔ intrinsic 内在的な | 外在批評で最も重要で広く行われているのは、テキストを歴史的な文脈の中にきちんと据えて読む方法である。 |
| **nobility** [noubíləti] 991 | 貴族階級, 気高さ | ウィリアムは特権と義務を持つ世襲貴族階級を作ることで封建制による強大な王国を築き上げた。 |
| **conjunction** [kəndʒʌ́ŋkʃən] 992 | 結合, 合同, 接続詞 | 外国文化に属する事柄は、個々ばらばらに見るのではなく、もっと広い文化的環境と結びつけて考察するべきである。 |
| **duration** [djuréiʃən] 993 | 持続期間, 持続 形 durable 長持ちする | うつ病とは、「正常な」気分の変化の持続期間と程度をはなはだしく見られたものとしてしばしば説明される。 |
| **livelihood** [láivlihùd] 994 | 生計, 暮らし | 英国、フランス、ドイツ、そしてイタリアはまるで国民の生計がかかってでもいるかのように、競ってアフリカを我が物にしようとした。 |
| **eradicate** [irǽdəkèit] 995 | 絶滅させる, 完全に消し去る 名 eradication 撲滅 | ヴァルター・ベンヤミンは複製芸術品が量産されるとオリジナルの作品の持つ独特の雰囲気は全く失われてしまうだろう、と予測した。 |
| **anonymous** [ənɑ́nəməs] 996 | 匿名の, 無名の 名 anonymity 匿名(性) | インターネットは、名前を知らない者同士の相互交流と、匿名によるコミュニケーションから成り立っている。 |
| **engrave** [ingréiv] 997 | 彫りつける, (印象などを) 刻みこむ 名 engraving 彫刻 | その円盤には、同心円やジグザグ線、螺旋形や輪の形などの抽象的な模様が、精細に彫刻されていた。 |
| **self-determination** [sélfditə̀ːrmənéiʃən] 998 | 民族自決 [自立], 自己決定 形 self-determined 自分で決定した | ウッドロウ・ウィルソン大統領が民族自決を強く訴えたことに助けられて、多くの新しい国が生まれた。 |
| **indefinitely** [indéfənitli] 999 | 無期限に 形 indefinite 無制限の, 不明確な | 核拡散防止条約は1970年に発効し、1995年には無期限に延長された。 |
| **inconsistent** [ìnkənsístənt] 1000 | 矛盾する, 一致しない, 調和しない 名 inconsistency 不一致, 矛盾 | 英国人たちは、非合理的に思われるインド人の精神とは根本的に相容れないだろう、として科学教育を切りすてた。 |
| **burgeon** [bə́ːrdʒən] 1001 | 躍進する, 急成長する, 新芽が出る | エリザベス朝時代は、広く定説になっているような、イングランドの国力と威信が急速に高まった時代ではなかった。 |

Weber was **skeptical** concerning the prospects of a scientific sociology.

The most important and widespread sort of **extrinsic** criticism is the way of reading that puts texts firmly into their historical context.

William set up a strong monarchy, with a feudal system creating a hereditary **nobility** with special rights and duties.

Bits of foreign cultures should be considered in **conjunction** with their broader milieu rather than piecemeal.

Depression is often described as an exaggeration of the **duration** and intensity of "normal" mood changes.

Britain, France, Germany and Italy scrambled for African possessions as if their national **livelihood** depended on it.

Walter Benjamin predicted that the proliferation of reproductions of art would **eradicate** the aura of the original.

The Internet is made up of nameless interaction and **anonymous** communication.

The disks were delicately **engraved** with an abstract design of concentric rings, zigzags, spirals, and loops.

President Woodrow Wilson's strong advocacy of **self-determination** contributed to the formation of many new countries.

The Nuclear Non-Proliferation Treaty came into effect in 1970 and was extended **indefinitely** in 1995.

The British rejected the teaching of science as too radically **inconsistent** with the presumably irrational minds of Indians.

The Elizabethan period was not the time of **burgeoning** English power and prestige that popular stereotypes would have it be.

| 単語 | 意味 | 例文の意味 |
|---|---|---|
| **fuse** [fjúːz] 1002 | 融合させる, 溶かす / 名 fusion 融合(物) | 多くの国では, 文化的な差異を隠すことで, 異なる民族集団をまとまった1つの国民に人為的に**融合させ**ようとしている。 |
| **incapable** [inkéipəbl] 1003 | ができない, 能力がない / ↔ capable 有能な | 各国政府からの金銭的物質的援助という支援がなければ, 国連は有効な制裁措置を行うことは**できない**。 |
| **stigma** [stígmə] 1004 | 汚名, 汚点, 恥辱 / 動 stigmatize 汚名を着せる, 非難する | 合衆国では, 小さな投機的事業で「失敗」したとしても, そのことで失敗した企業家という**汚名**を負わされるようなことはない。 |
| **accidental** [æksədéntl] 1005 | 偶然の, 不慮の / 副 accidentally ついうっかりと | 合衆国における殺人, 自殺, 夫婦間虐待, そして**事故**死の半数近くが, アルコールの関係したものである。 |
| **prerequisite** [prirékwəzit] 1006 | 必要条件, 必須要件, あらかじめ必要な | 合衆国の成人の90パーセントが, ある程度の地理的知識は, 偏りのない人間になるためには**必須**であると考えている。 |
| **surmount** [sərmáunt] 1007 | (困難を)乗り越える, 打ち勝つ, の上に置く | 彼女の小説は, 才能ある女性が家庭生活に関する南部のきゅうくつな伝統的規範を**打ち破ろう**とする姿を描いている。 |
| **addiction** [ədíkʃən] 1008 | 依存症, 熱中, 中毒状態 / 形 addictive 中毒性の強い | コカインは, 現在では, 肉体への害, 重度の**中毒**, そして心理的依存を引き起こす可能性があるものとして知られている。 |
| **enliven** [inláivən] 1009 | 活気づける, 活性化する | 誇張や, ほら話, 信じがたい自慢話, そして滑稽な労働者のヒーローたちの存在は, 辺境開拓地の文学を**生き生きとしたものにした**。 |
| **starvation** [stɑːrvéiʃən] 1010 | 飢餓(状態), 餓死 / 動 starve 飢える, 餓死する | 経済状況は, ここ何世代かで最悪であり, 何百万人もの人が**餓死**寸前の暮らしをしていた。 |
| **induction** [indʌ́kʃən] 1011 | 帰納(法), 誘導 / 形 inductive 帰納的な | **帰納法**が未来の出来事について概括的な前提を明らかにするのに対して, 仮説的推論は, 説明的な仮説をもたらす。 |
| **wary** [wéəri] 1012 | 警戒している, 用心している / 名 wariness 用心 | これら入植者たちは個人の自由を非常に尊重しており, 個々の自由を制限するような権力に対して**警戒を怠らなかった**。 |
| **despise** [dispáiz] 1013 | 軽蔑する, ひどく嫌う | グールドはくどいと言ってシューベルトを**嫌い**, 大げさだとして中期のベートーヴェンを**軽蔑した**。 |
| **sanitation** [sæ̀nətéiʃən] 1014 | 公衆衛生, 衛生[下水]設備 / 形 sanitary 衛生の | 基本的な**公衆衛生設備**がととのい, 医療サービスが受けられると, 住民の出生率は死亡率を上回るようになる。 |

Many countries try to artificially **fuse** different ethnic groups into one cohesive nation by submerging cultural differences.

Without the support, the wealth and the material assistance of national governments, the UN is **incapable** of effective sanctions.

In the United States "failure" of a small business venture does not carry with it social **stigma** for the failed entrepreneur.

Alcohol is involved in nearly half of all murders, suicides, spousal abuse cases, and **accidental** deaths in the United States.

Ninety percent of U. S. adults consider some geographical knowledge a **prerequisite** for being a well-rounded person.

Her novels dramatize gifted women attempting to **surmount** the claustrophobic, traditional southern code of domesticity.

Cocaine is now known for its potential for physical damage, severe **addiction**, and psychological dependence.

Exaggeration, tall tales, incredible boasts, and comic workingmen heroes **enlivened** frontier literature.

Economic conditions were the worst in generations, and millions of people lived on the verge of **starvation**.

Whereas **induction** establishes general premises about future occurrences, abduction provides explanatory hypotheses.

Personal freedom was highly prized by these settlers and they were **wary** of any power which might curtail individual liberties.

Gould **despised** Schubert for being repetitive, and middle-period Beethoven as bombastic.

When a population gets basic **sanitation** and medical services, fertility rates overtake mortality rates.

| 見出し語 | 意味 | 例文の意味 |
|---|---|---|
| **trauma** [tráumə] 1015 | 心に負った傷<br>形 traumatic 心に傷を残すような | 子供時代に**心に傷**を負うと、その影響を長期間にわたってこうむる場合が多い、とフロイトは信じていた。 |
| **adhere** [ædhíər] 1016 | 固執する, 支持する, 付着する<br>名 adherent 信奉者 | 現代の心理学者は、普通、ただ1つの学派のみを**支持する**、などということはしない。 |
| **deceased** [disí:st] 1017 | 死亡した, 死者 | 彼らは体内の空洞に、**死者**の家族から提供され、様々な薬草や膏薬をしみこませた清潔なリンネルを詰め込んだ。 |
| **fringe** [fríndʒ] 1018 | 周辺, 付随的部分 | この時期、労働組合は多くの重要な**給与外**手当てを勝ち取り、組合員数は急増した。 |
| **operational** [àpəréiʃənl] 1019 | 使用できる, 操作(上)の<br>名 operation 操作, 業務 | 形式的**操作**期の間に、青年は抽象的思考を行うことと、仮定的な条件を扱うことができるようになる。 |
| **evaporate** [ivǽpərèit] 1020 | 蒸発する, 消えてなくなる<br>名 evaporation 蒸発, 消滅 | 硬水の最も大きな問題の1つは、**蒸発する**とあとにかすが残りやすいという点である。 |
| **indispensable** [ìndispénsəbl] 1021 | 不可欠の<br>⇔ dispensable なくても構わない | 戦時計画経済においては、労働組合は政府と私企業にとって**絶対不可欠な**パートナーとなった。 |
| **gear** [gíər] 1022 | 適合させる, (変化に)対応させる | 国は迅速に**対応して**、国民と産業生産力のすべてを動員しようとした。 |
| **impersonal** [impə́:rsənl] 1023 | 人間味を欠いた, 一般的な, 人格を持たない | 今日、患者の多くは医者や医療システムがあまりに技術偏重で、**人間味がなく**、疎遠で、思いやりに欠けると思い込んでいる。 |
| **humanize** [hjú:mənàiz] 1024 | 人間らしくする, 人間にふさわしくする<br>名 humanization 文明化 | こうして共産主義に**人間味を持たせ**、一般市民の要求を満たすものに変えようとしたチェコスロバキアの実験は、挫折した。 |
| **microbe** [máikroub] 1025 | 微生物, 病原菌 | 傷のない皮膚を**病原菌**が通り抜けることはまずないが、切り傷や他の傷があると簡単に体内に入ってしまう。 |
| **daunt** [dɔ́:nt] 1026 | ひるませる, 怖気づかせる<br>形 daunting 手ごわい | 国全体を安定させるという終わりのない仕事には、それに最適な人間でも**怖気づかざるをえない**だろう。 |
| **blockade** [blɑkéid] 1027 | 封鎖, 包囲, 妨害, 封鎖する | ケネディ大統領はキューバの海上**封鎖**で対抗したので、フルシチョフはロシアのミサイルを引き上げざるをえなかった。 |

Freud believed that individuals are highly susceptible to the long-term effects of childhood **trauma**.

Most contemporary psychologists do not **adhere** to just one school of thought.

They packed the body cavity with clean linen, provided by the family of the **deceased** and soaked in various herbs and ointments.

During this period, unions won many important **fringe** benefits and their membership soared.

During the formal **operational** stage, the adolescent is able to think abstractly and deal with hypothetical situations.

One of the largest problems with hard water is that it tends to leave a residue when it **evaporates**.

Labor unions became an **indispensable** partner of government and private industry in the planned war economy.

The nation rapidly **geared** itself for mobilization of its people and its entire industrial capacity.

Many patients today believe their doctor or medical system is too technical, **impersonal**, remote, and uncaring.

Thus the Czechoslovak experiment in **humanizing** communism and making it serve the needs of ordinary citizens failed.

Most **microbes** cannot pass through unbroken skin, although they can easily enter through cuts and other wounds.

The never-ending task of stabilizing an entire country would **daunt** even the most qualified person.

President Kennedy countered with a naval **blockade** of Cuba and Khrushchev was forced to remove the Russian missiles.

| 見出し語 | 意味 | 例文の意味 |
|---|---|---|
| **fluctuation** [flʌ́ktʃuéiʃən] 1028 | 変動, ばらつき 動 fluctuate 絶えず変化する | 株式市場は極めて不安定で, 大幅な**変動**がしばらく続くものと思われる。 |
| **sober** [sóubər] 1029 | まじめな, しらふの, 落ち着いた | 彼らの**まじめ**で立派な指導者たちは, 団体交渉を通じて組合員の給与値上げを勝ち取ることに全力を注いだ。 |
| **courtesy** [kə́ːrtəsi] 1030 | 礼儀正しさ, 親切なふるまい 形 courteous 礼儀正しい | 議員たる者は同輩に対して**礼儀正しく振る舞い**, 個人的な攻撃は避けるものとされている。 |
| **unconstitutional** [ʌ̀nkɑnstətjúːʃənl] 1031 | 憲法違反の | 裁判所は, 労働時間を制限する法律は**憲法違反である**とした。 |
| **dysfunction** [disfʌ́ŋkʃən] 1032 | 機能不全, 機能障害 動 disfunction | 幸いなことに, その規模においても深刻度においても, 1930年代の大恐慌に匹敵するような経済上の**機能不全**はほとんどない。 |
| **literacy** [lítərəsi] 1033 | 読み書き[識字]能力, 知識, 教養 形 literate 読み書きのできる | サハラ以南のアフリカでは, 成人の平均**識字**率は60パーセントであり, 平均寿命はわずか56歳である。 |
| **humility** [hjuːmíləti] 1034 | 謙遜, 卑下 | サモアでは, 体を前に曲げることによって, **謙遜の気持ち**を伝える。 |
| **nationalize** [nǽʃənəlàiz] 1035 | 国営化する, 国有化する ↔ privatize 民営化する | 産業は**国有化され**, 中産階級は私有財産を奪われた。 |
| **freestanding** [fríːstǽndiŋ] 1036 | 支柱なしで立っている, 独立している | 寺院の外壁に彫刻を施したのに加えて, アルカイック期の芸術家たちは, **自立した**彫像も作った。 |
| **embed** [imbéd] 1037 | 埋め込む, 組み込む | シェークスピアの作品が特別な力を感じさせるのは, まさにそれが歴史的な文脈にしっかりと**はめこまれている**からである。 |
| **inferiority** [infìəriɔ́ːrəti] 1038 | (何かに比べて)劣っている状態 形 inferior 劣っている | 自己陶酔的な人は基本的に**劣等**感を抱いており, それが飛びぬけて優れているという幻想にとらわれる原因だ。 |
| **unintended** [ʌ̀nintɛ́ndid] 1039 | 意図しない, 偶然の | 実験者の性や人種や民族性によって, 微妙な**意図せざる**偏りが入り込む場合がある。 |
| **reproductive** [rìːprədʌ́ktiv] 1040 | 再生の, 複製の 形 reproducible 再生可能な | 実際には, オリジナルの持つ独特の魅力は**複製**技術の普及によってさらに増すばかりで, 弱まることはなかった。 |

Stock markets are highly volatile, and wide **fluctuations** are expected to continue for some time.

Their **sober**, respectable leaders concentrated on winning better wages for their members through collective bargaining.

Members of Congress are expected to **show courtesy** toward their colleagues and to avoid personal attacks.

The court held that a law limiting the number of working hours was **unconstitutional**.

Fortunately, most economic **dysfunctions** do not rival the Great Depression of the 1930s in scope or depth.

In sub-Saharan Africa, the average adult **literacy** rate is 60 percent and the average life expectancy is only 56 years.

In Samoa, **humility** is communicated by bending the body forward.

Industry was **nationalized**, and the middle class was stripped of its possessions.

In addition to carving sculpture for temple exteriors, artists of the Archaic period created **freestanding** statues.

Shakespeare's works have a special energy precisely because they are so firmly **embedded** in their own historical context.

A narcissistic individual has a basic sense of **inferiority**, which underlies a preoccupation with fantasies of outstanding achievement.

The gender, race, or ethnicity of the experimenter may introduce subtle, **unintended** biases.

The aura of the original, it turns out, has only increased, not diminished with the proliferation of **reproductive** technologies.

| 見出し語 | 番号 | 意味 | 例文の意味 |
|---|---|---|---|
| **sizable** [sáizəbl] | 1041 | かなり大きな, 相当な 副 sizably 相当に | 実際には, 当時合衆国は核のうえではソ連に対して**かなり大きな**優位を得ていたのである. |
| **override** [òuvərráid] | 1042 | よりも重要である, を無効にする 形 overriding 最重要の | 実践理性が理論理性**よりも重要**かどうか, ということは極めて重要な哲学問題である. |
| **congestion** [kəndʒéstʃən] | 1043 | 混雑, 密集 動 congest 過度に詰め込む | 自動車が大きな影響を与えるのはまだ先の話だったが, 深刻な**渋滞**はすでに都市の中心部で起きていた. |
| **self-esteem** [sélfistí:m] | 1044 | 自尊心, うぬぼれ | **自分に対する評価**の低い人は概して自己認識と人生体験をうまく適合させることができない. |
| **foremost** [fɔ́:rmòust] | 1045 | 第一の, 主要な, 最も重要な | 市民の責任の中で**第一に挙げられる**のは, 投票権という権力を賢明に行使することである. |
| **deception** [disépʃən] | 1046 | 虚偽, 詐欺, ごまかし 動 deceive 欺く | 社会科学者たちは, 調査協力者による**虚偽**というものを, 可能な限り避けるべき問題行為であると見なしている. |
| **ridicule** [rídikjù:l] | 1047 | あざけり, 冷やかし, あざける, 冷やかす 形 ridiculous ばかげた | 十代の若者の仲間集団では, **あざけり**は強力で手っ取り早い負のサンクション(=制裁)である. |
| **withstand** [wiθstǽnd] | 1048 | 持ちこたえる, 抵抗する | 重要なのは, 異議に対しても**耐えうる**ような一貫して, 根拠の確かな, そして細部まで筋の通った信念を持つことだ. |
| **prenatal** [prinéitl] | 1049 | 出生[出産]前の | **出生前**と後生1年間の間に, 脳と神経系は体の他のどの部分よりも速く成長する. |
| **inventory** [ínvəntɔ̀:ri] | 1050 | 在庫品目, 一覧表 | 狩猟採集生活を送っているショショーニ族インディアンの場合, 持っている文化的な**品目のすべて**を数え上げてもせいぜい3000しかない. |
| **momentum** [mouméntəm] | 1051 | 弾み, 勢い, 契機 | 女性の新たな役割付けを特徴とする家族構造の根本的な変化は, 1960年代後半にいっきに**弾み**がついた. |
| **innate** [inéit] | 1052 | 生得的な, 固有の | 人種と知能指数に関するデータは, ある人種が**生まれながらに**劣っていることを「示している」ものだと, 広く誤解されてきた. |
| **continuously** [kəntínjuəsli] | 1053 | 継続して, 絶えず 形 continuous 絶え間ない | 人文主義的な考え方は, 無数で多様だが, いずれも人格とは時とともに**絶えず**作られていくものだと考えている. |

In reality, the United States maintained a **sizable** nuclear advantage over the Soviets at the time.

It is a vital philosophical issue whether practical reason should **override** theoretical reason.

The main impact of the automobile was then still in the future, but serious **congestion** was already present in city centers.

People with low **self-esteem** generally have poor congruence between their self-concept and life experiences.

**Foremost** among the responsibilities of citizenship is the wise use of the power of the ballot.

Social scientists regard **deception** of research participants as a questionable practice to be avoided if at all possible.

In teenage peer groups, **ridicule** is a powerful, informal, negative sanction.

The important thing is to have a coherent, well-founded, tightly reasoned set of beliefs that can **withstand** opposition.

During the **prenatal** period and the first year of life, the brain and nervous system grow faster than all other parts of the body.

An **inventory** of the cultural items among the hunting and gathering Shoshone Indians totals a mere three thousand.

Fundamental changes within the family, featuring new roles for women, gathered **momentum** in the late 1960s.

Data on race and IQ scores have been widely misinterpreted as "demonstrating" **innate** racial inferiority.

Although numerous and diverse, all humanistic theories conceive of personality developing **continuously** over time.

| 見出し語 | 意味 | 例文の意味 |
|---|---|---|
| **empirical** [impírikəl] 1054 | 経験による, 実験にもとづいた, 経験主義の 图empiricism 経験論 | 心理学では, 実証的証拠, つまり体系的方法によって直接観察し, 測定した情報を重視する。 |
| **elusive** [ilúːsiv] 1055 | 把握しがたい, 手に入りにくい | 正確な数はいまだ把握しがたいが, 毎年100万人の移民が合衆国にやってきているものと推計される。 |
| **arena** [əríːnə] 1056 | 競争[議論]の場, 競技場 | 政治的な議論の場においては, 原理原則よりもご都合主義を優先することはあまりに容易である。 |
| **predisposition** [prìːdispəzíʃən] 1057 | 傾向, 素質 動predispose 傾向を与える | 生物学的な観点から言えば, 遺伝的素因は不安障害の発症に影響を与える。 |
| **monogamy** [mənǽgəmi] 1058 | 一夫一婦婚[制度] ⇔polygamy 一夫多妻婚(制) | 政府は安定した家庭, 一夫一婦制, そして異性愛という伝統的なアメリカの価値を守るべきだ, と示唆する人もいる。 |
| **subscribe** [səbskráib] 1059 | 出資(寄付)する, 定期購読する | 世界銀行が得ている資本金は, 加盟国がそれぞれの経済的規模に比例して出資しているものである。 |
| **slump** [slʌmp] 1060 | 不調, 不景気, 落ち込み | 石油価格の上昇は農業生産費用を押し上げ, 1980年の世界的な経済不況は農産物の需要を減らすことになった。 |
| **threshold** [θréʃhould] 1061 | 敷居, 閾(いき), 出発点 | 絶対閾値とは, 被験者が感知しうる刺激の最小値である。 |
| **ample** [ǽmpl] 1062 | たっぷりとした, 十分な 動amplify 拡大する | 選挙期間中, 政党はあらゆるメディアを存分に利用して, 人々にその政治姿勢を示した。 |
| **foreground** [fɔ́ːrgràund] 1063 | 前景, 最前面 | 前景に置かれた籠には女物の毛皮のマフだけでなく, 卓越を示す古典的なシンボルである月桂冠も入れられている。 |
| **aftermath** [ǽftərmæθ] 1064 | 余波, 後遺症, 結果 | 戦争の余波として, 合衆国にはベトナム難民が殺到した。 |
| **exquisite** [ikskwízit] 1065 | 極めて美しい, とても精巧な | 前代の宋朝と同様, 明朝も優れて美しい陶磁器, 特に磁器によって世界中によく知られた。 |
| **align** [əláin] 1066 | と足並みをそろえる, 連合する 图alignment 整列, 提携 | 疎外の過程と緊密に結びついて起きるのが, 「商品化」の現象である。 |

Psychology values **empirical** evidence, information acquired by direct observation and measurement using systematic methods.

While exact numbers remain **elusive**, it is estimated that one million immigrants arrive in the U.S. annually.

In the political **arena**, it is all too easy to choose expediency over principle.

The biological perspective suggests that genetic **predispositions** influence the development of anxiety disorders.

Some suggest that government should protect traditional American values, stable families, **monogamy**, and heterosexuality.

The World Bank receives its capital from member countries, which **subscribe** in proportion to their economic importance.

The rise in oil prices raised farm costs and a worldwide economic **slump** in 1980 reduced the demand for farm products.

The absolute **threshold** is the smallest magnitude of a stimulus that a subject can detect.

During elections, political parties make **ample** use of all the media to present their positions to the people.

The basket in the **foreground** holds not only a woman's fur muff but also a laurel wreath, the classical symbol for excellence.

Vietnamese refugees poured into the United States in the **aftermath** of the war.

Like the Song dynasty before it, the Ming became famous the world over for its **exquisite** ceramics, especially porcelain.

Closely **aligned** with the process of alienation is the phenomenon of "commodification."

| 見出し語 | 意味 | 例文の意味 |
|---|---|---|
| **genus** [dʒíːnəs] 1067 | （生物分類における）属 | 属とは他のグループの種よりもお互いより近い関係にある種同士の集まりを指す。 |
| **meantime** [míːntàim] 1068 | 合間 | その間にヒトラーはモスクワ近郊からイギリス海峡にまで延びる広大なヨーロッパ帝国を支配したのである。 |
| **blueprint** [blúːprìnt] 1069 | 青写真，設計図，具体的な計画 | 第一次大戦によって，はじめて社会主義は，空想的な絵図から現実的な経済の設計図となった。 |
| **uncompromising** [ʌnkámprəmaiziŋ] 1070 | 一歩も引かない，譲歩しない，断固たる | 断固とした姿勢のウィンストン・チャーチルに率いられた英国だけが，征服されずに残っていた。 |
| **conversely** [kənvə́ːrsli] 1071 | 逆に言えば，その反対に | その反対に，自民族中心主義を指針とすることに好意的な社会科学者はほとんどいないだろう。 |
| **devout** [diváut] 1072 | 敬虔な，献身的な 副 devoutly 心の底から | その絵には，キリストが地獄に下り，アダムとイヴやその他の敬虔な人々を悪魔から救い出す姿が描かれている。 |
| **propel** [prəpél] 1073 | 推進する，駆り立てる | ダーウィンはその機会を逃さなかった。そして彼を進化の研究に進ませたのは，まさにこの航海だったのである。 |
| **outpost** [áutpòust] 1074 | 前哨基地，（辺境の）開拓地 | その新しい国家が西へと広がるにつれて，辺境の開拓地ではそれぞれが自治自営のための行政組織を作りあげた。 |
| **faction** [fǽkʃən] 1075 | 党派，派閥 形 factional 党派の | その左翼党派は優勢を得るとヨーロッパ連合からの脱退など過激な政策の実現に努めた。 |
| **assimilate** [əsíməlèit] 1076 | 取り入れる，理解する，同化させる 名 assimilation 同化 | そのころまでにダーウィンの進化論はほとんどの知識人グループに受け入れられ，理解されていた。 |
| **aviation** [èiviéiʃən] 1077 | 飛行，航空（学），航空産業 | 第二次大戦後，航空や電子工学といった新しい産業が飛躍的な成長をとげた。 |
| **disturbance** [distə́ːrbəns] 1078 | 妨害，混乱，障害 動 disturb 妨げる | 知覚障害，言語障害，思考障害などは，統合失調症の主な症状である。 |
| **ecosystem** [ékousìstəm] 1079 | 生態系 | 地球が1つの生態系である，ということを理解する人はますます増えてきている。 |

The **genus** is a group of species more closely related to one another than any other group of species.

In the **meantime**, Hitler ruled a vast European empire stretching from the outskirts of Moscow to the English Channel.

With the First World War, socialism became for the first time a realistic economic **blueprint** rather than a utopian program.

Only Britain, led by the **uncompromising** Winston Churchill, remained unconquered.

**Conversely**, only a rare social scientist would speak kindly of ethnocentrism as a guiding principle.

The picture depicts Christ descending into hell to rescue Adam and Eve and other **devout** people from Satan.

Darwin seized the opportunity and it is this voyage that **propelled** him to begin his work on evolution.

As the new nation pushed westward, each frontier **outpost** created its own government to manage its affairs.

The leftwing **faction** gained ascendancy and promoted radical policies such as withdrawal from the European Union.

By then, the Darwinian concept of evolution had been accepted and **assimilated** in most intellectual circles.

After World War II, new industries such as **aviation** and electronics grew by leaps and bounds.

**Disturbances** in perception, language and thought are included in the major symptoms of schizophrenia.

More and more people understand that the earth is a single **ecosystem**.

| 見出し語 | 意味 | ▼例文の意味 |
|---|---|---|
| **disregard** [dìsrigá:rd] 1080 | 無視する, 軽視する, 無視 | 中国政府は各新聞に対して, 共感を呼び起こすことを避けるためにその抗議行動を**無視する**よう指針を示した。 |
| **reportedly** [ripó:rtidli] 1081 | 伝えられるところでは, 報道によれば | **伝えられるところでは**, アジア系の若い女性の自殺未遂率は, 国民平均の2倍近いという。 |
| **humiliation** [hjuːmìliéiʃən] 1082 | 屈辱を与える[受ける]こと, 恥辱 形 humiliating 屈辱的な | 続く4日間, 双方はソ連に対し過度の**屈辱**を与えることなくその危機を終わらせようと交渉を続けた。 |
| **insane** [inséin] 1083 | 正気ではない, 精神異常の 名 insanity 精神異常 | テロリストたちは頭がおかしいという思い込みに反して, 逮捕されたテロリストの中で臨床的に**精神異常**だと診断される例はほとんどない。 |
| **finite** [fáinait] 1084 | 有限の, 限定された ⇔ infinite 無限の | 天然資源が**有限**であるということは, 人間がなかなか受け入れることのできない現実である。 |
| **vacuum** [vǽkjuəm] 1085 | 真空(状態), 真空空間, 真空の | 東欧における権力の**真空状態**がナチスの帝国主義を招き入れた時, 何もしないよりの西欧の民主国家は何もしないという誤りを犯した。 |
| **contemplate** [kántəmplèit] 1086 | じっくり考える 名 contemplation 熟慮, 黙考 | 東洋における神秘主義的な伝統では, 人間の同様な内面について**深く考えて**も, 対照的な結論にいたっているものが多い。 |
| **intermediate** [ìntərmí:diət] 1087 | 中間にあるもの, 中間の, 中級の | 土質としては砂が一番粗く, 沈泥が**中間**で, 粘土が一番細かい。 |
| **unleash** [ʌnlíːʃ] 1088 | 解き放つ, 爆発させる 形 unleashed 抑えきれなくなった | 突然変異は個体群の中に多様な変異をもたらすが, それだけで**爆発的な**進化を**生む**ようなことはない。 |
| **ambivalent** [æmbívələnt] 1089 | 相反する感情[意見・立場]を持つ | どの社会でも親は子供に対して**相反する感情を抱く**。つまり愛情や愛着と同時に敵意や憤りを感じるのである。 |
| **incest** [ínsest] 1090 | 近親相姦 | どの文化でもだいたい**近親相姦**に対しては, 非常に強い恐怖や嫌悪がつきものである。 |
| **celebrity** [səlébrəti] 1091 | 有名人, 名声 形 celebrated 著名な | トム・ダドリー船長はヴィクトリア朝の中でも究極の栄誉を得た。マダム・タッソーが場所を割いて彼の蝋人形を置いたのである。 |
| **insistent** [insístənt] 1092 | 粘り強い, しつこく続ける 名 insistence 断言, 固執 | 奴隷解放運動は戦闘的で妥協を許さず, 奴隷制度の即時撤廃を**粘り強く**訴え続けた。 |

The Chinese government issued guidelines to newspapers to **disregard** the protests in order to avoid rousing similar sentiments.

The attempted suicide rate among young Asian women is **reportedly** almost twice the national average.

For the next four days the two sides negotiated in an effort to end the crisis without undue **humiliation** for the Soviets.

Despite the assumption that terrorists are crazy, only in rare cases have captured terrorists proven to be clinically **insane**.

The **finite** character of natural resources is a reality that humans have not easily accepted.

When the eastern European power **vacuum** invited Nazi imperialism, the appeasing Western democracies mistakenly did nothing.

Many Eastern mystical traditions, **contemplating** the same inner space, have come to contrasting conclusions.

Sand is the coarsest measure of soil texture, silt is **intermediate**, and clay is the finest.

While mutation provides variability within a population, it is unlikely by itself to **unleash** evolution.

Parents in all societies are **ambivalent** toward the children; they feel hostility and resentment as well as love and attachment.

In most cultures very strong feelings of horror and revulsion are attached to **incest**.

Captain Tom Dudley earned the ultimate accolade of Victorian **celebrity**: Madame Tussaud's found space for his wax effigy.

The abolitionist movement was combative, uncompromising and **insistent** upon an immediate end to slavery.

| 見出し語 | 意味 | 例文の意味 |
|---|---|---|
| **esoteric** [èsətérik] 1093 | 限られた人にだけわかる, 秘儀的な | どんな宗教でも預言者は, 説明し難いが単なるたわ言としては片付けられないような**秘儀的な**体験をしている。 |
| **infamous** [ínfəməs] 1094 | 悪名高い, 忌まわしい 名 infamy 汚名, 悪評 | ナチスの殺人工場の中でも最も**悪名の高い**アウシュビッツでは, 毎日1万2000人もの人間が虐殺されていた。 |
| **self-made** [sélfméid] 1095 | 独力で出世[成功]した | 南北戦争以後, アメリカ人はますます進歩と, **独力で地位を築いた**人間を理想化するようになった。 |
| **bolster** [bóulstər] 1096 | 高める, 増強する, 支える | 20年前だったら, 免疫システムを**強化する**ためにビタミンCを取りなさいと患者に言う内科医はほとんどいなかっただろう。 |
| **incur** [inkə́:r] 1097 | 招く, こうむる, 受ける | 日本海軍はあまりに甚大な被害を**こうむった**ために, オーストラリアを攻撃するという考えを捨てざるをえなかった。 |
| **lucrative** [lú:krətiv] 1098 | 金の儲かる, 利益の多い | 売春, 非合法賭博, 少年労働, 収賄, 麻薬密売, これらは社会的に害悪である一方で, とても**儲かる**行為である場合が多い。 |
| **bankruptcy** [bǽŋkrʌptsi] 1099 | 破産, 破綻 形 bankrupt 破産した | **破産**件数が増え, 失業者が急増すると, ドイツ国民はパニックに襲われた。 |
| **modernity** [mɑdə́:rnəti] 1100 | 近代[現代]性, 近代[現代]的な状態 | ハーバマスは, 歴史の否定が**近代性**そのものの核心であると述べている。 |
| **relinquish** [rilíŋkwiʃ] 1101 | 放棄する, 手放す, 断念する | パリ講和条約によって, フランスはカナダ全土と五大湖地方, そしてミシシッピー川上流地域を**放棄し**, 英国に割譲した。 |
| **disapproval** [dìsəprú:vəl] 1102 | 不同意, 不満, 非難 動 disapprove 承認しない, 非難する | 犯罪のもたらす不利益には, 良心の呵責, 周りからの**非難**, そして被害者による復讐などがある。 |
| **perish** [périʃ] 1103 | 滅びる, 死ぬ 形 perishable 壊れ[傷み]やすい | 反民族主義的な君主国家を維持しようと戦争を起こしたものの, ハプスブルク帝国はその企ても半ばに**滅びてしまった**。 |
| **localize** [lóukəlàiz] 1104 | 一地域に限定する 名 localization 地方化, 局地化 | ビスマルクにはオーストリアとの戦争は**局地**戦争にすべきであることがわかっていた。 |
| **unpredictable** [ʌnpridíktəbl] 1105 | 予測できない 名 unpredictability 予測不可能 | 人々の行動が**予測不可能**になると, 社会秩序は混乱に陥る。 |

Prophets of every creed have undergone **esoteric** experiences that are hard to explain but impossible to dismiss as mere nonsense.

At Auschwitz, the most **infamous** of the Nazi death factories, as many as twelve thousand human beings were slaughtered each day.

After the Civil War, Americans increasingly idealized progress and the **self-made** man.

Twenty years ago, few physicians would have advised patients to take vitamin C to **bolster** their immune systems.

The Japanese navy **incurred** such heavy losses that they were forced to give up the idea of striking at Australia.

Prostitution, illegal gambling, child labor, bribery and trafficking in drugs are often as **lucrative** as they are unsavory.

The German people were seized by panic as **bankruptcies** increased and unemployment soared.

Habermas argues that a denial of history is central to **modernity** itself.

In the Peace of Paris, France **relinquished** all of Canada, the Great Lakes and the upper Mississippi Valley to the British.

Some of the disadvantages of crime include the pangs of conscience, the **disapproval** of onlookers, and the retaliation of the victim.

Having started the war to preserve an antinationalist dynastic state, the Hapsburg empire **perished** in the attempt.

Bismarck knew that a war with Austria would have to be a **localized** war.

When people's actions become **unpredictable**, the social order is thrown into disarray.

| # | 見出し語 | 意味 | 例文の意味 |
|---|---|---|---|
| 1106 | **verge** [və́:rdʒ] | 縁, 境界, 瀬戸際 | 避難民で溢れ, 食物が欠乏して疲弊しきったドイツは全面崩壊の**瀬戸際**にあり, ヨーロッパの他地域をまきこむおそれがあった。 |
| 1107 | **immune** [imjú:n] | 免疫の, に影響を受けない<br>名immunity 免疫性 | 病原体が体の外側の障壁を破って入ってくると, **免疫**システムの防御機能が作動する。 |
| 1108 | **curse** [kə́:rs] | 呪い, 悪罵, 呪う<br>形cursed 呪われた, いまいましい | 部族社会では, 魔法の呪文や**悪罵**を口にするものは, それでもっと大きく世界を変えることができると信じている場合がある。 |
| 1109 | **lust** [lʌ́st] | 欲望, 渇望, 性欲 | ベルギーのレオポルド2世は精力的で意志の強い君主であったが, 遠隔地の領土を**強く欲していた**。 |
| 1110 | **megalithic** [mègəlíθik] | 巨石の<br>名megalith 巨石 | 墓所の他にも新石器文化とそれに続く文化においては, 儀式のために, **巨石**記念物や彫像が建てられた。 |
| 1111 | **suburban** [səbə́:rbən] | 郊外の<br>名suburbia 郊外(居住者) | ほとんどのヨーロッパ人にとって, **郊外**の生活とは, これまで以上に家庭と職場が物理的に切り離されるということを意味した。 |
| 1112 | **apparatus** [æpərǽtəs] | 装置, 器具, 器官, 組織 | ホモ・サピエンスと同じ大きさの脳を持っていたネアンデルタール人でも, 発声**器官**の機能は限られていた。 |
| 1113 | **crucifixion** [krù:səfíkʃən] | はりつけ, (キリストの)磔刑図<br>動crucify はりつけにする | ホロコーストを記憶し続けることが, キリストの**磔刑**に代わって現代社会の代表的な表象となった。 |
| 1114 | **aggravate** [ǽgrəvèit] | 悪化させる, 悩ませる<br>名aggravation 悪化 | 毎年海に排出される300万から400万トンの油も, 海洋汚染を**悪化させている**。 |
| 1115 | **gild** [gíld] | 金メッキをする, 表面を飾る<br>形gilded 金ぴかの | 街には金持ちたちの**金ぴかの**馬車が, 現代のどんなスラムよりひどいぼろや塵芥や悪臭を尻目に行き来していた。 |
| 1116 | **discard** [diskɑ́:rd] | 捨てる, 廃棄する | マドラスの700万人の住民のうち, 50万人が木の枝と**廃棄物**でできた無数のスラム街に住んでいる。 |
| 1117 | **blaze** a path [bléiz] | 道を開く, 先駆者となる | 空想的社会主義や, 特にマルクスの社会主義に触発された女性たちは, 第二の道を**切り開いた**。 |
| 1118 | **comply** [kəmplái] | (規則, 命令などに)従う<br>名compliance 規則遵守 | 世の中の大半の人間は, 単に自分の欲求に他人を**従わせ**ようとすることだけをなりわいにしている。 |

Refugee-clogged, hungry, prostrate Germany was on the **verge** of total collapse and threatening to drag down the rest of Europe.

If a pathogen breaks through the body's outer barriers, the defenses of the **immune** system spring into action.

In a tribal society, magical spells and **curses** may be deemed by speakers to make more sweeping changes in the world.

Leopold II of Belgium was an energetic, strongwilled monarch with a **lust** for distant territory.

Besides tombs, Neolithic and post-Neolithic cultures built **megalithic** monuments and sculptures for ritual purposes.

**Suburban** life meant that for most Europeans, home and work were more physically separated than ever before.

Even the Neanderthals, with brains equivalent in size to Homo sapiens, had limited vocal **apparatus**.

Remembering the Holocaust has replaced the **crucifixion** of Christ as a leading icon in our society.

Marine pollution is also **aggravated** by 3 to 4 million tons of oil discharged into the sea every year.

In the streets, **gilded** coaches of the rich moved against a background of rags, filth, and stench worse than any modern slum.

Of Madras's 7 million residents, 500,000 live in a thousand shantytowns made of tree branches and **discarded** materials.

Women inspired by utopian and especially Marxian socialism **blazed a** second **path**.

A large portion of the population makes a living simply attempting to get others to **comply** with their requests.

| 単語 | 発音 | No. | 意味 | 例文の意味 |
|---|---|---|---|---|
| **congregation** | [kàŋgrigéiʃən] | 1119 | (礼拝の)集まり, 会衆, 信徒 | 信徒の中には, この差別に我慢できず新世界への移住を決意するものも出てきた。 |
| **antecedent** | [æntəsíːdnt] | 1120 | に先立つ, に優先する, 先行する事柄[人] | およそ3万5000年前から, 新しい生活形式を持つ新種の人間が現れ, その前にいたネアンデルタール人とついには入れ替わった。 |
| **myriad** | [míriəd] | 1121 | おびただしい数の, 無数の | 私たちの生活に無数の影響を及ぼしているにもかかわらず, グローバリゼーションは理解の難しい抽象概念である。 |
| **onset** | [ánsèt] | 1122 | 開始, 襲来 | 約7万5000年前, ヨーロッパが徐々に氷河期に入ると, 気候は寒冷になり森林地帯は凍土帯に変わった。 |
| **anatomy** | [ənǽtəmi] | 1123 | 体の組織[構造], 解剖(学) | セックスという言葉を体の構造や遺伝形質, また身体機能における生物学的差異のみを指して用いる科学者もいる。 |
| **dogma** | [dɔ́ːgmə] | 1124 | 教義, 独断, 定説 形 dogmatic 独断的な | 私たちが真理の探究を教義の追求とし, また多元論をニヒリズムと一緒にしてしまっているのは, 皮肉な話である。 |
| **compulsion** | [kəmpʌ́lʃən] | 1125 | 強制, 強迫 形 compulsive やむにやまれぬ | 強迫神経症においては, 絶えず不安を引き起こす考え(強迫観念)は慣習的行動(強迫)によって軽減される。 |
| **causal** | [kɔ́ːzəl] | 1126 | 原因となる, 因果関係を示す 名 causality 因果関係 | 1640年のイングランド革命の原因となった諸要素についてのすべてを説明しうるような単一の学説はない。 |
| **censorship** | [sénsərʃip] | 1127 | 検閲 動 censor 検閲する | 徹底した検閲にもかかわらず, 政治的不満と民族間の対立は深まっていった。 |
| **archetypal** | [áːrkitàipəl] | 1128 | 原型的な, 典型的な, 典型となる 名 archetype 原型 | ボドキンは文学にも原型的構成を復活させ, その構成の重要性を評価しようとした。 |
| **renounce** | [rináuns] | 1129 | 断念する, 廃棄する 名 renunciation 放棄, 断念 | 労働者たちに社会主義を放棄させるという点では, ビスマルク同様ヴィルヘルム2世も成功しなかった。 |
| **ecstasy** | [ékstəsi] | 1130 | 恍惚(状態), 忘我, 有頂天 形 ecstatic 恍惚とした | ラスプーチンは, 乱交と宗教的恍惚を混ぜ合わせたことで知られる宗教グループからその活動を始めた。 |
| **recur** | [rikə́ːr] | 1131 | 再発する, 頻発する 形 recurrent 再発する, 循環性の | もし刑罰の脅しが取り除かれれば, よからぬ行動が再発する可能性が高い。 |

Some members of the **congregation** grew dissatisfied with this discrimination and resolved to emigrate to the New World.

Beginning some 35,000 years ago new peoples with new ideas for living eventually replaced **antecedent** Neanderthal peoples.

Despite affecting our lives in **myriad** ways, globalization is an abstract concept hard to grasp.

About 75,000 years ago the gradual **onset** of a glacial period in Europe brought cooler climates and turned woodlands into tundras.

Some scientists use the term sex to refer exclusively to biological differences in **anatomy**, genetics, or physical functioning.

It is ironic that we have conflated the pursuit of truth with the pursuit of **dogma**, and pluralism with nihilism.

In obsessive-compulsive disorder, persistent anxiety-arousing thoughts (obsessions) are relieved by ritualistic actions (**compulsions**).

There is not one theory that can be used to satisfy all of the **causal** factors of the English Revolution of 1640.

In spite of absolute **censorship**, political dissatisfaction and conflicts among nationalities grew.

Bodkin sought to recover **archetypal** patterns in literature and assess the significance of such patterns.

William II was no more successful than Bismarck in getting workers to **renounce** socialism.

Rasputin began his career with a sect noted for mixing sexual orgies with religious **ecstasies**.

If the threat of punishment is removed, the negative behavior is likely to **recur**.

| 見出し語 | 意味 | 例文の意味 |
|---|---|---|
| **preexist** [prìigzíst] 1132 | 先に存在する | ロゴス中心主義の論理では、言語は**それ以前に存在している**意味や現実を映し出すものだと見なされている。 |
| **debris** [dəbríː] 1133 | 残骸, 破片, 岩屑 | 氷河が広がるにつれて削り取られた大量の土や石やその他の**岩の破片**はモレーン（＝氷堆石）として堆積した。 |
| **brood** [brúːd] 1134 | じっと考える, 思いを巡らせる | 貴族たちは楽器を演奏したり、古代の書を読んだりしながら、悲劇について、またしばしば愛するものの死について**思いを巡らせた**。 |
| **inaugural** [inɔ́ːgjurəl] 1135 | 就任(式)の, 開始の, 就任演説(式) | リンカーンは大統領**就任**演説で、（南部による）連邦脱退を「法的に無効である」として、退けた。 |
| **authentic** [ɔːθéntik] 1136 | 正真正銘の, 信頼できる 名authenticity 信憑性 | 「リップ・ヴァン・ウィンクル」の話は代々のアメリカ人たちによって、次第に**本当の**アメリカの言い伝えとして受け取られるようになった。 |
| **botany** [bátəni] 1137 | 植物学, (一地域の)植生 形botanical 植物(学)の | **植物学**と農業の関係は、動物学と牧羊との関係に似ている。 |
| **appetite** [ǽpətàit] 1138 | 食欲, 欲求 形appetizing 食欲をそそる | 旅行者がうまく外国の文化に適応できない場合、不安になったり**食欲**を失ったり、気分が悪くなったりすることがある。 |
| **namely** [néimli] 1139 | すなわち, はっきり言えば | ユダヤ教は他の2つの一神教、**すなわち**キリスト教とイスラム教に大きな影響を及ぼしてきた。 |
| **temperance** [témpərəns] 1140 | 節制, 禁[節]酒, 中庸 形temperate 控えめな | もう1つ影響力のあった社会運動は、酒類の販売と摂取に反対する運動、つまり**禁酒**運動だった。 |
| **aspire** [əspáiər] 1141 | 切望する, 強く願う 名aspiration 熱望 | 個人主義的な指向が強いために、合衆国の会社員は昇進することによって成功したいと**切望する**傾向がある。 |
| **cleanse** [klénz] 1142 | 洗浄する, 罪を清める | 侍の忠義心は非常に堅いものだったので、儀礼にのっとった自害は汚された名誉を**清める**手段となった。 |
| **correlation** [kɔ̀ːrəléiʃən] 1143 | 相関関係 動correlate 相互に関連する | この**相関関係**から、研究者は、知能指数の高い子供はテストや他の勉強も良くできると予測している。 |
| **terrestrial** [təréstriəl] 1144 | 地球の, 陸上の, 陸生の | **陸生**植物は、繁殖方法に関しては、脊椎動物や昆虫よりもはるかに多様性に富んでいる。 |

Logocentric logic sees language as a reflection of some **pre-existing** meaning or reality.

The large amounts of soil, stone and other **debris** scraped up by the expanding glaciers were deposited as moraines.

The aristocrats play musical instruments or read ancient books while they **brood** on tragedies, often the deaths of loved ones.

In his **inaugural** address, Lincoln refused to recognize the secession, considering it "legally void."

The story of "Rip Van Winkle" was gradually accepted as **authentic** American legend by generations of Americans.

The relationship between **botany** and agriculture is similar to the relationship between zoology and sheep raising.

Sometimes travelers are unable to adjust easily to a foreign culture; they may become anxious, lose their **appetites**, or feel sick.

Judaism has exerted great influence over the other two monotheistic religions, **namely** Christianity and Islam.

Another influential social movement was the opposition to the sale and use of alcohol, or the **temperance** movement.

Individualistic orientation tends to drive US employees to **aspire** to achieve through promotion.

The loyalty of the Samurai was so intense that ritual suicide became a way of **cleansing** tarnished honor.

This **correlation** allows researchers to predict that children with high IQ scores will do well on tests and other classwork.

**Terrestrial** plants exhibit much greater diversity in their mode of reproduction than vertebrates and insects.

| 語 | 意味 | 例文の意味 |
|---|---|---|
| **deplete** [diplíːt] 1145 | 使い果たす, 枯渇させる 関 depletion 減少, 枯渇 | 1974年, ローランドとモリーナはフロンガスから出る塩素がオゾン層を消滅させかねない, と発表した。 |
| **akin** [əkín] 1146 | 同種の, 同族の, 似ている | IMF (=国際通貨基金) が消防隊に似ているとすれば, 世界銀行は地球規模の建設会社のような機能を果たすことになった。 |
| **autocratic** [ɔ̀ːtəkrǽtik] 1147 | 独裁的な, 専制の 関 autocrat 専制君主, 独裁者 | ロシアには歴史的に専制政治の伝統があり, 民主主義に重きをおくアメリカと対照をなしている。 |
| **colossal** [kəlásəl] 1148 | とてつもなく大きな | 万人の平等を体現すると公言する国家である合衆国にとって, 奴隷制度の存在は, 極めてはなはだしい不公正であった。 |
| **stronghold** [stróŋhòuld] 1149 | 砦, 要塞, 拠点 | 要塞に立てこもることで, その小さな軍隊は大軍の攻撃に耐えることができた。 |
| **ardent** [áːrdnt] 1150 | 熱烈な, 情熱的な, 熱心な | 人はキスをすることによってより情熱的になり, 跪くことでより謙虚になり, そしてこぶしを振ることでより強く怒りを感じるのだ。 |
| **blast** [blǽst] 1151 | 爆風, 突風, 非難 | こうした壊滅的な物理的影響は, 原爆の爆風と熱放射, そして放射線から生じる。 |
| **culprit** [kʌ́lprit] 1152 | 犯人, 容疑者, 刑事被告人 | 私たちは犯罪には犯人と犠牲者, つまり犯罪行為によって何らかの損失や負傷を被った人が関与している, と見なす。 |
| **plural** [plúərəl] 1153 | 複数の, 2つ以上から成る, 複数形 ↔ singular 単数の | ユダヤ教とキリスト教の宗教的伝統があるアメリカ社会では, そのような一夫多妻は, 家族のあり方として認められるものではない。 |
| **armored** [áːrmərd] 1154 | 武装をした, 装甲を施した 英 armoured | スペインの装甲巡洋艦が4隻サンチャゴ湾を出航していったが, 数時間後には破壊されて廃船となってしまった。 |
| **arguably** [áːrgjuəbli] 1155 | ほぼ間違いなく, 異論もあるかもしれないが | ヘミングウェイはほぼ間違いなく, 今世紀のアメリカで最も人気のある作家である。 |
| **behold** [bihóuld] 1156 | 見る | このような神の知覚もまた観念であるが, そうなるとこの観念は, 人間の有限の心が見た現実から成り立っているということになる。 |
| **covenant** [kʌ́vənənt] 1157 | 盟約, 規約, 契約 | 1920年3月, 上院はヴェルサイユ条約と国際連盟規約の批准をともに拒んだ。 |

In 1974, Rowland and Molina proposed that chlorine from chlorofluorocarbons (CFCs) could **deplete** the ozone layer.

If the IMF was **akin** to a fire brigade, then the World Bank came to function as something of a global construction company.

The Russian historical tradition of **autocratic** government contrasted with the American emphasis on democracy.

Slavery in the United States, the nation that purportedly embodied equality for all, was an injustice of **colossal** proportions.

Within its **stronghold**, the small army was able to withstand a major attack.

One feels more **ardent** by kissing, more humble by kneeling and more angry by shaking one's fist.

These devastating physical effects come from the atomic bomb's **blast**, thermal radiation, and nuclear radiation.

We think of crimes as involving **culprits** and victims—that is, individuals who suffer some loss or injury as a result of a criminal act.

In American society, with its Judeo-Christian religious tradition, such **plural** marriage is not an acceptable family form.

Four **armored** Spanish cruisers steamed out of Santiago Bay and a few hours later were reduced to ruined hulks.

Hemingway is **arguably** the most popular American novelist of this century.

These perceptions of God are also ideas, and it follows that these ideas comprise the reality **beheld** in the finite human mind.

In March 1920, the Senate rejected both the Versailles Treaty and the League **Covenant**.

| 見出し語 | 番号 | 語義 | 例文の意味 |
|---|---|---|---|
| **lava** [láːvə] | 1158 | 溶岩 | 溶岩とは、地表に到達したマグマを指す名称である。 |
| **oppressive** [əprésiv] | 1159 | 抑圧的な, 暴虐的な, うっとおしい **名**oppression 圧制 | 労働者階級出身の若者は、情緒的な結びつきが抑圧的に感じられると簡単に家族から離れる傾向が強かった。 |
| **unpromising** [ʌnprámisiŋ] | 1160 | (成功の)見込みがない, 期待が持てない | 1830年には、イリノイ州のシカゴは、将来性もない、単に交易市場があるだけの村に過ぎなかった。 |
| **treason** [tríːzn] | 1161 | (国家に対する)反逆(罪), 裏切り **形**treasonous 背信の | 1964年、ネルソン・マンデラは国家反逆罪で裁判にかけられ、終身刑の判決を受けた。 |
| **hereditary** [hərédətèri] | 1162 | 遺伝性の, 世襲の, 先祖代々の | 新たな証拠によると、マヤ人は世襲貴族階級が支配する、複雑に階層化された社会を作っていたと推測できる。 |
| **disposition** [dìspəzíʃən] | 1163 | 気質, 性向, 傾向, 配置 **動**dispose 配列する, 処理する | 基本的な問題は、人間の行動が内面的な性向に起因するものか外部の状況によるものか、という点である。 |
| **jagged** [dʒǽgid] | 1164 | ぎざぎざの, 鋸の歯のような | サンフランシスコ周辺の地形――シエラネバダ山脈やぎざぎざの海岸線――は美しくまた雄大である。 |
| **paradigm** [pǽrədàim] | 1165 | 考え方の枠組み, パラダイム, 典型 | 心理学者は行動主義について、すべてを包括するような理論、つまりパラダイムではなく、問題の一端にすぎないと見なすようになった。 |
| **exacerbate** [igzǽsərbèit] | 1166 | 悪化させる, 憤激させる ≒ aggravate | 世界の北と南で消費傾向が甚だしく不均衡であることが、食料分配の不平等を悪化させている。 |
| **equate** [ikwéit] | 1167 | (…を)〜と同等と見なす, 同一視する **名**equation 方程式 | 戦争は他の動物種における縄張り意識や敵対行動と同様のものと見なしても良いかもしれない。 |
| **invariably** [invέəriəbli] | 1168 | いつも, 変わらず **形**invariable 一定の, 不変の | 地球環境問題が全体に関わるもので、ある地域に起きたことは必ず他の地域に影響する、ということは今日ではよく理解されている。 |
| **numerical** [njuːmérikəl] | 1169 | 数に関する, 数字による, 計算能力の | 知的障害を持つ人が、数の計算のような特殊な領域で極めて優れた能力を発揮することがある。 |
| **prone** [próun] | 1170 | 〜しがちである, をこうむりやすい | 強いストレスを感じている人は、そうでない人よりも身体的な病にかかりやすい。 |

**Lava** is the name for magma that reaches the surface.

The young person from the working classes broke away from the family more easily when emotional ties became **oppressive**.

In 1830, Chicago, Illinois, was merely an **unpromising** trading village with a fort.

In 1964 Nelson Mandella was tried for **treason**, and received a sentence of life imprisonment.

New evidence suggests that the Maya may have had a highly stratified society ruled by a **hereditary** aristocracy.

The basic question is whether people's actions are due to internal **dispositions** or external situations.

The land around San Francisco — the Sierra Nevada Mountains and the **jagged** seacoast — is lovely and majestic.

Psychologists came to view behaviorism not as an all-encompassing theory or **paradigm** but as only one piece of the puzzle.

Disparities in consumption patterns between the North and the South **exacerbate** the unequal distribution of food.

War may be **equated** with territoriality and antagonistic behavior in animal species.

Today we better understand global ecological issues as comprising a system: what happens to one area **invariably** affects the others.

A person with mental retardation may display remarkable abilities in some specialized area, such as **numerical** computation.

People who are experiencing severe stress are more **prone** to develop physical illnesses than people who are not.

# [院単]頻出1500語

| 見出し語 | Check | 意味 | ▼ 例文の意味 |
|---|---|---|---|
| **publicize** [pʌ́bləsàiz] 1171 | ☐ | 公にする, 宣伝する<br>名 publicity 宣伝, 広報 | 何百もの非政府組織が人権侵害を監視し, また公にするために必要な日常活動を行っている。 |
| **majestic** [mədʒéstik] 1172 | ☐ | 威厳のある, 雄大な<br>名 majesty 威厳, 王族 | ハックとジムは雄大なミシシッピー川を筏で下るが, 蒸気船にぶつかって沈み, 離ればなれになり, そして再会する。 |
| **underestimate** [ʌ̀ndəréstəmeit] 1173 | ☐ | 過小評価する<br>⇔ overestimate 過大評価する | ピアジェは生来の能力と, 教育や文化の影響を低く見積もっていると批判されてきた。 |
| **deploy** [diplɔ́i] 1174 | ☐ | (部隊を)配備する<br>名 deployment 配備, 展開 | 連合軍が勝利する直前の1918年10月までに, 175万人以上の兵からなる米陸軍がフランスに配備されていた。 |
| **unaware** [ʌ̀nəwéər] 1175 | ☐ | に気づかない, 無意識の<br>副 unawares 不意に | 私たちは自分の行為の本当の動機に気づいていないことがしばしばある, つまり自分の思考や行動を完全に制御していない。 |
| **stipulate** [stípjulèit] 1176 | ☐ | 規定する, 要求する<br>名 stipulation 規約 | 憲法では, もしどの候補者も過半数が取れなければ下院が決定を行う, と規定されている。 |
| **empathy** [émpəθi] 1177 | ☐ | 共感, 思いやり<br>動 empathize 感情移入する | 感情的知性には, 自分の情緒を知ってうまく扱ったり人を思いやる力, 他人との関係を維持し良好に保つ能力が含まれる。 |
| **potent** [póutnt] 1178 | ☐ | 強大な, 影響力のある<br>名 potency 勢力, 可能性 | 経済専門家の中には, 長期に及ぶ根深い貿易不均衡を是正するためにもっと強力な手段をもちいるべきだ, とする意見もある。 |
| **obsessive** [əbsésiv] 1179 | ☐ | 強迫観念に取り付かれた<br>名 obsession 妄想, 執念 | モンテフィオーレによれば, スターリンは他の政治家と同様に異常で, マルクス主義に合った完全に偏執的な性格の持ち主だった。 |
| **frenzy** [frénzi] 1180 | ☐ | 狂乱, 激高, 錯乱(状態)<br>形 frenzied 熱狂した | それは帝国主義の荒れ狂った時期で, ヨーロッパ列強は競ってアフリカを分割し, アジアへの影響力を争った。 |
| **piety** [páiəti] 1181 | ☐ | 敬虔さ, 忠誠心<br>形 pious 信心深い | 敬虔と謙遜を示すために, その王はサント・シャペル礼拝堂のステンドグラスには, 裸足で歩く姿が描かれている。 |
| **faulty** [fɔ́:lti] 1182 | ☐ | 欠陥のある, 誤った<br>名 fault 誤り | 認知療法では, 問題行動をもたらすような思考過程の欠陥と思い込みの重要性を強調する。 |
| **overt** [ouvə́:rt] 1183 | ☐ | 公然の, 明白な<br>⇔ covert 隠された | 日本人は, はっきりとした身振りで自分の感情をあからさまに示すことは, 弱さのしるしであると教えられてきた。 |

Hundreds of NGOs perform the daily work needed to monitor and **publicize** human rights abuses.

Huck and Jim float on a raft down the **majestic** Mississippi, but are sunk by a steamboat, separated, and later reunited.

Piaget has been criticized for **underestimating** abilities and educational and cultural influences.

By October 1918, on the eve of Allied victory, a U.S. army of over 1,750,000 soldiers had been **deployed** in France.

We are often **unaware** of our true motives and thus are not entirely in control of our thoughts and behavior.

The Constitution **stipulates** that if no candidate has a majority, the decision shall be made by the House of Representatives.

Emotional intelligence involves knowing and managing emotions, **empathy**, and maintaining satisfying relationships.

Some economists argue that more **potent** methods must be used to correct long-term and deep-seated trade imbalances.

Stalin was abnormal like most politicians, Montefiore says, with a totally **obsessive** character that fitted Marxism.

It was a period of imperialist **frenzy**, as European powers raced to carve up Africa and competed for influence in Asia.

The king is depicted in Sainte-Chapelle's stained glass walking barefoot to demonstrate his **piety** and humility.

Cognitive therapy emphasizes the importance of **faulty** thought processes and beliefs in the creation of problem behaviors.

The Japanese have learned that it is a sign of weakness to disclose too much of oneself by **overt** actions.

## [院単] 頻出1500語　　Check ▼例文の意味

| 見出し語 | 意味 | 例文の意味 |
|---|---|---|
| **stalemate** [stéilmèit] 1184 | 膠着状態, 手詰まり | この予期せぬ膠着状態にもかかわらず, 西部戦線では大量殺戮戦戦が本格化した。 |
| **ravage** [rǽvidʒ] 1185 | 荒廃させる, 略奪する, 破壊行為 | 天然痘は各村落を丸ごと荒廃に追いやり, アメリカ先住民の人口を激減させた。 |
| **prosecute** [prásikjùːt] 1186 | 告発する, 遂行する 图 prosecutor 検事, 経営者 | 60年代後半から若者たちは親の世代を告発し, ドイツの良心を改めて作りあげてきた。 |
| **forerunner** [fɔ́ːrrʌ̀nər] 1187 | さきがけ, 先駆者, 前兆 | 1234年, 中国軍は「火箭」を用いたが, これは現代のロケットの先駆だと見なされている。 |
| **impending** [impéndiŋ] 1188 | 差し迫った, 今にも起きそうな 動 impend 差し迫る | 悲観論者は, 目の前に迫っている破滅を避けるためには, 人類は根本から変わらなければならない, と信じている。 |
| **irreverent** [irévərənt] 1189 | 不敬な, 非礼な, 冷笑的な 图 irreverence 不敬 | いくらお金を積まれても, ギリシャ人たちは, そんな不敬なことをする気にはならないだろう。 |
| **homicide** [hámǝsàid] 1190 | 殺人(罪), 殺人犯 形 homicidal 殺人の | 合衆国における殺人発生率は, 平均して人口10万人あたり10.5人である。 |
| **paramount** [pǽrəmàunt] 1191 | 至上の, 最重要の, 傑出した | こうして英国の利害がインド統治において最重要のものとなった。 |
| **thwart** [θwɔ́ːrt] 1192 | 妨げる, 阻止する | 孤立状態は人間が普通に成長するのに必要な社会化の過程を妨げてしまう。 |
| **tangible** [tǽndʒəbl] 1193 | 実体のある, 触れることのできる, 具体的な | サービス産業は, 自動車とか冷蔵庫といったような手に触れることのできる物体を生産するわけではない。 |
| **symmetrical** [simétrikəl] 1194 | 左右対称の, 釣り合いの取れた 图 symmetry 対称 | 左右対称に建物を配した紫禁城の設計には, 古代中国における宇宙の調和に対する見方が反映されている。 |
| **oligarchy** [áləgàːrki] 1195 | 少数による独裁, 寡頭政治 | 指導者と一般国民の間に自由な意思疎通がなされている限りは, 少数による独裁は生まれにくい。 |
| **intrusion** [intrúːʒən] 1196 | 侵入, 介入, 押しつけ 形 intrusive 差し出がましい | その戦争が遠い国での複雑な内戦に対する不道徳で失敗した介入である, と強く非難する専門家の数はますます増えていった。 |

In the face of this unexpected **stalemate**, slaughter on the western front began in earnest.

Smallpox **ravaged** whole communities and caused a precipitous decline in the Native American population.

From the late 60s, young people **prosecuted** their parents' generation and reshaped the German conscience.

In 1243 A.D., Chinese armies used "arrows of flying fire" which are considered the **forerunners** of the modern rocket.

The pessimists believe that humanity must make drastic changes to avoid **impending** catastrophe.

No amount of money could tempt the Greeks to do such an **irreverent** thing.

The U.S. **homicide** rate averages 10.5 per 100,000 people in the population.

The interests of the British thus became **paramount** in the governance of India.

Isolation **thwarts** the socialization process necessary for normal human development.

Service industries do not produce **tangible** objects, such as automobiles or refrigerators.

In its **symmetrical** arrangement, the plan of the Forbidden City reflects ancient Chinese beliefs about the harmony of the universe.

As long as there is open communication between the leaders and the rank and file, an **oligarchy** cannot develop easily.

A growing number of critics denounced the war as an immoral and unsuccessful **intrusion** into a complex and distant civil war.

[院単] 頻出1500語　Check

▼ 例文の意味

## enclave
[énkleiv] 1197
少数民族の居住地, 飛び領土

たいていは**少数民族の居住地**内にあるのだが, 市内には非常に多様な民族料理店が点在している。

## simulate
[símjulèit] 1198
シミュレーションをする, 真似る, の振りをする
形 simulative 真似る

地図とは現実の姿を**そのまま写す**ものだから, それを描くのは単純で簡単な作業のように見えるかもしれない。

## fulfillment
[fulfílmənt] 1199
実現, 達成, 満足感
動 fulfill 成就する, 満足させる

謎めいた主人公であるジェイ・ギャツビーは, 個人的な**満足**と愛を得ようとすれば, その成功の代償が途方もないものとなることに気づく。

## void
[vɔ́id] 1200
真空, 空白状態, 空虚な, 無効の

日本は急速に近代化を進め, ロシアと中国の政府が弱体であるためにできたアジアでの影響力の**空白**を埋めようとした。

## preclude
[priklú:d] 1201
妨げる, 不可能にする, 除く
名 preclusion 除外

ヒトラーの急襲をはねのけてから, 彼らは二度とこのような攻撃が**できないようにしよう**と決意した。

## discursive
[diskə́:rsiv] 1202
散漫な, とりとめのない

普通の**漫然とした**文章の場合と文学テクストの場合では, 文体や形式や技法は異なった役割を果たす。

## diagnose
[dáiəgnòus] 1203
診断する, 原因をつきとめる
名 diagnosis 診断

臨床心理学とカウンセリング心理学は心的障害の**診断**と治療を専門とする。

## poignant
[pɔ́injənt] 1204
辛らつな, 痛切な
名 poignancy 辛らつさ, 痛切さ

ニューヨーク派の作家たちは, まず何よりも都会的で, 粋で, 宗教的関心は薄く, **辛らつなまでに**洗練された機知に富んでいる。

## subsistence
[səbsístəns] 1205
生活手段, 生存, ぎりぎりの生活
動 subsist 生計をたてる

人間が狩猟採集社会の状態で暮らしてきた期間は, 他のどの**生活**手段による場合よりも長い。

## lavish
[lǽviʃ] 1206
ぜいたくな, たっぷりとした, 過剰の

**豪華すぎる**公共建築とごみごみしたあばら屋がごちゃ混ぜになっていた。

## unconvincing
[ʌ̀nkənvínsiŋ] 1207
説得力のない, 疑わしい

そのような**説得力のない**データから引き出されたのでは, 逸脱や犯罪行動の理論として有効なものにはなりえない。

## gland
[glǽnd] 1208
腺, 分泌腺

これらの**体腺**には白い状の毒素が入っていて, ヒキガエルは危険を感じるとそれを分泌する場合がある。

## unanimously
[juːnǽnəməsli] 1209
全員一致で, 何の反対もなく
名 unanimity 合意, 一致

誰もが予想したとおり, ジョージ・ワシントンが**全会一致**で初代大統領に選出された。

A rich diversity of ethnic restaurants, many found within ethnic **enclaves**, dot the city.

Since maps aim to **simulate** reality, the drawing of maps may seem simple and straightforward.

The protagonist, the mysterious Jay Gatsby, discovers the devastating cost of success in terms of personal **fulfillment** and love.

Japan began to modernize quickly and sought to fill an Asian power **void** left by weak governments in Russia and China.

Having repelled Hitler's thrust, they were determined to **preclude** another such attack.

Style, form, and technique play roles in literary texts that are different from the roles they play in ordinary **discursive** texts.

Clinical and counseling psychology specializes in **diagnosing** and treating psychological disorders.

The writers of the New York School are quintessentially urban, cool, nonreligious, witty with a **poignant** sophistication.

Humans spent much longer living under the conditions of hunting and gathering societies than in any other means of **subsistence**.

**Lavish** public buildings and squalid hovels were jumbled together.

No valid theory of deviant and criminal behavior can be devised around such **unconvincing** data.

These **glands** hold a white, milky toxin that the toad can excrete when threatened.

To no one's surprise, George Washington was **unanimously** elected the first president.

# [院単] 頻出1500語

| 見出し語 | 意味 | 例文の意味 |
|---|---|---|
| **precursor** [prikə́ːrsər] 1210 | 先駆(者), 先行者, 前兆<br>形 precursory, precursive 先駆の | アウグスティヌスの著作は、単に心理学の**先駆**であったばかりか、小説の発展にも寄与するところがあった。 |
| **veneration** [vènəréiʃən] 1211 | 尊敬<br>動 venerate 尊敬する, あがめる | イスラム教では、神には実体がなく、いたるところに遍在していると教え、いかなる偶像**崇拝**も禁止している。 |
| **nonexistent** [nànigzístənt] 1212 | 存在しない<br>名 nonexistence 不在, 無 | その調査結果を詳細に検討すると、数学と言語能力における男女差は実質的には**存在しない**ことがわかる。 |
| **takeover** [téikòuvər] 1213 | 奪取, 引継ぎ, 接収 | 共産主義による**政権奪取**にはほど遠かった国ですら、社会的には大きな革命が起きたのである。 |
| **edible** [édəbl] 1214 | 食べることができる<br>名 edibility 食用に適すること | 今日では、**食用になる**種が食用にならない種を装う行為は、ベーツ擬態と呼ばれている。 |
| **discontinuous** [dìskəntínjuəs] 1215 | 断続的な<br>名 discontinuity 断続, 切れ目 | より暖かい地域では、凍結土のところどころに非凍結土も点在しており、永久凍土層は**断続的に**なっている。 |
| **median** [míːdiən] 1216 | 中央値の, 中線, 中間にある | 社会学者が用いる平均には、平均値、**中央値**、最頻値の異なった3種類がある。 |
| **incise** [insáiz] 1217 | 彫刻する, 刻み入れる, 切開する<br>名 incision 切開, 切り込み | 円筒印章は堅い石、場合によっては準宝石を用いて作られ、その表面に図案を**彫り入れ**る。 |
| **redeem** [ridíːm] 1218 | 償う, 埋め合わせる, 回復する<br>名 redemption 救出, 償還 | イエスが人類の**罪を償い**、マリアが大きな悲しみを味わうことは予言されている。 |
| **synthesis** [sínθəsis] 1219 | 統合(体), 総合<br>動 synthesize 総合する, 合成する | 古い価値と新しい価値の間で何らかの**総合**をはかろうとした思想家が、当然のことだが大勢いた。 |
| **fugitive** [fjúːdʒətiv] 1220 | 逃亡者, 亡命者, 逃亡中の | イスラエルは多くのユダヤ人を国民とすることから道義的責任を認め、**逃亡している**ナチス戦犯の捜索に乗り出した。 |
| **monologue** [mánəlɔ̀ːg] 1221 | 独白, 一人芝居, 長いおしゃべり | 『ジェイコブの部屋』(1922年)という小説で、ヴァージニア・ウルフは内的**独白**をつなげる形で構成した。 |
| **repeal** [ripíːl] 1222 | 取り消す, 撤回する, 撤廃 | 1890年に反社会主義法が**撤廃されるまで**、ドイツの組合は社会主義者の同盟だとして政府からしばしば弾圧された。 |

Augustine's work served not only as a **precursor** to psychology, but also contributed to the development of the novel.

Islam teaches the all-pervading immateriality of God and bans any **veneration** of images.

Close examination of the research indicates that gender differences in math and verbal ability may be virtually **nonexistent**.

Even in the countries where a communist **takeover** never came close to occurring, society experienced a great revolution.

Today, the imitation of an inedible species by an **edible** one is called Batesian mimicry.

In warmer areas, the permafrost is **discontinuous**, with areas of frozen ground interspersed with unfrozen soil.

There are three different types of averages used by sociologists: the mean, the **median**, and the mode.

Cylinder seals were made of hard and sometimes semi-precious stones with designs **incised** into the surface.

It is prophesied that Jesus will **redeem** humankind and that Mary will suffer great sorrow.

There were naturally many thinkers who wanted to build some kind of **synthesis** between the old values and the new.

Israel felt a moral commitment because of its large Jewish population and set about searching for the **fugitive** Nazi war criminals.

In *Jacob's Room* (1922), Virginia Woolf turned the novel into a series of internal **monologues**.

Until the antisocialist law was **repealed** in 1890, German unions were often harassed by the government as socialist fronts.

| [院単]頻出1500語 | Check | | ▼例文の意味 |
|---|---|---|---|
| **encircle** [insə́ːrkl] 1223 | ☐☐ | 取り巻く, 包囲する | ミュケナイの宮殿の周りには巨石でできた壁が取り巻き, そこに巨大な門と一つ二つ秘密の緊急出口が付けられていた。 |
| **lengthy** [léŋkθi] 1224 | ☐☐ | 長ったらしい, 長期に及ぶ 名length 長さ, 期間 | 韓国と中国は農業国で, それまで非常に長い間植民地支配を受けていた。 |
| **vexing** [véksiŋ] 1225 | ☐☐ | 悩ませるような, 困らせる, いらだたせる 動vex 悩ませる | どうにも悩んでしまうような問題には, 単純な解答で間に合うことはまずない。 |
| **dualistic** [djùːəlístik] 1226 | ☐☐ | 二元論の, 二重の 名dualism 二元論 | 特に, デリダは文字通りの意味を持つ言語と隠喩的な言語との間に二元論的な区別を立てることを否定している。 |
| **epistemological** [ipìstəməládʒikl] 1227 | ☐☐ | 認識論の, 認識論的な 名epistemology 認識論 | 非常に多くの人が著作を通じ, 西洋の認識論的な伝統に対して, その権威性を暴くような同様の非難をしてきた。 |
| **disobedience** [dìsəbíːdiəns] 1228 | ☐☐ | 反抗, 不服従 | 他の人間が従う中でソクラテスは市民としての抵抗を行い, 不正な審理に加わることを拒絶した。 |
| **translucent** [trænslúːsnt] 1229 | ☐☐ | 半透明の 名translucency 透光性 | このように丁寧に何度も絵の具を塗り重ねることによって, 最後には半透明の色になった。 |
| **haven** [héivən] 1230 | ☐☐ | 避難所, 安息の地 | アメリカは迫害をうけたものの避難場所であると信じて, ジェファーソンは自由移民帰化法の制定を推進した。 |
| **diffuse** [difjúːz] 1231 | ☐☐ | 広がる, 普及する 名diffusion 拡散, 普及 | モカシン(=鹿皮の靴)はアメリカの先住民文化からアメリカ産業社会に広まった際に再認識された文化特性である。 |
| **siege** [síːdʒ] 1232 | ☐☐ | 包囲攻撃, 包囲 | メネラオス王と兄のミュケナイ王アガメムノンはトロイの攻囲でギリシャの部隊を率いた。 |
| **methodological** [mèθədəládʒikl] 1233 | ☐☐ | 方法の, 方法論的な 名methodology 方法論, やり方 | フーコーの研究は, 新歴史主義の展開において主題的にも, また方法論的にも影響を及ぼしている。 |
| **predator** [prédətər] 1234 | ☐☐ | 捕食動物, 略奪者 名predation 略奪, 捕食(関係) | 木になる果実や木の実は, 捕食動物から身を守るために硬い殻をつけるように進化したものが多い。 |
| **prefigure** [prifígjər] 1235 | ☐☐ | 前もって示す, 予想する 形prefigurative 予示する | ポーの書いた物語の多くは, 今日人気のあるSF小説や恐怖小説, また幻想小説のジャンルを予示するものである。 |

Megalithic walls, broken by a monumental entrance and one or two secret emergency exits, **encircled** the Mycenaean palaces.

South Korea and China were agricultural societies that had suffered through **lengthy** periods of colonial domination.

Simple answers to **vexing** dilemmas seldom prove sufficient.

In particular, Derrida denies a **dualistic** distinction between literal and metaphorical language.

Numerous authors have launched similar demystifying assaults against the **epistemological** tradition in the West.

While the other men obeyed, Socrates exercised civil **disobedience** and refused to be a part of these nefarious proceedings.

The successive layering of these meticulously applied paints produced the final, **translucent** colors.

Believing America to be a **haven** for the oppressed, Jefferson urged a liberal naturalization law.

Moccasins are one cultural trait that was reformulated when it **diffused** from Native American culture to industrial America.

King Menelaus and his brother King Agamemnon of Mycenae led the Greek troops in a **siege** of Troy.

Foucault's work has exerted a thematic and **methodological** influence on the development of the new historicism.

The fruits and nuts from many trees have evolved with a tough shell to protect them from **predators**.

Many of Poe's stories **prefigure** the genres of science fiction, horror, and fantasy so popular today.

| 見出し語 | 意味 | 例文の意味 |
|---|---|---|
| **smuggle** [smʌ́gl] 1236 | 密輸入[出]する, こっそり持ち込む[持ち去る] | アヘンは英国支配下のインドで合法的に栽培され, 快速船と買収された官吏によって中国に**密輸入された**。 |
| **involuntary** [inváləntèri] 1237 | **無意識の**, 不本意の 副 involuntarily 心ならずも | 古典的条件付けには, 学習反射, つまり通常ならば反応を起こさないような刺激に対して**無意識に**反応してしまうこと, が含まれている。 |
| **upcoming** [ʌ́pkʌ̀miŋ] 1238 | もうすぐやってくる, **次回の**, 近づいている | 連邦予算では今後予測される歳入の分析と, **次年度の**詳細な歳出計画が提示される。 |
| **weld** [wéld] 1239 | 溶接する, 結合する, **統一する** | 数世紀の間に, ナイル川沿いに散在していた村々は現人神であるファラオのもとに**統一され**1つの王国となった。 |
| **parchment** [pɑ́ːrtʃmənt] 1240 | 羊皮紙, **羊皮紙に書かれた文書** | 町の裁判所であっても, **文書**に書かれた言葉よりも生身の人間の証言のほうが信憑性がある, というのが法的な通念であった。 |
| **plunder** [plʌ́ndər] 1241 | 略奪, **略奪する**, 横領品 | もし国家が征服された場合は, 農地も村も一時的には荒らされ, **略奪**と強姦がなされるだろう。 |
| **incompatible** [ìnkəmpǽtəbl] 1242 | 両立できない, 矛盾する, 互換性がない | 役割葛藤は, 1人の人間が互いに相反するような職務や, **両立不可能な**目標を遂行しなければならない場合に起きる。 |
| **repertoire** [répərtwɑ̀ːr] 1243 | レパートリー, 全範囲, 持ち合わせているすべて | 私たちが示す**様々な身振り**の大半は, 祖先から受け継がれてきたものである。 |
| **ascribe ~ to ...** [əskráib] 1244 | ~を…のせいにする 名 ascription 起因 | 帝国を運営する英国人の能力は, 1つにはスポーツで養われた行動力と常識に**因るもの**だとされた。 |
| **cornerstone** [kɔ́ːrnərstòun] 1245 | **基礎**, 拠り所 | 「神は全能である」ということが教会が誕生した最初期からずっとキリスト教神学の**要**になっている。 |
| **royalty** [rɔ́iəlti] 1246 | 王族, 王族の一員, 王権 形 royal 国王の, 王家の | 14世紀までには法王庁の中央権力も各地の**王族**の力も弱体化しはじめていた。 |
| **dinosaur** [dáinəsɔ̀ːr] 1247 | 恐竜 | dinosaur(**恐竜**)という言葉は, ギリシャ語で「恐ろしい」という意味のdinosと, 「トカゲ」を意味するsarosから作られた。 |
| **destined** [déstind] 1248 | 運命づけられた, **という運命にある** 動 destine 運命づける | アメリカ独立という偉業は, 多くの人にとってアメリカとその国民が偉大になる**運命にある**という神意の現れであるように思われた。 |

Grown legally in British-occupied India, opium was **smuggled** into China by means of fast ships and bribed officials.

Classical conditioning involves learning reflexive, **involuntary** responses to stimuli that do not normally cause such responses.

The federal budget provides an analysis of expected future income and a detailed plan of spending for the **upcoming** year.

Within a few centuries, the scattered villages along the Nile were **welded** into a single kingdom under a pharaoh, the living god.

It was a legal commonplace, even in town courts, that a live witness deserved more credence than words on **parchment**.

If their state was conquered, this might mean temporary devastation of fields and villages, **plunder** and rape.

Role conflict occurs when a person is expected to fulfill conflicting job duties or **incompatible** goals.

Much of our **gestural repertoire** has been inherited from our ancestors.

The British ability to run an empire was **ascribed** in part to energy and common sense derived from games.

"God is all-powerful" has been a **cornerstone** of Christian theology since the early centuries of the Church.

By the fourteenth century, both papal central authority and the power of local **royalty** began weakening.

The word "**dinosaur**" comes from the Greek words dinos, meaning terrible, and saros, meaning lizard.

The triumph of American independence seemed to many a divine sign that America and her people were **destined** for greatness.

| 見出し語 | 意味 | 例文の意味 |
|---|---|---|
| **volatile** [vάlətl] 1249 | 怒りっぽい, 気まぐれな, 絶えず変わる 名volatility 不安定 | 人々がより貪欲になるにつれて, 階級格差はよりあらわになり, 爆発の危険をはらむものとなった。 |
| **questionnaire** [kwèstʃənéər] 1250 | アンケート, 質問(表) | あらかじめ質問表を作り, 厳密にそれに従って行うようすべて決められているようなインタビュー調査を, 構成的インタビューという。 |
| **memorable** [mémərəbl] 1251 | 覚えやすい, 印象的な, 忘れられない | ある行動が印象に残るものでなければ, それが学習されることはないだろう。 |
| **distract** [distrǽkt] 1252 | 気をそらす, 心を乱す 名distraction 気をそらすもの | 親たちが夫婦間や仕事の問題で苦労している場合, 十代の子供は緊張を感じて親の気をそらせようとする場合がある。 |
| **resultant** [rizʌ́ltənt] 1253 | 結果として得られた, に伴う | 温室効果とその結果の地球温暖化は2050年までに海面を5フィート上昇させる可能性がある。 |
| **misdemeanor** [mìsdimíːnər] 1254 | 軽犯罪, 不品行 ↔felony 重罪 | 下級下審法廷は, 通常は軽犯罪やささいな違反を審理するために設けられている。 |
| **skeleton** [skélətn] 1255 | 骨格, 骸骨, 骨組 | 化石の大きさは顕微鏡的構造体から恐竜の骨格や巨大な動物の完全体まで実に様々である。 |
| **recipient** [risípiənt] 1256 | 受け手, 受信者, 受容体 名recipience 受領 | 合衆国初期においては, 郵便料は受取人が払い, 料金は郵送元からの距離によって異なった。 |
| **complicity** [kəmplísəti] 1257 | 共犯, 共謀 形complicit 共謀した | 彼女らは, アメリカにおける文学上のキャノン(=重要作品)と白人による文化支配との伝統的な共謀関係を強調した。 |
| **capitulate** [kəpítʃulèit] 1258 | 降伏する, 抵抗をやめる 名capitulation 降伏 | 法案を通すために必要な数だけ新しい貴族を創ると国王が脅すと, 貴族たちは, 1832年の時と同様, 最後には屈服した。 |
| **perpetuate** [pərpétʃuèit] 1259 | 永続化する, 不滅にする 名perpetuation 永久化 | 急進派は, フランスが「新植民地主義」によってヨーロッパの経済支配を限りなく永続化しようとしている, として非難した。 |
| **intimidate** [intímədèit] 1260 | 脅かす, 威圧する, おびえさせる 形intimidating 威嚇的な | クー・クラックス・クランは黒人を脅して, 黒人が権利を行使するのを妨げた。 |
| **ponder** [pάndər] 1261 | じっくり深く考える 形ponderable 考慮に価する | 孔子やプラトンのような古代の本格的な思想家は, みな理想的社会, ユートピア社会の本質について, 深く考察している。 |

As people grew more greedy, class divisions became more apparent and quite **volatile**.

A research interview entirely predetermined by a **questionnaire** that is followed rigidly is called a structured interview.

If a behavior isn't **memorable**, it won't be learned.

When parents are struggling over marital or career problems, teens may feel the tension and try to **distract** their parents.

The greenhouse effect, and **resultant** global warming will possibly lead to sea levels rising by five feet before the year 2050.

Lower trial courts exist for the most part to try **misdemeanors** and petty offenses.

Fossils range in size from microscopic structures to dinosaur **skeletons** and complete bodies of enormous animals.

In the early days of the United States, postal charges were paid by the **recipient**, and charges varied with the distance carried.

They laid stress on the traditional **complicity** between the literary canon and white cultural dominance in America.

The Lords finally **capitulated**, as they had done in 1832, when the King threatened to create enough new peers to pass the bill.

Radicals charged France with "neocolonialism," designed to **perpetuate** European economic domination indefinitely.

The Ku Klux Klan **intimidated** blacks and prevented them from exercising their rights.

Serious ancient thinkers like Confucius and Plato, all **pondered** the essential qualities of ideal, or utopian, societies.

# [院単]頻出1500語

| 見出し語 | 意味 | 例文の意味 |
|---|---|---|
| **synthetic** [sinθétik] 1262 | 合成の, 統合的な / 動 synthesize 総合する, 合成する | 合成洗剤だけで洗濯をするとあまりにも多くの洗剤が必要となり, 洗濯1回分の費用は相当かさむことになる。 |
| **setback** [sétbæk] 1263 | 後退, 敗北, 挫折, 逆行 | イランの核保有の野心にもかかわらず両国の関係改善に向けて努力を重ねてきた外務大臣にとってこれは敗北であった。 |
| **sulfur** [sʌ́lfər] 1264 | 硫黄 / 形 sulfuric 硫黄の | これら化石燃料から出る最も一般的な副生成物は硫黄と窒素化合物である。 |
| **scar** [skáːr] 1265 | を傷つける, 損なう, 傷(跡) | 酸性雨は広葉樹林の葉を傷め, シダやコケ類を枯らし, 針葉樹の葉の寿命を縮める可能性がある。 |
| **permissive** [pərmísiv] 1266 | 甘い, 自由放任の, 寛大な / 形 permissible 許容できる | 事実, 戦後の西洋社会には, 科学技術重視, 裕福, 福祉重視, 寛容, このすべてがあてはまった。 |
| **drawback** [drɔ́ːbæk] 1267 | 欠点, 障害 | 自然観察と同様, 事例研究は貴重な知見を与えてくれる一方で, 重大な欠点を持っている可能性もある。 |
| **exuberant** [igzúːbərənt] 1268 | 活力に溢れた, 熱狂的な, 生い茂る / 名 exuberance 横溢, 繁茂 | 思想的にも文化的にも, 熱狂的なロマン主義は1840年代には冷静なリアリズムにその座を譲ることになった。 |
| **enraged** [inréidʒid] 1269 | 激怒した / 動 enrage 激怒させる | 次第に国際社会の怒りは膨れ上がり, ボスニアに対し経済制裁と飛行禁止区域設定で応報することになった。 |
| **overview** [óuvərvjùː] 1270 | 概観, ざっと見ること | 実際の詩は精密な読み方をすれば, さっと目を通したときに感じるよりも, 遥かに多くのものをもたらしてくれる。 |
| **coexistence** [kòuigzístəns] 1271 | 共存, 共生 / 動 coexist 共存する | 資本主義との「平和的共存」は可能であり, 大規模な戦争は不可避ではない, とフルシチョフは主張した。 |
| **disparity** [dispǽrəti] 1272 | 格差, 不一致 / 形 disparate 本質的に異なる | 収入に非常に大きな格差が生じてきたことによって, ほうぼうで活発な議論がなされるようになった。 |
| **connotation** [kànətéiʃən] 1273 | 言外の意味, 含意, 内包 / 動 connote 言外に意味する | 小説内の言語は特定の社会的政治的な意味合いも含んでおり, それぞれの言語が1つの世界観全体を示している。 |
| **disability** [dìsəbíləti] 1274 | (身体的・精神的)障害, 無能 / 動 disable 身体障害にする | 情緒障害のある子供と学習障害を持つ子供は, 集団テストよりも個人テストにおいて良い成績を残すことが多い。 |

Washing only with **synthetic** detergents would require so much detergent that the cost per wash would increase significantly.

This was a **setback** for the Foreign Secretary who had worked hard to improve ties despite Iran's nuclear ambitions.

The most common of these fossil fuel by-products are **sulfur** and nitrogen compounds.

Acid rain can **scar** the leaves of hardwood forests, wither ferns and lichens, and accelerate the death of coniferous needles.

In fact, Western society in the postwar era was all of these: technocratic, affluent, welfare-oriented, and **permissive**.

Like naturalistic observation, case studies can provide valuable insights but also have significant **drawbacks**.

In thought and culture, **exuberant** romanticism gave way to hardheaded realism in the 1840s.

Gradually, the world community became **enraged** and responded with economic sanctions and no-fly zones over Bosnia.

Indeed this poem yields far more on sophisticated reading than we might ever suspect from a quick **overview** of it.

"Peaceful **coexistence**" with capitalism was possible, Krushchev argued, and great wars were not inevitable.

The rise of these enormous income **disparities** has generated a great deal of debate.

The languages in a novel have specific sociopolitical **connotations** as well, each language representing an entire world view.

Emotionally disturbed children and children with learning **disabilities** often do better on individual tests than on group tests.

| 見出し語 | 意味 | 例文の意味 |
|---|---|---|
| **disdain** [disdéin] 1275 | 軽蔑, 軽蔑する, 軽視, 軽視する | 女性というと肉体を連想するのは, 人間の肉体の動物的な側面に対する軽蔑の現れである。 |
| **fable** [féibl] 1276 | 寓話, 作り話<br>形 fabular 寓話的な | 青年期の自己中心性には, 個人寓話と架空の聞き手, という2つの特徴があり, それが社会的相互関係に影響する場合がある。 |
| **engender** [indʒéndər] 1277 | (感情や状態を) 引き起こす, 生む | 全体的には, これらの災害はアメリカ人の自信を揺るがし, 疑念を生むことになった。 |
| **implausible** [implɔ́:zəbl] 1278 | あり得そうもない, 信じがたい<br>⇔ plausible もっともらしい | 全能の神がこんなに邪悪に満ちた世界を創ることしかできなかったとはちょっと考えがたいものがある。 |
| **solitude** [sálətjù:d] 1279 | 孤独(感), 孤独な生活 | 底知れぬ孤独感と絶望がその敗北した将軍を襲った。 |
| **ineffective** [ìniféktiv] 1280 | 効果のない, 無力な, 役に立たない | そのような状況では, ヒトのクローニングを禁止しても効果がないばかりか, 逆効果を招く可能性が高い。 |
| **prototype** [próutətàip] 1281 | 原型, 見本, 典型<br>形 prototypical 原型となる | ダーウィンは今日で言う適応放散によって, 共通の原始型から生命が分岐することを確認した。 |
| **devoid** [divɔ́id] 1282 | 欠けている, 〜のない | 大気汚染は国境などお構いなしなので, カナダでは酸性化した1万以上の湖に魚が全くいないということだ。 |
| **feasible** [fí:zəbl] 1283 | 実現[達成]可能な<br>名 feasibility 実現可能性 | 堆肥化は環境にもよく, 技術的にも経済面からも実行可能であり, 地域の廃棄物処理の必要を満たすものである。 |
| **superb** [supə́:rb] 1284 | 最高の, 非常にすばらしい | チャンドラーによるその市の描写はそれだけで作品に奥行きを与え, 登場人物に最高の背景を作り上げている。 |
| **antibiotic** [æntaibaiátik] 1285 | 抗生物質(の)<br>名 antibiosis 抗生作用 | 治療法に確信の持てない病気に対しては, 内科医はしばしば抗生物質を処方するものだ。 |
| **weird** [wíərd] 1286 | 奇妙な, 異様な, 気味の悪い<br>副 weirdly 気味悪く | テネシー・ウィリアムズは呪文のような繰り返しと, 詩的な南部の言葉遣い, そして不気味なゴシック風の状況設定で知られていた。 |
| **equilibrium** [ì:kwəlíbriəm] 1287 | 均衡, 平衡, 心の落ち着き | 同様に, 健康とは体内のホメオスタシス, つまり私たちの中で拮抗する諸作用の平衡状態のことである。 |

This association of women with the flesh reflects a **disdain** for the animality of human corporeality.

Adolescent egocentrism has two characteristics, personal **fable** and imaginary audience, that may affect social interactions.

Taken collectively, these disasters shook America's confidence in itself and **engendered** mistrust.

It is **implausible** to suppose that an all-powerful God could not do better than make a world with this much evil in it.

A huge **solitude** and despair seized the defeated general.

Under those circumstances, a ban on human cloning would not only be **ineffective** but also most likely counterproductive.

Darwin recognized that life branched out from a common **prototype** in what is now called adaptive radiation.

Since air pollution does not respect national boundaries, more than 10,000 acidified Canadian lakes are reportedly **devoid** of fish.

Composting is environmentally sound, technically and economically **feasible** and meets local waste management needs.

Chandler's portraits of the city itself gave dimension to his books, **superb** background for his characters.

Physicians unsure of how to treat some diseases often write prescriptions for **antibiotics**.

Tennessee Williams was known for incantatory repetitions, a poetic southern diction, and **weird** Gothic settings.

Similarly, health is an inner homeostasis, an **equilibrium** of opposing forces within us.

| 見出し語 | 発音 | No. | 意味 | 例文の意味 |
|---|---|---|---|---|
| **necessitate** | [nəsésətèit] | 1288 | を必要とする, 余儀なくさせる / 名 necessity 必要(性) | どの人間にも共通する欲求が存在すると, その欲求を満たすような制度を作る**必要が生じる**。 |
| **conjure** | [kándʒər] | 1289 | を思い起こす, 魔法で呼び出す | ナルシシストというと私たちは自分のことしか愛せなかった神話の人物ナルキッソスの姿を**思い起こす**。 |
| **martial** | [máːrʃəl] | 1290 | 好戦的な, 軍の, 勇ましい / 名 martialism 武勇の精神 | 日本とドイツでは, ともに1930年代には**武力を重んじる**伝統が暴走をはじめ, とうとう攻撃的な国家社会主義に行き着いてしまった。 |
| **summon** | [sámən] | 1291 | (裁判所などに)召喚する, 命令する, 要求する | 人間と同様, 法人も税を納め, また訴訟があれば法廷に**召喚される**。 |
| **be predisposed to** | [prìdispóuzd] | 1292 | 〜しやすい, 被りやすい | 人間は, 人種というものが現れる前から, 内集団と外集団をはっきりと区別する**傾向があった**。 |
| **ferment** | [fə́ːrment] | 1293 | (政治, 社会の)動揺, 騒乱, 興奮 | 非スターリン化の動きは文化のうえでの自由を渇望していた作家や知識人の間に大変な**興奮**を巻き起こした。 |
| **utilize** | [júːtəlàiz] | 1294 | 活用する, 役立てる / 名 utilization 活用, 利用 | フィッシュは詩人が詩の慣習的な技法を**用いて**いかにして効果をあげているか, という点をかなり重視している。 |
| **transcribe** | [trænskráib] | 1295 | 書き写す, 書き直す / 名 transcript 写し | フィレンツェではコジモ・デ・メディチが45人の写字生を雇い, 忙しく写本を**書き写させていた**。 |
| **breach** | [bríːtʃ] | 1296 | 違反, 不履行, 侵害 | 平和への脅威や平和に対する**侵害**が生じた場合, 決定権を持つのは安全保障理事会の理事国である。 |
| **mint** | [mínt] | 1297 | (貨幣を)鋳造する, 造幣局 | ペルシャ人はリュディア人から標準的な重さの通貨を**鋳造すること**を学んだ。 |
| **differential** | [dìfərénʃəl] | 1298 | 区別をつける, 格差のある | 他の技能を獲得する能力には**差がある**にもかかわらず, たいていの子供はほぼ自動的に言語を獲得するように見える。 |
| **hitherto** | [híðərtùː] | 1299 | 今までは, これまでのところは | マルクスは, **これまでに**存在したすべての社会の歴史は, 階級闘争の歴史である, と述べている。 |
| **everlasting** | [èvərlǽstiŋ] | 1300 | 永遠の, 延々と続く | もっと広い意味としては, キリストの死と復活の物語は, 本当の信者を待っている**永遠の**生を象徴していたのである。 |

The existence of universal human needs **necessitates** the creation of institutions to meet those needs.

The narcissist **conjures** in us images of the mythological character Narcissus who could only love himself.

Japan and Germany both witnessed **martial** traditions gone haywire in the 1930s, culminating in aggressive state socialism.

Like you and me, a corporation pays taxes and can be **summoned** into court for a lawsuit.

Humans **were predisposed to** make sharp distinctions between in-group and out-group before there were any races at all.

DeStalinization created great **ferment** among writers and intellectuals, who hungered for cultural freedom.

Fish places considerable emphasis on the ways poets **utilize** poetic conventions to achieve their effects.

In Florence, Cosimo de' Medici kept forty-five copyists busy **transcribing** manuscripts.

It is for the members of the Security Council to determine when a threat to peace or a **breach** of peace has occurred.

The Persians learned from the Lydians to **mint** coins in standard weights.

Most children seem to acquire language almost automatically, regardless of **differential** abilities in acquiring other skills.

Marx argues that the history of all **hitherto** existing society is the history of class struggles.

In a larger sense, the story of Christ's death and resurrection symbolized the **everlasting** life awaiting true believers.

[院単] 頻出1500語　Check ▼例文の意味

## mundane
[mʌndéin]　1301
- ありふれた, 平凡な, 日常の
- 副 mundanely 平凡に

最もありふれたビーズでさえも非常に遠くまで運ばれて, 様々な人間の生活の場に現れたのかもしれない。

## pro
[próu]　1302
- 賛成
- ↔ con 反対

リチャード・ローティは「ある命題について賛否を検証することが, 面白い哲学となる場合はまずない」と書いている。

## saturate
[sǽtʃərèit]　1303
- 染み込ませる, 浸す, で満たす
- 名 saturation 飽和

抽象的な理念から岩のかけらに至るまで, あらゆるものが時間の刻印を押されており, また時の流れに浸されている。

## burglary
[bə́ːrgləri]　1304
- 住居侵入窃盗, 押し込み
- 名 burglar 泥棒

暴力を伴わない犯罪のうち, 最も件数の多いのは住居侵入窃盗, 自動車盗, 及び窃盗である。

## birthrate
[bə́ːrθrèit]　1305
- 出生率, 出産率

出生率は19世紀に低下したが, もっぱら生活水準が向上したおかげで, 同時に死亡率も低下した。

## staple
[stéipl]　1306
- 主要な, 基本的な, 主要産物, 基本食品

中近東の主要作物はもう少し後にならないと中国には現れなかった。

## foraging
[fɔ́ːridʒiŋ]　1307
- 狩猟採集(の)
- 動 forage (食料を)探す

カホキアのような都市は, 狩猟や採集, 交易や農業など幾つかの方法を組み合わせることで食料や生活必需品を得ていた。

## preliminary
[prilímənèri]　1308
- 準備の, 準備段階
- 副 preliminarily 前もって

1898年スペインはキューバを合衆国に譲渡し, 合衆国はキューバ独立の前段階として一時的にその島を占有した。

## purify
[pjúərəfài]　1309
- 浄化する, 汚れをとる
- 名 purification 浄化, 精製

ピタゴラスは, 知識(もしくは科学)と音楽が魂を浄化し, 体育と医学が体を清めると考えた。

## mercantile
[mə́ːrkəntìːl]　1310
- 商業の, 貿易の
- 名 mercantilism 重商主義

アレグザンダー・ハミルトンの率いる連邦主義者たちは, 海港に関わる都市部の商人たちの利益を代表していた。

## incredibly
[inkrédəbli]　1311
- 信じられないほど, 途方もなく
- 形 incredible 信じがたい

発話において行われる途方もなく複雑な論理操作は, ほとんどすべて意識からは隠されている。

## mystic
[místik]　1312
- 神秘主義者, 神秘的な, 秘密の
- 名 mysticism 神秘主義

神秘主義者で数学者のピタゴラスによれば, われわれはこの世界では異邦人であり巡礼者であって, 肉体は魂の墓だという。

## espouse
[ispáuz]　1313
- 信奉する, 支持する
- 名 espousal 支持

仏教では正しい思考と俗世の否定が, 神秘的な啓示, もしくは解脱に導くものとして信奉されている。

Even the most **mundane** beads may have traveled great distances and been exposed to many human experiences.

"Interesting philosophy," Richard Rorty writes, "is rarely an examination of the **pros** and cons of a thesis."

Everything — from an abstract idea to a piece of rock — bears the stamp of time, is **saturated** with time.

The most significant nonviolent crimes are **burglary**, auto theft, and larceny-theft.

**Birthrates** declined in the nineteenth century, but so did death rates, mainly because of the rising standard of living.

The Near Eastern **staple** crops did not turn up in China until somewhat later.

Cities such as Cahokia depended on a combination of hunting, **foraging**, trading and agriculture for their food and supplies.

In 1898 Spain transferred Cuba to the United States for temporary occupation **preliminary** to the island's independence.

Pythagoras thought knowledge (or science) and music would **purify** the soul, and gymnastics and medicine, the body.

The Federalists, led by Alexander Hamilton, represented the urban **mercantile** interests of the seaports.

The **incredibly** complex logical operations used in speech are almost totally hidden from consciousness.

**Mystic** and mathematician, Pythagoras held that we are strangers and pilgrims in the world, that the body is the tomb of the soul.

Buddhism **espouses** right thinking and worldly rejection as supportive of mystical illumination, or nirvana.

| 見出し語 | 意味 | 関連語 | 例文の意味 |
|---|---|---|---|
| **hopelessly** [hóuplisli] 1314 | 救いがたく、どうしようもなく | 形 hopeless 絶望的な | 人間に関する基本的な事実は、人間が不完全で罪深い生き物であり、その理性にも意志にも**救いがたい**欠陥があるということである。 |
| **spinal** [spáinl] 1315 | 脊髄の、背骨の | 名 spine 脊柱, 背骨 | **脊髄**は体の首から下の部分のすべての不随意反応と反射反応を制御する反射運動をつかさどるものである。 |
| **glue** [glúː] 1316 | 接着剤、のりで接着する | | サッカーはブラジルでは単なる娯楽以上の働きをする。つまりそれは国民を1つのまとまりある文化に束ねる社会の**接着剤**なのである。 |
| **unanimous** [juːnǽnəməs] 1317 | 全員一致の、異議のない | 名 unanimity 合意, 一致 | 最高裁判所の決定は**全員一致による**必要はなく、6人の判事が決定に加わっていれば、単純多数決で決められる。 |
| **omniscient** [ɑmníʃənt] 1318 | 全知の、博識な | 名 omniscience 全知 | どのような命題であっても**全知の存在（である神）**はそれが真か偽かを知っている。 |
| **militant** [mílətənt] 1319 | 戦闘的な、好戦的な、好戦的な人 | | よくストライキを起こす組合のうちで最も**戦闘的なの**は、世界産業労働組合(IWW)だった。 |
| **treatise** [tríːtis] 1320 | 専門書, 学術論文 | | 『社会契約論』という有名な**論考**において、ルソーは不平等に対して反抗する権利が誰にでもある、と主張した。 |
| **depose** [dipóuz] 1321 | 退位[退陣]させる、証言する | 名 deposition 免職, 廃位 | ムッソリーニは戦争に疲弊した国民によって**その座を追われ**、イタリア新政府は1943年に無条件降伏を受け入れた。 |
| **counteract** [kàuntərǽkt] 1322 | 対抗する | 名 counteraction 反作用, 中和作用 | もし社会が多数派の圧倒的な力にも**対抗する**ような方向で維持されるならば、自由は生きながらえるだろう。 |
| **plurality** [pluərǽləti] 1323 | 多数性, 多義性, 過半数 | 形 plural 複数(以上)の | バルトはこの、間テキスト的に作用する際の言語の**多義性**と「遊戯性」をますます極端に重視する方向にだんだんと移っていった。 |
| **secession** [siséʃən] 1324 | 脱退, 分離, 離脱 | 名 secessionist 脱退論者 | 南部の穏健派は、合衆国からの**離脱**は戦争を引き起こし、また恐らく流血を伴う奴隷の反乱によって奴隷解放にいたるだろう、と主張した。 |
| **refute** [rifjúːt] 1325 | 反駁する, 論破する | 名 refutation 論駁 | 仮に、誰かが自己などというものはないと言い、あなたはその主張を**論破したい**と思っているとしてみよう。 |
| **degradation** [dègrədéiʃən] 1326 | 堕落, 悪化, 不名誉 | 動 degrade 低下する | 環境問題の専門家たちは、以前は何も存在しなかったところに道路をつくると非常に多くの環境**悪化**を招くと警告している。 |

The basic fact about human beings is that they are imperfect, sinful creatures, whose reason and will are **hopelessly** flawed.

The **spinal** cord is responsible for the reflex actions that control all involuntary and reflex responses of the body below the neck.

Soccer operates as more than mere entertainment in Brazil; it is a social **glue** binding people into a cohesive culture.

Decisions of the Court need not be **unanimous**; a simple majority prevails if six justices participate in the decision.

For any proposition, an **omniscient** being knows whether it is true or false.

The most **militant** of the strike-prone unions was the Industrial Workers of the World (IWW).

In his famous **treatise**, *The Social Contract*, Rousseau advocated the common people's right to revolt against inequities.

Mussolini was **deposed** by a war-weary people, and the new Italian government accepted unconditional surrender in 1943.

If society can be maintained in a way which **counteracts** the overpowering strength of the majority, liberty will continue.

Barthes gradually moved to a more and more radical emphasis on the **plurality** and "play" of language in this intertextual process.

Southern moderates argued that **secession** would lead to war and emancipation, possibly through bloody slave revolts.

Suppose someone denies that there is such a thing as a self and you wish to **refute** the assertion.

Environmentalists warn that building roads where none had existed before leads to a host of ecological **degradations**.

| 見出し語 | 意味 | 例文の意味 |
|---|---|---|
| **dispatch** [dispǽtʃ] 1327 | 発送する, 派遣する, 手早く片付ける | この違反に対して, 税関検査官を保護するために, 英国軍から2つの連隊が**派遣された**。 |
| **glorify** [glɔ́:rəfai] 1328 | 美化する, 称賛する 名glorification 賛美 | 作家や芸術家が成功するためには, ロシアの民族主義を**賛美する**ことがますます重要になった。 |
| **virtuous** [vɜ́:rtʃuəs] 1329 | 道徳にかなった, 高潔な 名virtue 徳, 善 | 宗教の力で人々が**道徳的な**生活を送る気になる, などという事実は気配すらない, という人もいる。 |
| **marsh** [mά:rʃ] 1330 | 沼地, 低湿地 | その湿地には農耕に適した土地が1箇所しかなく, しかもそこはさらに多くの**沼地**によって囲まれていたのである。 |
| **hallmark** [hɔ́:lmà:rk] 1331 | 特質, 品質証明, お家芸 | 大衆からの騒音に抗し, またそのさ中でも内省に基づく原理にしたがって生きることができる能力こそ, 哲学の**本領**である。 |
| **municipal** [mju:nísəpəl] 1332 | 地方自治体[市町村]の, 市の | 堆肥化により生ゴミや庭ゴミ, 紙ゴミを含む**自治体**全体の固形ゴミの30パーセントから60パーセントまでを処理できる。 |
| **resounding** [rizáundiŋ] 1333 | 鳴り響く, 非常に大きな, はっきりとした | 中欧においては, イタリアとドイツの国家統一という**明白**で決定的な回答がもたらされた。 |
| **morale** [məræl] 1334 | 熱意, やる気, 士気 | 都市における食糧不足はさらに深刻なものとなり, **士気**は低下した。 |
| **utterance** [ʌ́tərəns] 1335 | 発話, 発言, 発声 動utter 口に出す, 述べる | どのような**発話**もそれに先立つ別の**発話**と, また返答として予想される**発話**の痕跡をとどめている。 |
| **regularity** [règjəlǽrəti] 1336 | 秩序, 規則性 動regularize 規則化する | 不況は19世紀の間, 予測可能な**規則性**に従って起きた。 |
| **dwindle** [dwíndl] 1337 | だんだん小さくなる[少なくなる], 衰える 形dwindling 先細りする | マンモスの数は**次第に減少し**, 狩猟民たちは次第に野牛の大群の方をねらうようになった。 |
| **sensible** [sénsəbl] 1338 | 知覚可能な, 分別のある 名sensibility 感受性 | 唯物論者は, 外界にあるものは**知覚可能な**諸性質を内在する質量を持った実体であるとした。 |
| **clinical** [klínikəl] 1339 | 治療の, 臨床の 名clinic 診療所, 病院 | **臨床**心理学者は, 何よりも精神的疾患の診断, 要因, 治療に目を向けるものである。 |

For this infraction, two British regiments were **dispatched** to protect the customs commissioners.

It became increasingly important for the successful writer and artist to **glorify** Russian nationalism.

Some people argue that there is not even a hint that religion helps to motivate people to **virtuous** living.

In the swamps there was only one piece of land to farm on and it was surrounded by more **marshes**.

This ability to live by reflective principle in spite of and in the midst of the noise of the masses is a **hallmark** of philosophy.

Composting can handle from 30 to 60 percent of all **municipal** solid waste, including food waste, yard waste and paper waste.

In central Europe, a **resounding** and definitive answer came with the national unification of Italy and Germany.

Food shortages in the cities worsened, **morale** declined.

Any **utterance** carries the traces of other **utterances** that have preceded it and that might come after it in response.

Depressions occurred throughout the nineteenth century with predictable **regularity**.

The mammoths were **dwindling**, and the hunters increasingly turned to the great herds of bison.

The materialists argued that an external object is a material substance with the **sensible** qualities inhering in it.

**Clinical** psychologists are interested primarily in the diagnosis, cause, and treatment of psychological disorders.

| 見出し語 | 意味 | 例文の意味 |
|---|---|---|
| **delinquency** [dilíŋkwənsi] 1340 | 非行, 義務の不履行 / 名 delinquent 非行少年 | 社会学者はそもそも, 青少年の非行と犯罪行為について説明する方法を求めてサブカルチャーの研究を始めた。 |
| **illegitimate** [ìlidʒítəmət] 1341 | 非合法の, 非嫡出の / 名 illegitimacy 非合法, 庶出 | ヴェーバーは合法的な権力や権威を行使することと, 彼が威圧と名づけた非合法な権力の行使を区別した。 |
| **hostage** [hástidʒ] 1342 | 人質 | 怒ったイランの過激派はテヘランのアメリカ大使館を占拠し, 53人のアメリカ人を1年間以上にわたって人質にした。 |
| **delineate** [dilínièit] 1343 | 描写する, 叙述する / 名 delineation 描写, 説明 | アルチュセールは芸術とイデオロギーの複雑な関係を描き出すことに特に関心を持っている。 |
| **immortality** [ìmɔːrtǽləti] 1344 | 不死, 不滅, 永遠 (の存在) | 唯物主義者は神や超自然的な存在, あるいは永遠の存在というものを信じなかった。 |
| **scarcity** [skéərsəti] 1345 | 不足, 欠乏, 稀少 / 形 scarce 乏しい, 稀な | 経済学の核心には, 経済生活の中心的な問題, つまり欠乏に対して人々はどのように対処するのか, という問いがある。 |
| **immoral** [imɔ́ːrəl] 1346 | 不道徳な, ふしだらな / 名 immorality 不道徳, 不品行 | 経済的な低落は, ただ自分の欲望さえ満たせば良いと思っているような不道徳で無知な大衆によって, いつまでも終わることがなかった。 |
| **grievance** [gríːvəns] 1347 | 不平の元, 不平, 不満 | たいていの人が, 政府を運営する大きくて人間味のない官僚組織に対して何らかの不満を覚えてきた。 |
| **vibrant** [váibrənt] 1348 | 震える, 活気がある, 生き生きとした | 私たちは, 写真の中では生き生きとして動きを持った3次元の世界が固定されてしまっている, ということを忘れている。 |
| **detachment** [ditǽtʃmənt] 1349 | 分離, 超然としていること | 私たちは多元主義を虚無主義と一緒にし, 新しい考え方に対する寛大さと自己への無関心を結びつけてきた。 |
| **discrete** [diskríːt] 1350 | 別個の, 分離した, 独立した | 社会学者は最近では, サブカルチャーという言葉を, 社会の中で区分された個々の集団ごとの文化, という意味で使うようになってきた。 |
| **metamorphic** [mètəmɔ́ːrfik] 1351 | 変形の, 変態の, 変質の / 名 metamorphosis 変態, 変質 | 変成岩とは, 表面, そして時にはその鉱物組成まで変わってしまったような岩のことである。 |
| **fluctuate** [flʌ́ktʃuèit] 1352 | 変動する / 名 fluctuation 変動, ばらつき | シルクロードの重要性は, 安全性と同様, その地域の政治状況によって変動した。 |

Sociologists first began to study subcultures as a way of explaining juvenile **delinquency** and criminality.

Weber differentiated between employing legitimate power, authority, and employing **illegitimate** power, which he labeled coercion.

Angry Iranian militants seized the American embassy in Teheran and held 53 American **hostages** for more than a year.

Althusser is especially concerned with **delineating** the complex relationship between art and ideology.

The materialists did not believe in the gods, in spiritual beings, or in **immortality**.

At the hub of economics is the question of how people go about coping with the central problem of economic life: **scarcity**.

Economic decline was perpetuated by the **immoral** and apathetic multitudes that wanted only to appease their appetites.

Most of us have felt some **grievance** against the large, impersonal bureaucracy that runs the government.

We forget that in a photograph a **vibrant**, moving, three-dimensional world has been immobilized.

We have conflated pluralism with nihilism, openness to new ideas with **detachment** toward our own.

Sociologists increasingly use subculture to refer to the cultures of **discrete** population segments within a society.

**Metamorphic** rock is rock that has changed its appearance and sometimes its mineral composition.

The Silk Road's importance **fluctuated** with the politics of the region, as did its safety.

| 見出し語 | No. | 意味 | 例文の意味 |
|---|---|---|---|
| **tyrant** [táiərənt] | 1353 | 暴君, 専制的支配者, 圧制者 <br> 形 tyrannical 暴君的な | チャウシェスクの軍隊が敗れると, 専制的支配者であった彼とその妻は捕らえられ, 軍法廷によって死刑に処せられた。 |
| **dialect** [dáiəlèkt] | 1354 | 方言, 一部の階層[職業]に特有の言葉 | 中世においては, 1つの村で話される方言は, 50マイルも離れればほとんど意味が通じなかった。 |
| **confiscate** [kánfəskèit] | 1355 | 没収する, 差し押さえる <br> 名 confiscation 没収 | スパルタ人たちは, 民主制の指導者たちを市から立ち退かせ, 敵対者を処刑して, その財産を没収した。 |
| **rampant** [rǽmpənt] | 1356 | 蔓延している, 暴れ回る, はびこる | 機能的非識字は, 単純労働やしばしば季節労働にだけ就いている貧しい労働者層に広くはびこっている。 |
| **glamour** [glǽmər] | 1357 | 魅力, 華美 <br> 形 glamorous 魅力的な | フィッツジェラルドの特徴として, 魅惑的な華やかさという主題にぴたりと合ったきらびやかな文体がある。 |
| **apathy** [ǽpəθi] | 1358 | 無関心, 無気力, 無感動 <br> 形 apathetic 冷淡な | 何かを決定する権限を奪われてしまうと, 人が陥りやすい反応は, 狭い範囲の慣習的生活に引きこもり, 無感動になってしまうことだ。 |
| **lucid** [lúːsid] | 1359 | 明快な, 明晰な, 意識のしっかりした <br> 名 lucidity 正気, 明瞭 | フロストの方法は明晰でとっつきやすいものだった。知識をひけらかすようなあめのめかしや省略をめったに用いなかったからである。 |
| **teleological** [tèliəládʒikl] | 1360 | 目的論の <br> 名 teleology 目的論 | この時点ではまだダーウィンの考え方がはっきりと目的論的な性格を持っていた点に留意しておくことが大切だ。 |
| **recline** [rikláin] | 1361 | もたれかかる, 横になる, もたせかける | 寝椅子に身を横たえた君主と, 椅子に座った女王の周りで料理の盛られた盆を捧げた召使たちが取り巻いている。 |
| **oratory** [ɔ́ːrətɔ̀ːri] | 1362 | 雄弁(術), 美辞麗句 <br> 名 orator 雄弁家, 演説者 | ホワイトフィールドは, 芝居がかった話し方と, 身振りと, 感情に訴える雄弁によって1度に2万人に及ぶ聴衆を魅了してしまった。 |
| **citadel** [sítədl] | 1363 | 要塞, 砦, 拠点 | 大きさが13から16フィートもある, 異なる生き物をつなぎあわせたような怪物像が, 要塞の門の両側に立っていた。 |
| **larva** [láːrvə] | 1364 | 幼虫, 幼生 | 4日後, 幼虫は生息場所から這い出て, 表面の乾いたところにくっつき, さなぎに変化する。 |
| **overland** [óuvərlænd] | 1365 | 陸路の, 陸上の, 陸路で, 陸上で | 永久凍土のツンドラの表面を水が覆うと, 陸路での通行は極めて困難になった。 |

After Ceausescu's forces were defeated, the **tyrant** and his wife were captured and executed by a military court.

In the Middle Ages, the **dialect** spoken in one community was all but incomprehensible fifty miles away.

Spartans forced the leading democrats to leave the city, executed some enemies and **confiscated** their property.

Functional illiteracy is **rampant** among the working poor, who hold unskilled and often seasonal jobs.

Fitzgerald's special qualities include a dazzling style perfectly suited to his theme of seductive **glamour**.

If individuals are deprived of the power to make decisions, withdrawal into narrow ritualism and **apathy** are likely responses.

Frost's approach was **lucid** and accessible: he rarely employed pedantic allusions or ellipses.

It is important to note that Darwin's thinking at this point was still distinctly **teleological** in character.

The ruler, **reclining** on a couch, and his queen, seated, are surrounded by servants bringing trays of food.

Whitefield enthralled audiences of up to 20,000 people at a time with histrionic displays, gestures and emotional **oratory**.

These hybrid creatures, ranging from 13 to 16 feet tall, flanked the gates of the **citadel**.

Four days later, the **larva** crawls out of the medium, attaches itself to a dry surface and forms into a pupa.

When water flowed upon the surface of permanently frozen tundra, it made **overland** travel extremely difficult.

| 見出し語 | 1366-1378 | 意味 | 例文の意味 |
|---|---|---|---|
| **loot** [lú:t] | 1366 | 略奪する, 分捕る, 略奪品, 戦利品 名looter 略奪者 | 断続的に海岸や内陸の川沿いの集落を略奪したために、ヴァイキングは300年近い間ヨーロッパでは非常に恐ろしい存在であった。 |
| **vogue** [vóug] | 1367 | 流行, 人気 | 第二次大戦後の30年間ほど結婚が流行した時期はなかった。 |
| **abide by** [əbáid] | 1368 | (規則などに)従う, 甘受する | 19世紀には、中産階級の多くは厳しい清教徒的な道徳に基づいて公に示された規範に従っていた。 |
| **relegate** [réləgèit] | 1369 | (低い地位に)追いやる, 委ねる 名relegation 左遷 | アメリカの社会科学においては、科学主義が中心の座を占め、社会人文主義は補助的な役割に追いやられている。 |
| **bribe** [bráib] | 1370 | 賄賂, 賄賂を贈る 名bribery 贈賄, 収賄 | アラブ人のビジネスマンに最初に会ったときに贈り物をすると、賄賂と解釈されるおそれがある。 |
| **breathtaking** [bréθtèikiŋ] | 1371 | 息を飲むような, 手に汗握るような, すごい | 息をもつかせぬ素早さで、米英仏は、軍事的にドイツを完膚無きまでにうち負かした。 |
| **emanate** [émənèit] | 1372 | から起きる, 生じる, 発散する 名emanation 発散, 流出 | イシュメルという名前は旧約聖書の創世記に出てくる、アブラハムとハガルの息子の名前に由来する。 |
| **grapple with** [grǽpl] | 1373 | と格闘する, に取り組む | ホロコーストを子供時代に経験しその記憶の残り火と闘い続けている人たちによって書かれた膨大な文書記録が残っている。 |
| **complement** [kámpləmènt] | 1374 | 補い合う, 補完する, 補完物, 補語 | 学者たちは、環境保護と経済発展が互いに補い合うような可能性を軽視した。 |
| **reverence** [révərəns] | 1375 | 畏敬の念, 敬意 形reverend 尊い | 彼らの自然に対する畏敬の念は、太陽や月や山々を霊的な力を持つものとして崇拝する儀式となって表れた。 |
| **awesome** [ɔ́:səm] | 1376 | 畏敬の念を起こさせる, すさまじい, 厳かな | 原子爆弾はそのすさまじい力とともに、現代科学には重大な道徳的責任があることを世界に示した。 |
| **stride** [stráid] | 1377 | 大股の一歩, 進展(の一歩), 大股で歩く | ここ数十年の間に、心理学者たちは、うつ症やその他の障害などの神経学的な解明のうえで格段の進歩を果たした。 |
| **outnumber** [àutnʌ́mbər] | 1378 | 数で上回る | 今日では、私的公的なサービス業に携わる人間の数は、農業や製造業の人間の数を遥かに上回っている。 |

Intermittently **looting** coastal and inland river communities, the Vikings were a terrifying presence in Europe for nearly 300 years.

Marriage was never more in **vogue** than in the generation after the Second World War.

Many middle-class men **abided by** the publicly professed code of stern puritanical morality in the nineteenth century.

Scientism has held center stage in the American social sciences, with social humanism **relegated** to a supporting role.

If you give a gift on first meeting an Arab businessman, it may be interpreted as a **bribe**.

With **breathtaking** rapidity, the United States, Great Britain, and France decisively defeated Germany militarily.

The name Ishmael **emanates** from the Book of Genesis in the Old Testament — he was the son of Abraham and Hagar.

There now exists a serious body of literature by children of the Holocaust who continue to **grapple with** embers of memory.

Scholars discounted the possibility that environmental protection and economic development can **complement** each other.

Their **reverence** for nature resulted in rituals worshiping the sun, moon and mountains as spiritual forces.

The atomic bomb showed the world both the **awesome** power and the heavy moral responsibilities of modern science.

In recent decades, psychologists have made great **strides** in understanding the neurology of depression and other disorders.

Today, the providers of personal and public services far **outnumber** producers of agricultural and manufacture goods.

| 見出し語 | 意味 | 例文の意味 |
|---|---|---|
| **magnitude** [mǽgnətjùːd] 1379 | 大きさ, 重要性 | 識別閾とは, 刺激の**大きさ**を変えた時に被験者が感知できる最小の変化値を指す。 |
| **embroider** [imbrɔ́idər] 1380 | (物語を)潤色する, 誇張する, 刺繍する | ジョン・スミス船長はどうしようもない夢想家で, 自分の冒険を**誇張して**話したように思われる。 |
| **assurance** [əʃúərəns] 1381 | 確信, 保証, 安定, 確実 | 人口が増えたことと, 適切な輸送手段が**確保**できたことから, 穀物の貿易が徐々に行われるようになった。 |
| **reformation** [rèfɔːrméiʃən] 1382 | 改革, 改良 图 the Reformation 宗教改革 | すべての社会がプラトンが提唱したような抜本的な**改革**を必要としているという確かな証拠はない。 |
| **tantamount** [tǽntəmàunt] 1383 | 同じように悪い | 政治的に保守的な人々の大半は, ほぼいかなる状況においても堕胎は殺人と**同じくらい悪い**ことだと考えていた。 |
| **decode** [diːkóud] 1384 | 解読する ⇔encode 暗号[記号]化する | 精神分析医は夢の本当の意味を明らかにするために複雑な**解読**作業を行わなければならない。 |
| **activate** [ǽktəvèit] 1385 | 動かす, 活性化する, 元気にさせる 图 activation 活性化 | 生物的成熟は, 子供が世界についてより複雑な構造モデルを作り出せるようにする, 詳細な生体プログラムを**作動させる**のだろう。 |
| **anathema** [ənǽθəmə] 1386 | 忌み嫌われるもの[人], 異端排斥, 呪い | その戯曲には, 罪なき人に向けられた「魔女狩り」は民主主義において**最もいとわしいもの**だという明確なメッセージが込められている。 |
| **relocate** [rìːloukéit] 1387 | 移転する[させる], 配置換えする 图 relocation 移転, 再配置 | その協定は, 産業公害に対する規制がもっとゆるい地域に**移転しよう**という気持ちを各産業に与えてしまった。 |
| **hover** [hʌ́vər] 1388 | の上を舞う, 空中をただよう | タイタニックの惨事において**空にたれこめていた**暗雲は, さらにひどいことが起きる前兆となった。 |
| **magnify** [mǽgnəfài] 1389 | (レンズなどで)拡大する, 増大させる | 電子顕微鏡で何千倍にまで**拡大すると**, これらのウイルスは長い繊維あるいは糸状の形状を持っていることがわかる。 |
| **rhyme** [ráim] 1390 | 韻, 脚韻, 韻文 圈 rhyming 韻を踏んでいる | 伝統的な詩人の多くは**脚韻**を用いているが, 韻を踏んだ詩のすべてが, 主題や韻律の面で伝統に従っているわけではない。 |
| **diction** [díkʃən] 1391 | 言い回し, 語法, 発声法 | 伝統的な詩人は多くの形容詞を並べ, 死語や奇妙な語を交えたような修辞的**言い回し**を使うことも時々ある。 |

The difference threshold is the smallest change in the **magnitude** of a stimulus that a subject can detect.

Captain John Smith was an incurable romantic, and he seems to have **embroidered** his adventures.

Rising populations and some **assurance** of adequate transport slowly built up an international trade in cereals.

There is no solid evidence that all societies are in need of such drastic **reformation** as Plato suggests.

Most of the political conservatives regarded abortion under virtually any circumstances as **tantamount** to murder.

The psychoanalyst must undertake a complex process of **decoding** to reveal the true meaning of the dream.

Biological maturation may **activate** detailed programs that enable the child to create more complex models of the world.

The play has an apparent message that "witch hunts" directed at innocent people are **anathema** in a democracy.

The agreement provided incentives to industries to **relocate** to regions having lax controls on industrial pollution.

The dark cloud **hovering** over the Titanic disaster served as a harbinger of worse things to come.

When **magnified** several thousand times by an electron microscope, these viruses have the appearance of long filaments or threads.

Although many traditional poets use **rhyme**, not all rhymed poetry is traditional in subject or tone.

Traditional poets also at times use a somewhat rhetorical **diction** of obsolete or odd words, using many adjectives.

| 見出し語 | 意味 | 例文の意味 |
|---|---|---|
| **hideous** [hídiəs] 1392 | 恐ろしい, 忌まわしい | ドイツの独裁者ヒトラーの軍はすでにヨーロッパの大半を征服し, 忌まわしく野蛮な支配をほしいままにしていた。 |
| **belated** [biléitid] 1393 | 遅ればせながらの, 遅れて来た, 手遅れの | ナチスが無実のユダヤ人を600万人抹殺したホロコーストは, 世界中の人々の良心にショックを与え, 遅ればせながら行動を取らせた。 |
| **vanquish** [vǽŋkwiʃ] 1394 | 打ち破る, 降伏させる 名vanquisher 勝者, 征服者 | 何十年もたたないうちに, 第二次大戦の敗戦国は経済大国に発展してしまった。 |
| **parasite** [pǽrəsàit] 1395 | 寄生生物, 寄食者 形parasitic 寄生性の | その病気は感染した蚊に刺されて人間に移されたが寄生虫が起こすものだ。 |
| **momentous** [mouméntəs] 1396 | 極めて重大な, 最重要の | ヨーロッパにおける産業革命は, 人間の歴史のうえで, 極めて重要な転換点となった。 |
| **iconoclastic** [aikɑ̀nəklǽstik] 1397 | 偶像破壊の, 因習を打破する 名iconoclasm 偶像破壊 | 同時に, いかに因習を打破するものであっても, 文学理論はいまだに白人男性のヨーロッパ人及び北米人に支配されている。 |
| **proprietor** [prəpráiətər] 1398 | 経営者, 権利所有者 形proprietary 私有の, 所有権の | 自営業者は, 法律によって, 法人よりも少額で低率の税金を納めれば良いことになっている。 |
| **experiential** [ikspìəriénʃəl] 1399 | 経験の, 経験に基づいた, 体験から得る | 社会人文主義は, 重要な知識の材料を提供するものとして, 人類の歴史的な, また経験的な面を重視する。 |
| **salute** [səlú:t] 1400 | 敬礼, 敬礼する, 会釈, 会釈する | 党員たちはバッジや制服を誇示し, 勝利の敬礼を行い, ロボットのようにミュンヘンの町中を行進した。 |
| **coalescence** [kòuəlésns] 1401 | 結合, 合体, 合同 動coalesce 合体する | 地域によっては, 都市部が広がった結果, 別々の都市部がぶつかり融合するという, 都市合体が起きている。 |
| **revulsion** [riv́ʌlʃən] 1402 | 嫌悪, 強い反発, 憎悪 | フーコーは現代社会で同性愛に対する嫌悪が広く存在するのはなぜか, 一歩踏み込んだ理解を示している。 |
| **loathsome** [lóuðsəm] 1403 | 嫌悪感をもよおさせる, 忌まわしい | 性差別と人種差別はますます忌まわしいものとなり, 革命につながるような不公平感を呼び起こした。 |
| **materialize** [mətíəriəlàiz] 1404 | 現実となる, 具体化する 名materialization 具体化 | 多くのアメリカ人が株式市場を離れてより安全な投資形態を選んだが, 不況は現実とはならなかった。 |

The armies of the German dictator Hitler had conquered most of Europe and unleashed a **hideous** reign of barbarism.

The Holocaust, the Nazis' obliteration of 6 million innocent Jews, shocked the world's collective conscience into **belated** action.

Before too many decades passed, World War II's **vanquished** had grown into economic giants.

The disease is caused by a **parasite** which is transmitted to human beings bitten by infected mosquitoes.

The Industrial Revolution in Europe marked a **momentous** turning point in human history.

At the same time, literary theory, no matter how **iconoclastic**, remains dominated by white male Europeans and North Americans.

An individual **proprietor**, by law, pays fewer taxes and at a lower rate than does a corporation.

Social humanism emphasizes humankind's aesthetic and **experiential** sides as providing the stuff of meaningful knowledge.

Party members sported badges and uniforms, gave victory **salutes**, and marched like robots through the streets of Munich.

In some areas the result of urban spread is urban **coalescence**, with the edges of different urban areas meeting and blending.

Foucault takes a step toward understanding the prevalence of **revulsion** toward homosexuality in modern society.

Sexism and discrimination became increasingly **loathsome** and evoked that sense of injustice that drives revolutions.

Although many Americans turned from the stock market to safer forms of investment, a recession did not **materialize**.

| 見出し語 | 意味 | 例文の意味 |
|---|---|---|
| **seafaring** [síːfèəriŋ] 1405 | 航海の, 船乗りの, 海で働く 图 seafarer 船乗り | 中近東の航海に長けた民族であったフェニキア人が, 地中海沿岸の交易を独占しはじめた。 |
| **complacency** [kəmpléisnsi] 1406 | 自己満足, 現状満足 形 complacent 満足して, 悦に入って | アメリカの1950年代は, しばしば現状満足の時代と呼ばれている。 |
| **optimum** [áptəməm] 1407 | 最適な, 最適条件 形 optimal 最適の, 最善の | イタリアに旅行するのに最適な時期は7月だろう。雨が最も少なく, 気温も泳ぐにはぴったりだ。 |
| **demise** [dimáiz] 1408 | 終結, 死亡, 消滅 | 遺伝子組み替えによって生まれたウイルスが最後にはほぼすべての人間を死に至らしめるということは大いにありえる。 |
| **animate** [ǽnəmèit] 1409 | 生命を吹き込む, 活気づける, 励ます | ヴィジョン（＝展望）という言葉を, 私は現実行動に動機を与えるような未来社会像という意味で使っている。 |
| **attest** [ətést] 1410 | 証明する, 証言する 图 attestation 証明 | 高価な彫材から作られていることが, その彫刻の重要性を証明している。 |
| **verifiable** [vérəfàiəbl] 1411 | 真実だと証明できる, 立証可能な 動 verify 立証する | 科学実験には試験手順というものがあり, それを通して客観的な, あるいは検証可能な結果を記録することになる。 |
| **maximize** [mǽksəmàiz] 1412 | 最大限にする, 最大化する ↔ minimize 最小限にする | 覚醒動機に従って, 人は能力を最大化するような最適な覚醒レベルを探す。 |
| **upbringing** [ʌ́pbrìŋiŋ] 1413 | しつけ, 育て方, 生い立ち | 貴族的なしつけや誇り高い家風, また本人の努力にもかかわらず, メルヴィルは気づくと大学教育も受けないまま貧困の中にあった。 |
| **pious** [páiəs] 1414 | 信心深い, 敬虔な, 立派な 图 piety 敬虔（な行為） | これら英国人の入植者たちは, 信心深く自分を厳しく律する人々で宗教的な迫害を逃れたいと願っていた。 |
| **collectivization** [kəlèktəvaizéiʃən] 1415 | 集団化, 集団農場化 動 collectivize 集団農場化する | 実際, スターリンは1945年にヤルタでチャーチルに対し, 集団農場化の過程で1000万人が死んだと打ち明けている。 |
| **creed** [kríːd] 1416 | 信念, 宗教, 信条 | 植民地時代が終わるころには, そこには様々な言語, 宗教, 職業を持つ3万人の人が住んでいた。 |
| **intercourse** [íntərkɔ̀ːrs] 1417 | 交流, 性交 | 女性にとって革命的な変化となったのは, 性交と母性という昔からの生物学的なつながりが断ち切られたことである。 |

The Phoenicians (a Near Eastern **seafaring** people) began to dominate trade along the Mediterranean coast.

The 1950s in America are often described as a time of **complacency**.

The **optimum** time to travel to Italy would be in July, when the precipitation is minimal, and the temperature is perfect for swimming.

Genetically engineered viruses may very well lead to the eventual **demise** of almost all-human life.

By visions, I mean the conception of a future society that **animates** what we actually do.

The valuable materials from which the sculpture was made **attest** to its importance.

Scientific experiments have testing procedures through which to record objective or empirically **verifiable** results.

According to the arousal motive, people seek an optimal level of arousal that **maximizes** their performance.

Despite his patrician **upbringing**, proud family traditions, and hard work, Melville found himself in poverty with no college education.

These English colonists were a **pious**, self-disciplined people who wanted to escape religious persecution.

Indeed, Stalin confided to Churchill at Yalta in 1945 that ten million people had died in the course of **collectivization**.

By the end of the colonial period, 30,000 people lived there representing many languages, **creeds** and trades.

A revolutionary change for women was that the age-old biological link between sexual **intercourse** and motherhood was severed.

| 見出し語 | 意味 | 例文の意味 |
|---|---|---|
| **affinity** [əfínəti] 1418 | 親近感, 類似性, 好感 | 新歴史主義者が社会の物質的な側面を重視している点は, カール・マルクスの史的唯物論とあきらかに**類似**している。 |
| **apex** [éipeks] 1419 | 最高点, 絶頂, 極地 | 西洋社会の拡大は, およそ1880年から1914年の間に**頂点**に達した。 |
| **pragmatist** [prǽgmətist] 1420 | 実用主義者, 現実主義者, お節介な人 <br> 派 pragmatic 実際的な | 何かにつけ, しばしばアメリカ人は**実用主義者**だと言われる。 |
| **trickle** [tríkl] 1421 | しずくの滴り, 少しずつ来る(こと) | 南北戦争後およそ50年間は, 南部を離れて**ぽつりぽつりとやって来る**黒人移住者の数は, ほとんど増えなかった。 |
| **hegemony** [hidʒéməni] 1422 | 主導(権), 支配, 優位, ヘゲモニー <br> 派 hegemonic 覇権の | ニュークリティシズムの批評家は, 近代資本主義社会における科学と技術の**優位**が人間性の喪失をもたらすことに抵抗した。 |
| **outgrowth** [áutgròuθ] 1423 | 所産, 当然の成り行き, 副産物 | 人間の可能性を信じたルネサンスが**生み出したもの**の1つに, 大航海時代をもたらした冒険精神があった。 |
| **foil** [fɔ́il] 1424 | 失敗させる, (悪事を)くじく, 裏をかく | ピラミッドには, 予想される盗掘者のたくらみを**くじく**ために, 見せかけの部屋や扉, また入り組んだ通路などが造られている。 |
| **abyss** [əbís] 1425 | 深淵, 底知れず深いもの <br> 派 abyssal 深淵の, 深海の | **深い穴**をのぞき込む時のように, それは人を後ずさりさせると同時に, 奇妙に惹きつける。 |
| **convene** [kənví:n] 1426 | 招集する[される], 開催する[される] | 町の役人たちは, 魔術をつかったという告発を審理する法廷を**開催し**, すみやかにその宿屋の主人に有罪を宣告, 処刑した。 |
| **intrude** [intrú:d] 1427 | 侵入する, 介入する, でしゃばる <br> 名 intrusion 侵入 | 政府はあまりに深くアメリカ人の生活に**干渉し**すぎている, とレーガンは考えていた。 |
| **eclectic** [ikléktik] 1428 | 折衷主義の, 選択による, 多岐に渡る | 今日では, 多くの心理学者は**折衷主義**に立っており, 行動を説明する場合に幾つかの考え方を用いることの利点を認めている。 |
| **harbinger** [há:rbindʒər] 1429 | 先駆(者), 先触れ, 前兆 | 1960年代に起きたことを**先取りして**J.D.サリンジャーを社会から抜け出ようとする試みを描いている。 |
| **farsighted** [fá:rsáitid] 1430 | 先見の明のある, 遠視の | 30歳になる前に, カーネギーは賢明で**先を見通した**投資を行っていたが, 1865年までにそれらの投資金をすべて製鉄業に集中した。 |

The new historicist emphasis on material practices in society bears obvious **affinities** to the historical materialism of Karl Marx.

The expansion of Western society reached its **apex** between about 1880 and 1914.

In any event, Americans have often been described as **pragmatists**.

For almost 50 years following the end of the Civil War, the slow **trickle** of black migrants who left the South increased very little.

The New Critics resisted the dehumanizing consequences of the **hegemony** of science and technology in modern capitalist society.

One of the **outgrowths** of the Renaissance faith in human potential was an adventurous spirit that led to the Age of Discovery.

The pyramid has false chambers, false doors, and confusing passageways to **foil** potential tomb robbers.

Like looking into an **abyss**, it both repulses and strangely attracts.

Town officials **convened** a court to hear the charges of witchcraft, and swiftly convicted and executed the tavernkeeper.

Reagan believed that government **intruded** too deeply into American life.

Today, many psychologists are **eclectic** and recognize the merit of using several perspectives to explain behavior.

A **harbinger** of things to come in the 1960s, J. D. Salinger has portrayed attempts to drop out of society.

Before he was 30 years old, Carnegie had made shrewd and **farsighted** investments, which by 1865 were concentrated in iron.

| 見出し語 | 意味 | 例文の意味 |
|---|---|---|
| **onward** [ánwərd] 1431 | 前方へ, 進んで, 以降 | テワカンでは紀元前5000年以降, そして少し遅れてオアハカでも, とうもろこし, 豆類, かぼちゃが栽培された。 |
| **outfit** [áutfit] 1432 | 装備する, 支給する, 装備[服装]一式 | 夏用の軍服しか装備していないドイツ軍を厳しい冬の寒さが襲うと, 侵略軍の歩みは止まった。 |
| **stratify** [strǽtəfài] 1433 | 層を成す, 階層化する 名stratification 地層, 階層化 | 社会はかなり階層化されていたようで, 武器を作るのに必要な青銅の技術を持っていた支配集団があったと思われる。 |
| **appalling** [əpɔ́:liŋ] 1434 | ぞっとするような, 驚くばかりの 動appall ぞっとさせる | 新古典主義時代とは, 簡単に言えば, 驚くほど極端に走った時代だった。 |
| **lofty** [lɔ́:fti] 1435 | そびえ立つ, 卓越した, 高邁な 名loftiness 気高さ | これらの高邁な理想はすべてくじけない効力感, 言い換えれば, 「アメリカ的なせばなる主義」に支えられている。 |
| **carnage** [ká:rnidʒ] 1436 | 大虐殺 | 戦死者5000万人以上という大量殺戮に加え, ヨーロッパの各都市とその経済は第二次大戦によって全く破壊されてしまった。 |
| **embryo** [émbriòu] 1437 | 胎児, 胎芽, 初期(段階) 形embryotic 初期の | フランクリンは討論クラブを作ったが, それが米国哲学協会の萌芽となった。 |
| **correlate** [kɔ́:rəlèit] 1438 | 互いに関連する, 相関する 名correlation 相関関係 | これらのテストの点数が学業成績と相関関係にあるというのは驚くに当たらない。なぜなら双方とも知的活動を要するものだからだ。 |
| **multitude** [mʌ́ltətjù:d] 1439 | 多数, 大衆 形multitudinous 非常に多くの | 統合失調症は, 非常に多くの症状を特徴とする精神疾患群を示す言葉である。 |
| **parable** [pǽrəbl] 1440 | たとえ話, 寓話, 比喩 | もし絵画が1000語の言葉に匹敵するなら, うまいたとえ話は1000ページの道徳訓話に値する。 |
| **multifaceted** [mʌ̀ltifǽsitid] 1441 | 多面の, 多面的な | シェイクスピアの作品に際だった特徴を与えているのは, エリザベス朝社会の多面的で相反する性格である。 |
| **profusion** [prəfjú:ʒən] 1442 | 多量, おびただしさ, 乱費 形profuse たっぷりとある | ウィリアム・J・ベネットは, 彼がいうところの「安易な」相対主義の乱発を嘆いている。 |
| **ammunition** [æ̀mjuníʃən] 1443 | 弾薬, 武器, 攻撃手段 | 現代のコマ割り漫画は, アメリカの大新聞の間でなされた部族争いの武器として始まったものである。 |

From 5000 B.C. **onward** at Tehuacan, and somewhat later in Oaxaca, maize, beans, and squash were domesticated.

When a severe winter struck German armies **outfitted** in summer uniforms, the invaders were stopped.

Society seems to have been highly **stratified**, with a ruling group that possessed the bronze technology needed to make weapons.

The Neoclassical Period was, in short, a time of **appalling** extremes.

All of these **lofty** visions are fueled by a resilient feeling of efficacy, or "American can-doism."

In addition to the **carnage** of more than 50 million war deaths, Europe's cities and their economies were decimated by World War II.

Franklin formed a debating club that became the **embryo** of the American Philosophical Society.

It isn't surprising that scores on these tests **correlate** well with academic achievement, since both involve some intellectual activity.

Schizophrenia is the word for a group of mental illnesses marked by a **multitude** of symptoms.

If a picture is worth a thousand words, a good **parable** is worth a thousand pages of moral discourse.

It is the **multifaceted** and contradictory nature of Elizabethan society that gives Shakespeare's work its distinctive quality.

William J. Bennett laments the **profusion** of what he calls "an easygoing" relativism.

The modern comic strip started out as **ammunition** in a newspaper war between giants of the American press.

| 見出し語 | 発音 | No. | 意味 | 例文の意味 |
|---|---|---|---|---|
| **lethal** | [líːθəl] | 1444 | 致命的な, 死をもたらす / 名 lethality 致死性 | 植民者たちは意図的に戦争用の殺傷兵器を持ち込み, そして気づかぬうちに死をもたらす伝染病も持ち込んだのである。 |
| **auditory** | [ɔ́ːdətɔ̀ːri] | 1445 | 聴覚の, 耳の | 幻覚剤は, 視覚, 聴覚, また運動感覚の幻覚など感覚や知覚のゆがみを生じさせる。 |
| **adverse** | [ædvə́ːrs] | 1446 | 敵対する, 不利な, 反対側の / 名 adversary 敵, 対抗者 | その犯罪的な会社がやり方を改めるよう圧力をかけるために, 抗議行動や, 敵対的な宣伝, そして不買運動という手段が用いられた。 |
| **dislocation** | [dìsloukéiʃən] | 1447 | 転位, 混乱, 脱臼 / 動 dislocate 位置を変える | 多くの内戦が引き起こした混乱によって, 母国から逃げ出す人々の数は大幅に増えた。 |
| **infectious** | [infékʃəs] | 1448 | 伝染性の, 伝わりやすい / 名 infection 感染症, 影響 | 都市部では伝染病が恐ろしい速さで広がったため, 農村より都市の方が死ぬ確率は常に高かった。 |
| **celestial** | [səléstʃəl] | 1449 | 天体の, 天国の, 天空の | ガリレオは天体観測のために望遠鏡を使った最初の人物である。 |
| **ubiquitous** | [juːbíkwətəs] | 1450 | どこにでも存在する / 名 ubiquity どこにでもあること | まずラジオ, 次に映画, そして今や全能の, どこにでもあるテレビの存在が, アメリカ人の生活を根本から変えてしまった。 |
| **groundwork** | [gráundwə̀ːrk] | 1451 | 土台, 基本原理, 背景 | 主題のうえでその詩の土台となっている2つの要素は, 時間と宗教である。 |
| **servitude** | [sə́ːrvətjùːd] | 1452 | 奴隷状態, 強制労働 | アフリカ人たちは捕らえられて祖国から外国に売られ, 奴隷として生きることになった。 |
| **mediate** | [míːdièit] | 1453 | 仲立ちをする, 調停する / 名 mediation 仲介, 調停 | 神を崇め, その言葉を伝える僧侶たちは, 神の存在と人間の仲立ちをするものとして支配層に加わった。 |
| **durable** | [djúərəbl] | 1454 | 長持ちする, じょうぶな / 名 durability 耐久性 | おそらくビーズは人間が初めて所有した耐久性のある装飾品だろう。 |
| **bilateral** | [bailǽtərəl] | 1455 | 二者[国]が関わる, 相互的な, 両側のある | これは1949年までに合衆国が結んだ唯一の二国間防衛条約であった。 |
| **maternity** | [mətə́ːrnəti] | 1456 | 妊娠の, 出産の, 母であること | 共産主義国の女性は, 生まれた子を世話するため権利として最長3か月の産休を与えられていた。 |

The colonizers knowingly brought with them **lethal** weapons of war, as well as unwittingly bringing **lethal** communicable diseases.

Hallucinogens produce sensory or perceptual distortions, including visual, **auditory**, or kinesthetic hallucinations.

Protests, **adverse** publicity, and economic boycotts were used to put pressure on the guilty corporations to mend their ways.

The **dislocation** caused by many civil wars has greatly increased the number of people fleeing from their native lands.

**Infectious** diseases spread with deadly speed in cities, and people were always more likely to die in the city than in the countryside.

Galileo was the first to employ the telescope to study the **celestial** bodies.

First radio, then movies, and now an all-powerful, **ubiquitous** television presence have changed American life at its roots.

Two elements that provide a thematic **groundwork** for the poem are time and religion.

Africans were seized from their native land, and sold into lives of **servitude** into a foreign land.

The priests who honored and communicated with the gods joined the rulers to **mediate** between these deities and the people.

Beads were probably the first **durable** ornaments humans possessed.

This was the only **bilateral** defense treaty signed by the United States until 1949.

A woman in a communist country received as her right up to three months of **maternity** leave to care for her newborn infant.

| 見出し語 | 意味 | 例文の意味 |
|---|---|---|
| **cerebral** [sərí:brəl] 1457 | 脳の, 知性に訴える | 大脳皮質, つまり脳の外層は, 前頭葉, 頭頂葉, 後頭葉, 側頭葉の4つの葉に分けられる。 |
| **ascend** [əsénd] 1458 | 登る, 出世する, 上昇する 名ascent 上昇, 昇進 | トルーマンが大統領の地位に昇る以前は, マンハッタン計画はルーズベルトが関与を避けた多くの事案の1つだった。 |
| **stagnate** [stǽgneit] 1459 | 発達が止まる, 停滞する 形stagnant 停滞している | 1913年以前, 第三世界の1人当たりの収入は停滞したまま, 先進諸地域とは著しい対照をなしていた。 |
| **profess** [prəfés] 1460 | 表明する, 告白する 名profession 表明, 告白, 職業 | 1991年, 主要先進諸国はウルグアイ・ラウンド(=多角的貿易交渉)を成功に終わらせる決意を表明した。 |
| **fabulous** [fǽbjuləs] 1461 | 非常に素晴らしい, 架空の | アッシジのサンフランチェスコ聖堂の非常に素晴らしいフレスコ画は, 現在は復元されている。 |
| **arduous** [á:rdʒuəs] 1462 | 非常な努力を要する, 困難な 副arduously 根気よく | 学者たちは, これらのつらい労働を支えている原動力が宗教的な性質のものなのかどうか, わからないでいる。 |
| **wrath** [rǽθ] 1463 | 激しい怒り, 復讐 形wrathful 激怒した | カエサルを激怒させぬようにと側近から警告されて, プトレマイオスはポンペイウスを殺し, その首をカエサルに送り届けた。 |
| **precarious** [prikéəriəs] 1464 | 不安定な, 危なっかしい | その不安定な地位を維持するために, 上層労働階級は独特な価値観と堅苦しい振る舞いを身につけた。 |
| **pessimism** [pésəmìzm] 1465 | 悲観主義, 厭世的な見方 形pessimistic 悲観的な | 第一次大戦後に知識人たちが経験した生の危機には, 厭世観や不確実性, そして不合理な力への傾倒, という特徴があった。 |
| **havoc** [hǽvək] 1466 | 破壊, 荒廃, 大損害 | 大量爆撃作戦は南北ベトナム双方を荒廃に陥れた。 |
| **heuristics** [hjuərístiks] 1467 | 発見的方法, 経験則 形heuristic 発見的な | どのような発見的方法が, 与えられた問題には最も相応しいかを決めることが, 問題解決の一部をなしている。 |
| **remorse** [rimɔ́:rs] 1468 | 深い後悔, 自責の念 形remorseful 深く悔恨している | たぶんドイツ人の謙虚さと自責の念は, かつての自国と自国民に対する愛情に代わって新たなドイツ的美徳になっているのだろう。 |
| **duplicate** [djú:plikèit] 1469 | 複製する, 複写する, 再現する | 研究用に遺伝物質を複製するための技術は, エボラ出血熱のウイルス性物質を見つけるために用いられている。 |

The **cerebral** cortex, the outside surface of the brain, is divided into four lobes: frontal, parietal, occipital, and temporal.

Before Truman **ascended** to the presidency, the Manhattan Project was one of many matters that Roosevelt had kept from him.

Per capita income **stagnated** in the Third World before 1913, in striking contrast to the industrializing regions.

In 1991 the leading industrialized nations **professed** a determination to complete the Uruguay Round successfully.

The **fabulous** frescoes in the Basilica of St. Francis in Assisi have now been restored.

Scholars do not know whether the driving force behind such **arduous** labor was religious in nature.

Ptolemy's advisors warned him against the **wrath** of Caesar, so he killed Pompey and sent Caesar his head.

To maintain its **precarious** standing, the upper working class adopted distinctive values and strait-laced behavior.

After World War I, intellectual life underwent a crisis marked by **pessimism**, uncertainty, and fascination with irrational forces.

A massive bombing campaign wrought **havoc** in both North and South Vietnam.

Part of problem-solving is to decide which **heuristics** is most appropriate for a given problem.

Maybe German humility and **remorse** have become the new German virtues to replace love of one's country and one's people.

A technique used to **duplicate** genetic material for study is used to detect Ebola viral material.

| 語 | | 意味 | 例文の意味 |
|---|---|---|---|
| **affront** [əfrʌ́nt] 1470 | ☐ ☐ | 侮辱, 侮辱する, 立ち向かう | 海は法の及ばぬ領域であるという考え方は, 大英帝国にとっては, 道理というものに対する危険な**侮辱**であった。 |
| **distrust** [distrʌ́st] 1471 | ☐ ☐ | 不信, 疑惑, を疑う 形 distrustful 疑っている | 冷戦は, 合衆国とソ連の間に疑念と**不信**を生み出した。 |
| **wield** [wíːld] 1472 | ☐ ☐ | 振るう, 行使する, 影響を及ぼす | 重役連中が会社であまりに権力を**振るう**ようになると, 彼らの嫌がることを無理矢理させるのが難しくなる。 |
| **outdated** [àutdéitid] 1473 | ☐ ☐ | 古くさい, 時代遅れの 動 outdate 時代遅れにする | 1960年代の学生の反乱は, 単に教室がすし詰めだとか, 科目内容が**時代遅れ**だとかいう理由だけで起きたのではない。 |
| **analytical** [ænəlítikl] 1474 | ☐ ☐ | 分析的な, 分析による ≒ analytic | **分析**心理学では, ナルシシズムは自己疎外の障害とみなされ, 母親の育て方が不適切だったことから起きると考えられている。 |
| **breakup** [bréikʌ̀p] 1475 | ☐ ☐ | 分裂, 崩壊, 解散, 破局 | アレクサンドロスの早すぎる死と, それに続く帝国の**分裂**をもって, ギリシャ芸術の古典時代は終わりを告げる。 |
| **gem** [dʒém] 1476 | ☐ ☐ | 宝石 | 琥珀, 珊瑚, そして真珠を除けば, **宝石**はすべて岩から採れる。 |
| **retaliation** [ritæ̀liéiʃən] 1477 | ☐ ☐ | 報復, 復讐 動 retaliate 報復する | 英国の北海封鎖によって海軍艦隊を封じ込められたドイツの**報復**は, 水面下で行われた。 |
| **protectionism** [prətékʃənìzm] 1478 | ☐ ☐ | 保護主義, 保護貿易主義 | 外国の強力な競争相手を前にしている産業は, 通商政策においてもっと強い**保護貿易政策**をとるように訴えてきた。 |
| **disparate** [díspərət] 1479 | ☐ ☐ | 本質的に異なる, 似たところのない 名 disparity 相違 | 収束進化は, 非常に**異なった**, 関係のない種が, ある特定の身体特性を共有する理由の説明になるだろう。 |
| **emulate** [émjulèit] 1480 | ☐ ☐ | 真似する, 見習う, 張り合う 名 emulation 模倣, 競争 | 新古典主義の文学者たちは古典における先行作品をできるだけ忠実に**模倣**しようとした。 |
| **sparsely** [spáːrsli] 1481 | ☐ ☐ | まばらに, わずかに 形 sparse まばらな | その島の残りの部分は大半がほとんど手つかずで, **まばらに**人が住んでいるにすぎない。 |
| **guise** [gáiz] 1482 | ☐ ☐ | 見せかけ, 外見, 装い | 何兆ドルという金が, 外貨購入を**装って**, 毎日ごく普通に国境を越えている。 |

The idea that the sea was a realm beyond law, for the British Empire, was a dangerous **affront** to the order of things.

The Cold War created suspicion and **distrust** between the United States and the Soviet Union.

Executives **wield** so much power in a company that it is hard to get them to do something that they don't want to do.

The student protests of the 1960s were due to more than overcrowded classrooms and **outdated** courses.

**Analytical** psychology views narcissism as a disorder of self-estrangement, which arises out of inadequate maternal care.

Alexander's premature death, and the subsequent **breakup** of his empire, marks the end of the Classical period in Greek art.

All **gems** except amber, coral, and pearl, come from rocks.

With its naval fleet bottled up by the British blockade of the North Sea, Germany's **retaliation** took place beneath the waves.

Industries facing strong competition from abroad have appealed for a greater degree of **protectionism** in trade policy.

Convergent evolution may account for single specific physical characteristics of very **disparate**, unrelated species.

Neoclassical literary figures tried to **emulate** the classical examples as faithfully as possible.

Much of the rest of the island remains little changed and **sparsely** populated.

Multiple trillions of dollars routinely cross borders daily in the **guise** of foreign currency purchases.

| 見出し語 | 意味 | 例文の意味 |
|---|---|---|
| **extravagant** [ikstrǽvəgənt] 1483 | 無駄遣いの 名 extravagance 浪費, 行き過ぎ | 1980年代, ヨーロッパ合同原子核研究機関に対して, 乏しい資源の**とんだ無駄遣いだ**という非難が段々強くなっていった。 |
| **confound** [kɑnfáund] 1484 | 面食らわせる, 驚かせる, 混乱させる | 様々なレベルで, 日本人が集団の利益のために進んで自分の利益を犠牲にする様子は, アメリカ人を**面食らわせる**。 |
| **revert** [rivə́ːrt] 1485 | 元に戻る, 復帰する | パナマ運河条約に従って, 1999年の末に, パナマ運河はパナマ主権の下に**再び置かれる**こととなった。 |
| **toxic** [tɑ́ksik] 1486 | 有毒な, 中毒性のある 名 toxicity 毒性 | 廃棄物集積場から近隣の湖や河川に**毒性のある**化学物質が漏れ出ており, また鳥や魚にも影響を及ぼしている。 |
| **nomadic** [noumǽdik] 1487 | 遊牧(民)の, 遊牧的な 名 nomad 遊牧民 | **遊牧**社会から定住社会に移行すると, 人間は重要な決定をする権威的機構を作り出した。 |
| **seduce** [sidjúːs] 1488 | 誘惑する, そそのかす 形 seductive 誘惑的な | そのイタリア移民の若者はお金の魅力に**ひかれて**ボクサーになり手を痛めてしまった。 |
| **repository** [ripɑ́zətɔ̀ːri] 1489 | 容器, 貯蔵所, 宝庫 | **貯蔵所**ができるまでの間, 使用済み燃料と高レベル廃棄物は, 一時的な保管施設に置かれている。 |
| **relentless** [riléntlis] 1490 | 容赦ない, 過酷な 副 relentlessly 情け容赦なく | ソクラテスが**容赦なく**その価値基準に吟味を加えたために, 多くの有力市民が若者たちの前で面目をつぶされた。 |
| **cumulative** [kjúːmjulətiv] 1491 | 累積する, 少しずつ増えていく 動 cumulate 蓄積する | 歴史, そして美術史を個々の発展が長い間**累積して**できあがったものだと見なすのは, 実に魅力的である。 |
| **sublime** [səbláim] 1492 | 崇高なもの, 気高い, 荘厳な | 「**崇高美**」は, 畏怖と崇拝の念, 果てしなさ, そして人間の理解を超えた力を感じさせた。 |
| **unravel** [ʌnrǽvəl] 1493 | 明らかになる[する], を解く | 『ユリシーズ』の言語の目的は, 現代人の生活をそれ自体**解明されるべき**途方もない謎として映し出すことにある。 |
| **apportion** [əpɔ́ːrʃən] 1494 | 割り当てる, 配分する, 分担させる | 下院では, 自由民の人口に奴隷人口の5分の3を足した数に応じて, 各州に議席が**配分される**ことになっていた。 |
| **inseparable** [insépərəbl] 1495 | 切り離せない 副 inseparably 不可分に | この時代には, 視覚芸術でも文学でも主題と技法は**密接に関係する**ようになった。 |

In the 1980s CERN was increasingly attacked as an **extravagant** misallocation of scarce resources.

At various levels, Japanese willingness to sacrifice personal interests to those of the group **confounds** Americans.

Under the Panama Canal Treaties, the Canal **reverted** to Panamanian sovereignty at the end of 1999.

Garbage dumps leak **toxic** chemicals into neighbouring lakes and rivers, also affecting birds and fish.

As humans moved from **nomadic** to settled societies, they created authoritative structures making key decisions.

The Italian immigrant youth was **seduced** by the lure of money to become a boxer and injured his hands.

Until a **repository** is made, spent fuel and high-level waste is being stored in temporary storage facilities.

Many of the leading citizens lost face before the youth of the city due to Socrates' **relentless** probing into their value system.

It is indeed tempting to see history, and art history, as a series of **cumulative** developments.

The "**sublime**" produced feelings of awe, reverence, vastness, and a power beyond human comprehension.

The language of Ulysses is intended to mirror modern life itself a gigantic riddle waiting to be **unraveled**.

The House of Representatives would be **apportioned** according to the number of free inhabitants plus three-fifths of the slaves.

Subject and technique became **inseparable** in both the visual and literary art of the period.

| 見出し語 | | 意味 | 例文の意味 |
|---|---|---|---|
| **synonymous** [sinánəməs] 1496 | | 同意語の, 同義の | 情緒という語は一般的には感情という語と同じ意味で用いられている。 |
| **youngster** [jʌ́ŋstər] 1497 | | 若者, 子供, 青少年<br>↔oldster 年輩者 | 成功して当然という考え方は, 家族を失望させたくないと懸命に願う若者にとってはプレッシャーになる。 |
| **recite** [risáit] 1498 | | 朗読する, 復唱する, 物語る<br>名 recital 独演会 | そのような本が時祷書と呼ばれるようになったのは, 一日8回の祈祷「時」に唱える祈りが書かれていたからである。 |
| **anomaly** [ənáməli] 1499 | | 例外, 異常, 奇形, 変則<br>形 anomalous 特異な | 男性における染色体異常と暴力犯罪行動とを結びつける生物学的な説明が幾つか現れた。 |
| **painstaking** [péinztèikiŋ] 1500 | | 労を惜しまない, 丹念な<br>副 painstakingly 苦労して | チェルノブイリ原発事故のような大災害に対しては調査がなされ, 公正で細部まで綿密を極めた報告がなされた。 |

The term emotion is commonly used as being **synonymous** with feeling.

The need to succeed places pressure on **youngsters** wanting desperately not to disappoint their families.

Such books came to be called Books of Hours because they contained prayers to be **recited** at the eight canonical "hours."

Several biological explanations appeared linking a chromosomal **anomaly** in males with violent and criminal behavior.

A disaster like the Chernobyl nuclear accident was investigated and reported with honesty and **painstaking** thoroughness.

## 必修基礎単語 300

- [ ] critic
- [ ] colony
- [ ] refer to
- [ ] prove
- [ ] largely
- [ ] increasingly
- [ ] employ
- [ ] self
- [ ] propose
- [ ] tribe
- [ ] review
- [ ] criminal
- [ ] sacred

- 必ず覚えておきたい基礎単語です。わからない語句がないか確認しておきましょう。
- 【必修基礎単語300】を学習していて、掲載単語が難しいと感じる（意味のわかる単語が1ページに平均0〜1語しかない）ようでしたら、ひとまずは、大学受験用の単語集に戻ってそこから復習されることをお勧めします。

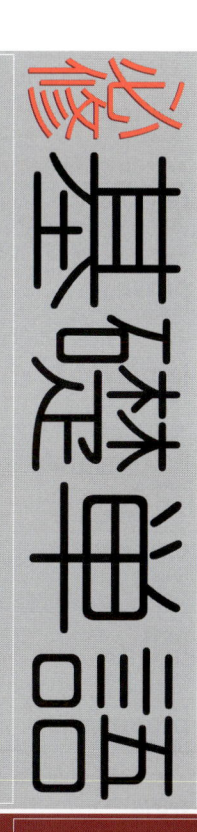

◆[院単] 必修基礎単語 300　　　Check❶　　　1 … ▶ 13 □

## critic
[krítik]　　　　動 criticize
- a prominent literary **critic**　　1

批評家
動 批判する
- 著名な文芸**批評家**

## colony
[káləni]　　　　動 colonize
- set up the first **colony**　　2

植民地
動 植民地化する
- 最初の**植民地**を設ける

## refer to
[rifə́ːr]　　　　名 reference
- **refer to** social category　　3

を指す, を参照する
名 言及, 参照
- 社会的範疇を**指す**

## prove
[prúːv]　　　　形 proven
- **prove** to be effective　　4

だとわかる
形 証明された
- 効果的**だとわかる**

## largely
[láːrdʒli]
- come **largely** from Europe　　5

もっぱら, おおよそは

- **もっぱら**ヨーロッパから来る

## increasingly
[inkríːsiŋli]　　　　動 increase
- become **increasingly** active　　6

ますます, 段々に
動 増える
- **ますます**活発になる

## employ
[implɔ́i]　　　　名 employee
- **employ** scientific methodology　　7

用いる, 働かせる
名 従業員
- 科学的方法を**用いる**

## self
[sélf]
- sense of **self**　　8

自己

- **自己**意識

## propose
[prəpóuz]　　　　名 proposition
- **propose** a theory of language　　9

提案する
名 提案
- 言語理論を**提唱する**

## tribe
[tráib]　　　　形 tribal
- customs of nomadic **tribes**　　10

部族
形 部族の
- 遊牧**民族**の習慣

## review
[rivjúː]
- **review** the fishery resources　　11

(再)調査する

- 漁業資源を**調査する**

## criminal
[krímənl]
- think of the man as a **criminal**　　12

犯罪者, 犯罪の

- その男を**犯罪者**だとみなす

## sacred
[séikrid]
- a **sacred** place for rituals　　13

神聖な

- 儀式のための**神聖な**場所

| | | |
|---|---|---|
| **numerous** [njúːmərəs] | | 非常に多くの |
| • **numerous** similarities | 14 | • 非常に多くの類似点 |
| **tendency** [téndənsi] 動tend | | 傾向, 性癖 動～しがちだ |
| • a **tendency** toward fragmentation | 15 | • 細分化の傾向 |
| **representative** [rèprizéntətiv] | | 代表的な, 代表者 |
| • a **representative** modern author | 16 | • 代表的な現代作家 |
| **typically** [típikəli] 動typify | | 一般的には, 典型的には 動～の典型となる |
| • the pattern **typically** found in Asia | 17 | • アジアで一般的な傾向 |
| **differ** [dífər] | | 異なる |
| • **differ** in some details | 18 | • 幾つか細部で異なる |
| **boundary** [báundəri] | | 境界(線) |
| • settle **boundary** disputes | 19 | • 国境紛争を解決する |
| **inquiry** [inkwáiəri] 動inquire | | 探求, 調査 動問いあわせる |
| • a pure philosophical **inquiry** | 20 | • 純粋な哲学的探求 |
| **extensive** [iksténsiv] 副extensively | | 広範な, 豊富な 副広く |
| • **extensive** knowledge of plants | 21 | • 植物に関する広範な知識 |
| **liberty** [líbərti] 形liberal | | 自由 形自由主義的な |
| • protect individual **liberty** | 22 | • 個人の自由を守る |
| **specialize** [spéʃəlàiz] 名specialization | | 専門とする 名専門化 |
| • **specialize** in medieval history | 23 | • 中世史を専門とする |
| **connect** [kənékt] | | 結ぶ, つなげる |
| • communities **connected** economically | 24 | • 経済的に結びついた地域 |
| **insurance** [inʃúərəns] 動insure | | 保険 動保険をかける |
| • make an **insurance** claim | 25 | • 保険金を請求する |
| **consciousness** [kánʃəsnis] 副consciously | | 意識 副自覚して |
| • alteration of **consciousness** | 26 | • 意識の変化 |

## discipline
[dísəplin] 形 disciplinary
- emerge as a discrete **discipline** 27

学問の一領域
形 学問の
- 別個の学問分野として現れる

## raw
[rɔ́ː]
- produce **raw** materials 28

手を加えていない
- 原料を生産する

## universal
[jùːnəvə́ːrsəl] 副 universally
- Latin as a **universal** language 29

どこでも当てはまる
副 あまねく
- 世界共通言語としてのラテン語

## anxiety
[æŋzáiəti] 形 anxious
- **anxiety** about the future 30

不安
形 心配して
- 未来に対する不安

## resist
[rizíst] 名 resistance
- **resist** the temptation to spend more 31

抵抗する
名 抵抗
- 浪費の誘惑に抵抗する

## unconscious
[ʌnkɑ́nʃəs] 副 unconsciously
- reveal **unconscious** desires 32

無意識の
副 知らず知らずに
- 無意識の欲望を暴く

## punishment
[pʌ́niʃmənt]
- the effects of **punishment** on education 33

罰(を与えること)
- 教育における懲罰の効果

## accuse
[əkjúːz] 名 accusation
- be **accused** of sexism 34

非難する, 告発する
名 告発
- 性差別だと非難される

## dependent
[dipéndənt] 名 dependence, dependency
- be **dependent** on Persian Gulf oil 35

に頼っている
名 依存(状態)
- ペルシャ湾の石油に依存する

## outline
[áutlàin]
- An **Outline** of American History 36

概要, 輪郭
- 『アメリカ史概説』

## frame
[fréim]
- the **framing** of the Constitution 37

構成する, 枠組
- 憲法の立案

## productive
[prədʌ́ktiv] 名 productivity
- increase **productive** capacity 38

生産的な
名 生産力
- 生産能力を高める

## realistic
[rìːəlístik] 副 realistically
- employ **realistic** techniques 39

写実的な, 現実的な
副 写実的に
- 写実的な手法を用いる

|  |  |  |
|---|---|---|
| **strengthen** [stréŋkθən]  • strengthen basic research | 40 | 強化する, 補強する  ● 基礎研究を強化する |
| **meanwhile** [míːnhwàil]  • Meanwhile, prices were rising. | 41 | その間に, その一方では  ● その間も, 物価は上がっていった。 |
| **slightly** [sláitli]  • be slightly larger than Alaska | 42 | わずかに, 若干  ● アラスカよりわずかに広い |
| **worship** [wə́ːrʃip]　名worshiper  • worship cats as gods | 43 | 崇拝する  名 崇拝者  ● 猫を神として崇める |
| **strip** [stríp]  • be stripped of their possessions | 44 | 奪い取る, はぐ  ● 財産を奪われる |
| **false** [fɔ́ːls]　名falsity  • a false illusion of individual ability | 45 | 誤った, 虚偽の  名 欺瞞  ● 個人の能力に対する誤った幻想 |
| **be bound to do** [báund]  • be bound to follow the decisions | 46 | 〜しなければならない  ● その決定に従わねばならない |
| **compose** [kəmpóuz]　名composition  • audience composed of young people | 47 | を構成する  名 構成物  ● 若い人から成る聴衆 |
| **seize** [síːz]　名seizure  • seize control of the government | 48 | 手に入れる  名 掌握  ● 政府の実権を握る |
| **declaration** [dèkləréiʃən]　動declare  • unilateral declaration of independence | 49 | 宣言  動 はっきり言う  ● 一方的な独立宣言 |
| **limited** [límitid]  • a limited supply of energy | 50 | 限られた  ● エネルギーの限られた供給量 |
| **approve** [əprúːv]　名approval  • approve the resolution | 51 | 認める  名 承認  ● 決議を認める |
| **continuous** [kəntínjuəs]　名continuity  • observe the continuous variation | 52 | 連続的な  名 連続(性)  ● 持続的な変化を観察する |

◆[院単] 必修基礎単語 300　　Check　　53…▶65

## split
[splít]
- split into two parties　53
- 分裂, 分裂する
- 2つの党に分裂する

## translate
[trænsléit]　名translation
- translate the manuscripts into Latin　54
- 翻訳する
- 名 翻訳
- 写本をラテン語に翻訳する

## uncertainty
[ʌnsə́ːrtnti]　形uncertain
- poverty and economic uncertainty　55
- 不安定
- 形 不確かな
- 貧困と経済的不安定

## occasional
[əkéiʒənəl]　副occasionally
- sunshine and occasional showers　56
- 時折の
- 副 たまに
- 晴れ間と時折の小雨

## calculate
[kǽlkjulèit]　名calculation
- calculate rates of increase　57
- 計算する
- 名 計算
- 増加率を計算する

## surprisingly
[sərpráiziŋli]
- surprisingly variable　58
- 驚くほど
- 驚くほど変わりやすい

## neglect
[niglékt]
- neglect the quality of life　59
- 無視する
- 生活の質を無視する

## steadily
[stédili]　形steady
- decrease steadily with age　60
- 着実に
- 形 確実な
- 年齢と共に着実に下がる

## substantially
[səbstǽnʃəli]　形substantive
- a substantially higher birthrate　61
- 相当
- 形 かなりの
- 相当高い出生率

## bargain
[báːrɡən]
- bargain collectively　62
- 交渉する
- 団体交渉をする

## circular
[sə́ːrkjulər]
- circular underside of the cup　63
- 円形の
- カップの丸い底面

## solid
[sálid]　動solidify
- solid waste management　64
- 固体の
- 動 固める
- 固形廃棄物処理

## unemployed
[ʌnimplɔ́id]　名unemployment
- provide aid to unemployed youth　65
- 雇用されていない
- 名 失業(状態)
- 失業中の若者を援助する

|  |  | |  |
|---|---|---|---|
| **modest** [mάdist] 副 modestly | • make **modest** contributions | 66 | 控えめな 副 控えめに • ささやかな貢献をする |
| **collective** [kəléktiv] 副 collectively | • **collective** security | 67 | 集団の 副 集団で • 集団安全保障 |
| **complicated** [kάmpləkèitid] | • more **complicated** problems | 68 | 複雑な • より複雑な問題 |
| **intention** [inténʃən] 形 intentional | • **intentions** behind colonialism | 69 | 意図 形 故意による • 植民地主義の背景にある意図 |
| **ruin** [rúːin] | • **ruin** the economy | 70 | 破滅させる • 経済を破綻させる |
| **daring** [déəriŋ] 動 dare | • **daring**, innovative early work | 71 | 大胆な 動 敢えて〜する • 大胆で革新的な初期作品 |
| **skilled** [skíld] ↔ unskilled | • the better-paid **skilled** worker | 72 | 技術を身につけた ↔ 未熟練の • 給料の良い熟練労働者 |
| **sacrifice** [sǽkrəfàis] | • demand great **sacrifices** | 73 | 犠牲, 犠牲にする • 多大な犠牲を求める |
| **membership** [mémbərʃip] | • trade union **membership** | 74 | 構成員の総数 • 労働組合の組合員数 |
| **multiple** [mʌ́ltəpl] 名 multiplicity | • **multiple** personality disorder | 75 | 多数の 名 多数 • 多重人格障害 |
| **machinery** [məʃíːnəri] | • application of **machinery** to farming | 76 | 機械(類) • 農作業の機械化 |
| **scatter** [skǽtər] | • **scattered** villages along the Nile | 77 | 散らばる • ナイル川沿いに点在する村 |
| **suspect** [səspékt] 形 suspicious | • **suspected** cases of malaria | 78 | 疑う 形 疑わしい • マラリアが疑われる症状 |

|  |  |
|---|---|
| **acceptable** [ækséptəbl] | 受け入れ可能な |
| • socially acceptable behavior | • 社会的に容認できる行動 |
| **ray** [réi] | 光線 |
| • ultraviolet rays from the sun | • 太陽からの紫外線 |
| **cultivate** [kʌ́ltəvèit] 名cultivation | 養う, を耕す / 名育成, 教養 |
| • cultivated French family | • 教養あるフランスの家族 |
| **deserve** [dizə́ːrv] | に価する |
| • deserve careful consideration | • じっくり考える価値がある |
| **formerly** [fɔ́ːrmərli] | 以前は |
| • formerly Roman territories | • かつてローマの領土だった土地 |
| **qualify** [kwάləfài] 名qualification | 資格を与える / 名資格 |
| • qualified as a doctor | • 医師の資格を持つ |
| **reasonable** [ríːzənəbl] | 論理の通った |
| • reasonable explanation for the problem | • 問題の理にかなった説明 |
| **classify** [klǽsəfài] 名classification | 分類する / 名分類 |
| • classified as toxic waste | • 有害廃棄物に分類される |
| **prompt** [prάmpt] 副promptly | 即座の / 副速やかに |
| • receive prompt treatment | • 迅速な治療を受ける |
| **quantity** [kwάntəti] 形quantitative | 量 / 形量的な |
| • tremendous quantity of meltwater | • 莫大な量の雪解け水 |
| **regardless of** [rigάːrdləs] | に構わず |
| • regardless of social position | • 社会的地位にかかわらず |
| **confuse** [kənfjúːz] | 混同する |
| • confuse race with ethnicity | • 人種と民族性を混同する |
| **efficiency** [ifíʃənsi] 形efficient | 能率 / 形効率的な |
| • reduce heating efficiency | • 熱効率を悪くする |

| | | |
|---|---|---|
| **finding** [fáindiŋ] | | (研究の)成果 |
| • **findings** of modern ethology | 92 | • 現代の動物行動学の**成果** |
| **imaginary** [imǽdʒənèri] 形imaginative | | **想像上の** 形想像力に富む |
| • turn an **imaginary** threat into a real one | 93 | • **想像上の**脅威を現実にする |
| **recommend** [rèkəménd] 名recommendation | | **推薦する** 名推薦 |
| • **recommend** alternative therapies | 94 | • 代替療法を**薦める** |
| **descend** [disénd] 名descent | | **降りる** 名降下 |
| • **descend** toward the moon's surface | 95 | • 月の表面に**降りる** |
| **earning** [ə́ːrniŋ] | | **収入** |
| • **earnings** of unskilled workers | 96 | • 単純労働者の**収入** |
| **partially** [pɑ́ːrʃəli] | | **部分的には** |
| • **partially** applicable to humans | 97 | • **一部**は人間にも当てはまる |
| **reputation** [rèpjutéiʃən] 形reputed | | **評判** 形評判の |
| • acquiring a **reputation** as an actor | 98 | • 俳優として**評判**を取る |
| **verse** [və́ːrs] | | **詩, 詩の一行** |
| • traditional **verse** forms | 99 | • 伝統的な**詩**形 |
| **curiosity** [kjùəriásəti] 形curious | | **好奇心** 形興味をそそる |
| • intellectual **curiosity** and flexibility | 100 | • 知的**好奇心**と思考の柔軟性 |
| **guilt** [gilt] 形guilty | | **罪** 形有罪の |
| • prove the **guilt** of the accused | 101 | • 被告の有**罪**を証明する |
| **barely** [béərli] | | **かろうじて** |
| • **barely** enough room for a road | 102 | • **やっと**道が通るだけの広さ |
| **frighten** [fráitn] | | **を脅かす** |
| • **frighten** international investors | 103 | • 外国人投資家を**脅かす** |
| **interfere** [intərfíər] 名interference | | **妨げる** 名妨害 |
| • **interfere** with individual liberties | 104 | • 個人の自由を**妨げる** |

## outbreak
[áutbrèik]
- **outbreak** of World War I

発生
- 第一次大戦の**勃発**

## resign
[rizáin] 名resignation
- **resign** over a minor issue

辞める
名辞任
- 些細なことがらで**辞任**する

## thoroughly
[θə́:rouli] 形thorough
- **thoroughly** defeated nation

徹底的に
形徹底的な
- **完全に**敗北した国

## dismiss
[dismís]
- **dismiss** the Whorf hypothesis

退ける
- ウォーフの仮説を**退ける**

## excess
[iksés] 形excessive
- **excess** of expenditure over revenue

超過
形過度の
- 収入に対する支出**超過**

## loose
[lúːs] 動loosen
- **loose** association of states

緩やかな
動緩める
- **緩やかな**国家連合

## offense
[əféns] 形offensive
- commit an **offense**

違反, 攻撃
形不快な
- **違反**を犯す

## generous
[dʒénərəs] 名generosity
- **generous** gesture to a victim

寛大な
名寛大
- 犠牲者に対する**寛大な**そぶり

## immense
[iméns] 副immensely
- gain **immense** popularity

非常に大きな
副莫大に
- **大変な**人気を得る

## sympathy
[símpəθi] 形sympathetic
- express **sympathy** in the appropriate way

同情
形思いやりのある
- しかるべき形で**同情**を示す

## decay
[dikéi]
- **decay** of modern society

腐敗
- 現代社会の**腐敗**

## particle
[páːrtikl]
- highly radioactive **particles**

粒子
- 高放射性**粒子**

## spare
[spéər]
- **spare** no effort to end war

取っておく, 出し惜しむ
- 終戦に努力を**惜しまない**

|  |  |
|---|---|
| **tempt** [témpt] 名 temptation<br>• be **tempted** to apply for the job  118 | 誘う<br>名 誘惑<br>• その仕事に応募する**気になる** |
| **wholly** [hóuli]<br>• **wholly** at the mercy of lords  119 | 完全に<br>• **完全に**領主のなすがままで |
| **artificial** [à:rtəfíʃəl]<br>• use an **artificial** sweetener  120 | 人工の<br>• **人工**甘味料を用いる |
| **decisive** [disáisiv] 副 decisively<br>• enter its **decisive** stage  121 | 決定的な<br>副 断固として<br>• **決定的な**段階に入る |
| **interrupt** [ìntərʌ́pt] 名 interruption<br>• **interrupt** the natural flow of the market  122 | 中断する<br>名 中断<br>• 市場の自然な流通を**中断する** |
| **willingness** [wíliŋnis] 副 willingly<br>• **willingness** to take responsibility  123 | やる気<br>副 進んで<br>• **進んで**責任を取ろうとする**意志** |
| **boast** [bóust]<br>• **boast** a diversity in the landscape  124 | 自慢する<br>• 変化に富む風景を**誇る** |
| **protective** [prətéktiv]<br>• the earth's **protective** ozone layer  125 | 保護する<br>• 地球を**保護する**オゾン層 |
| **provision** [prəvíʒən] 形 provisional<br>• ignore the human rights **provisions**  126 | 条件, 蓄え<br>形 条件付きの<br>• 人権**条項**を無視する |
| **astonishing** [əstániʃiŋ]<br>• **astonishing** economic advance  127 | 驚くべき<br>• **驚くべき**経済発展 |
| **enclose** [inklóuz] 名 enclosure<br>• be **enclosed** on all four sides  128 | 取り囲む<br>名 囲い込み<br>• 四方をすべて**取り囲まれる** |
| **imitate** [ímətèit] 名 imitation<br>• **imitate** adult behavior  129 | 真似る<br>名 模倣<br>• 大人の行動を**真似る** |
| **self-conscious** [sélfkánʃəs]<br>• **self-conscious** and inhibited person  130 | 自意識の<br>• **自意識的**で内気な人 |

## colonize
[kάlənàiz] 名colonialism
- be colonized by European powers 131

□ を植民地化する
□ 名植民地主義
- ヨーロッパ列強の植民地になる

## federal
[fédərəl] 名federation
- increase federal budget deficits 132

□ 連邦政府の
□ 名連合
- (米国)国家予算赤字を増やす

## criticism
[krítəsìzm]
- methods of literary criticism 133

□ 批評, 非難
□
- 文芸批評の方法

## urban
[ə́:rbən] 動urbanize
- development of urban ways of life 134

□ 都会の
□ 動都市化する
- 都会的な生活様式の発展

## communist
[kάmjunist] 名communism
- establish a communist government 135

□ 共産主義(者)の
□ 名共産主義
- 共産主義政府を打ち立てる

## critical
[krítikəl]
- critical to national security 136

□ 重大な
□
- 国家の安全上重要な

## decline
[dikláin]
- fall into sharp decline 137

□ 下降, 減少
□
- 急激に減少する

## democratic
[dèməkrǽtik]
- spread democratic ideals 138

□ 民主主義の
□
- 民主主義の理念を普及させる

## era
[íərə]
- with the coming of a new era 139

□ 時代
□
- 新時代の到来と共に

## emerge
[imə́:rdʒ] 名emergence
- emerge as a separate species 140

□ 現れる
□ 名出現
- 別個の種として現れる

## goods
[gúdz]
- taxes imposed on imported goods 141

□ 商品
□
- 輸入品に課せられた税金

## convention
[kənvénʃən] 形conventional
- deep-seated social conventions 142

□ 約束事, 会議
□ 形慣習的な
- 根深い社会的慣習

## reform
[rifɔ́:rm] 名reformer
- encourage reform movements 143

□ 改革, 改革する
□ 名改革者
- 改革運動を促す

## corporation
[kɔ̀ːrpəréiʃən] 形corporate
- dominated by a few major **corporations** 144

団体, 企業
形会社の
- 少数の大**企業**に独占された

## emphasize
[émfəsàiz] 名emphasis
- **emphasize** the importance of ritual 145

強調する
名強調
- 儀式の大切さを**強調する**

## investment
[invéstmənt]
- set a new **investment** agenda 146

投資
- 新たな**投資**計画を立てる

## sculpture
[skʌ́lptʃər] 名sculptor
- the painting and **sculpture** of India 147

彫刻
名彫刻家
- インドの絵画と**彫刻**

## expansion
[ikspǽnʃən] 名expansionist
- promote population **expansion** 148

拡張, 発展
名拡張論者
- 人口の**拡大**を促進する

## significant
[signífikənt] 名significance
- play a **significant** role in society 149

重要な
名重要性
- 社会で**重要な**役割を果たす

## immigrant
[ímigrənt] 名immigration
- an endless stream of **immigrants** 150

移民
名移住
- 終わりなき**移民**の流入

## notion
[nóuʃən]
- key **notion** of the religion 151

概念
- その宗教の**鍵となる考え方**

## interpretation
[intə̀ːrprətéiʃən] 形interpretive
- be open to individual **interpretation** 152

解釈
形説明の
- 個人の**解釈**に委ねられている

## contemporary
[kəntémpərèri]
- changes in **contemporary** society 153

同時代の
- **現代**社会の変化

## occupy
[ɑ́kjupài] 名occupant
- invade and **occupy** Egypt 154

占める
名占有者
- エジプトを侵略し, **占領**する

## so-called
[sóukɔ́ːld]
- the **so-called** "triangular trade" 155

いわゆる
- **いわゆる**「三角貿易」

## mutual
[mjúːtʃuəl] 副mutually
- **mutual** understanding 156

相互の, 共通の
副互いに
- **相互**理解

## commit
[kəmít] 名commitment
- commit numerous crimes — 157

を犯す
名関与
- 大変な数の犯罪を犯す

## fundamental
[fʌ́ndəmèntl] 名fundamentalist
- fundamental human rights — 158

基本的な
名原理主義者
- 基本的人権

## intellectual
[ìntəléktʃuəl] 名intellect
- value intellectual curiosity — 159

知的な
名知性
- 知的好奇心を大切にする

## scholar
[skálər] 形scholarly
- accomplishments as a scholar — 160

学者
形学術的な
- 学者としての業績

## engage
[ingéidʒ] 名engagement
- engage in the pursuit of truth — 161

携わる
名契約
- 真理の探究に携わる

## commission
[kəmíʃən]
- appoint an advisory commission — 162

委員会, 任務
- 諮問委員会を任命する

## architecture
[ɑ́ːrkətèktʃər] 名architect
- ancient Roman architecture — 163

建築
名建築家
- 古代ローマ建築

## construction
[kənstrʌ́kʃən] 形constructive
- cover the cost of construction — 164

建設, 構造
形建設的な
- 建設費用をまかなう

## primary
[práiməri] 副primarily
- bear primary responsibility — 165

第一の, 主な
副第一に
- 主たる責任を負う

## troop
[trúːp]
- withdrawal of troops — 166

群れ, 軍隊
- 軍の撤退

## crisis
[kráisis]
- the world economic crisis — 167

危機
- 世界的経済危機

## classical
[klǽsikəl] 名classic
- classical ideal of art and literature — 168

古典的な
名古典
- 文学芸術の古典的理念

## psychology
[saikálədʒi] 形psychological
- field known as social psychology — 169

心理学
形心理学の
- 社会心理学と呼ばれる領域

| | | | |
|---|---|---|---|
| **reject** [ridʒékt]    名rejection | | □ □ | 拒絶する 名拒絶 |
| • reject the Versailles Treaty | 170 | | • ヴェルサイユ条約を拒否する |
| **capture** [kǽptʃər] | | □ □ | とらえる, 捕獲 |
| • capture media attention | 171 | | • マスコミの注意を引く |
| **portion** [pɔ́ːrʃən] | | □ □ | 部分, 分け前 |
| • the snowiest portion of the country | 172 | | • 国内で最も雪深い部分 |
| **civilization** [sivəlizéiʃən]    動civilize | | □ □ | 文明 動文明化する |
| • dawn of civilization in Mesopotamia | 173 | | • メソポタミアにおける文明の誕生 |
| **frontier** [frʌntíər] | | □ □ | 辺境, 最先端 |
| • lonely life on the frontier | 174 | | • 辺境での孤独な生活 |
| **recovery** [rikʌ́vəri] | | □ □ | 回復 |
| • spectacular economic recovery | 175 | | • 目を見張る経済的復興 |
| **instance** [ínstəns] | | □ □ | 例 |
| • for instance | 176 | | • 例えば |
| **romantic** [rouméntik] | | □ □ | ロマンチックな |
| • romantic ideal in marriage | 177 | | • 結婚に対するロマンチックな理想 |
| **carve** [káːrv] | | □ □ | 彫る |
| • vase of carved alabaster | 178 | | • 雪花石膏に彫刻をほどこした花瓶 |
| **document** [dákjumənt]    名documentation | | □ □ | 書類, 資料 名文書収集 |
| • contemporary historical documents | 179 | | • 同時代の歴史的文書 |
| **senate** [sénət]    名senator | | □ □ | 上院 名上院議員 |
| • be ratified by the U.S. Senate | 180 | | • 合衆国上院で批准される |
| **deposit** [dipázit]    名depository | | □ □ | 預ける 名保管場所 |
| • be deposited in a bank | 181 | | • 銀行に預けられる |
| **label** [léibəl] | | □ □ | レッテルを貼る |
| • label women as emotional | 182 | | • 女性を情緒的だと決めつける |

## geography
[dʒiágrəfi] 形 geographical
- geography as ecological reality — 183

地理(学)
形 地理的な
- 生態環境としての地理

## import
[ímpɔːrt]
- dependence on imports of foodstuffs — 184

輸入
- 食料の輸入への依存

## trend
[trénd]
- notable trend of recent years — 185

傾向, 流行
- 近年顕著な傾向

## coastal
[kóustəl]
- in the coastal area of Lebanon — 186

沿岸の
- レバノンの沿岸地域に

## index
[índeks]
- Gender Development Index — 187

索引, 指数
- ジェンダー開発指数

## appeal
[əpíːl]
- appeal to the patriots — 188

訴える
- 愛国者たちに訴える

## bond
[bánd]
- strong interpersonal bonds — 189

結びつき
- 個人間の強い結びつき

## foundation
[faundéiʃən] 名 founder
- lay the foundation of government — 190

土台, 基礎
名 創立者
- 政府の基礎をすえる

## disorder
[disɔ́ːrdər]
- patients with bipolar disorder — 191

混乱, 障害
- 躁鬱病の患者

## intense
[inténs] 形 intensive
- in spite of intense criticism — 192

強烈な
形 集中的な
- 強烈な非難にもかかわらず

## finance
[fínæns] 名 financier
- finance their children's travel — 193

資金を提供する
名 投資家
- 子どもの旅費を出す

## racial
[réiʃəl] 副 racially
- system of racial segregation — 194

人種の
副 人種的には
- 人種差別制度

## continental
[kàntənéntl]
- access to the continental interior — 195

大陸の
- 内陸部への交通手段

| | | |
|---|---|---|
| **acquire** [əkwáiər] 名acquisition • acquire linguistic competence | 196 | 手に入れる 名獲得 ● 言語能力を習得する |
| **decorate** [dékərèit] 形decorative • be richly decorated with mosaics | 197 | 飾る 形装飾的な ● モザイクで豪華に飾られている |
| **enable** [inéibl] • enable humans to make tools | 198 | を可能にする ● 人間が道具を作れるようにする |
| **sector** [séktər] • private sector | 199 | 部門, 領域 ● 民間部門 |
| **transform** [trænsfɔ́ːrm] 名transformation • radically transform their way of life | 200 | 形を変える 名変質 ● 生き方をまったく変える |
| **intelligence** [intélədʒəns] • high intelligence of the Neanderthals | 201 | 知性, 知恵 ● ネアンデルタール人の高い知性 |
| **zone** [zóun] • beyond the free-trade zone | 202 | 地域 ● 自由貿易地域を越えて |
| **cathedral** [kəθíːdrəl] • facade of the cathedral | 203 | 大聖堂 ● 大聖堂の正面 |
| **marble** [máːrbl] • gigantic marble sculpture | 204 | 大理石(の) ● 巨大な大理石の彫像 |
| **Marxist** [máːrksist] 名Marxism • contemporary Marxist critics | 205 | マルクス主義者(の) 名マルクス主義 ● 同時代のマルクス主義批評家たち |
| **doctrine** [dáktrin] • interpret Christian doctrine | 206 | 教義, 主義, 学説 ● キリスト教の教義を解釈する |
| **moderate** [mádərət] 名moderation • liberals and moderate socialists | 207 | 穏やかな 名適度 ● 進歩主義者と穏健な社会主義者 |
| **modernism** [mádərnizm] 名形modernist • phenomenon of literary modernism | 208 | モダニズム 名形モダニスト(の) ● 文学におけるモダニズム現象 |

## resemble
[rizémbl] 名resemblance
- resemble in subject matter

似ている
名類似(点)
- 主題が似ている

## socialist
[sóuʃəlist] 名socialism
- under a socialist government

社会主義者(の)
名社会主義
- 社会主義政府のもとで

## myth
[míθ] 形mythical
- form a myth and stereotype

神話
形神話上の
- 神話と固定観念を形成する

## mount
[máunt]
- tension mounted in Asia

増加する
- アジアで高まる緊張

## devote
[divóut] 名devotion
- devote oneself to writing

捧げる
名専念
- 著作に専念する

## participate
[pɑːrtísəpèit] 名participant
- participate in the global dialogue

参加する
名参加者
- 地球全体の対話に参加する

## welfare
[wélfèər]
- increased social welfare benefits

福祉
- 増額した社会福祉給付金

## stable
[stéibl] 動stabilize
- ensure fair prices and stable markets

安定した
動固定する
- 公正価格と安定市場を確保する

## theorist
[θíːərist]
- the social theorist Max Weber

理論家
- 社会理論家のマックス・ヴェーバー

## abandon
[əbǽndən] 名abandonment
- abandon any effort to keep peace

放棄する
名遺棄
- 平和維持の努力を全て放棄する

## perceive
[pərsíːv]
- ability to perceive distance

知覚する
- 距離を知覚する能力

## negotiation
[nigòuʃiéiʃən] 動negotiate
- conduct negotiations with China

交渉
動交渉する
- 中国と交渉を行う

## passion
[pǽʃən] 形passionate
- neutralize conflicting passions

情熱
形情熱的な
- 相反する情熱を中和させる

| 英語 | 222→234 | 日本語 |
|---|---|---|
| **capacity** [kəpǽsəti] | | (受容)能力 |
| • maintain productive **capacity** | 222 | • 生産**能力**を維持する |
| **cycle** [sáikl]  形cyclical | | 周期, 循環 / 形 周期的な |
| • modify the daily **cycle** of sleep | 223 | • 毎日の睡眠**周期**を修正する |
| **initial** [iníʃəl]  副initially | | 最初の / 副 最初は |
| • from the time of **initial** contact | 224 | • **最初**に接触した時から |
| **sum** [sʌ́m] | | 合計, 金額 |
| • cost large **sums** of money | 225 | • 多額の**金**がかかる |
| **technical** [téknikəl]  副technically | | 技術(上)の / 副 専門的には |
| • exhibit **technical** competence | 226 | • **技術的**な能力を示す |
| **triumph** [tráiəmf]  副triumphantly | | 大勝利, 大成功 / 副 勝ち誇って |
| • **triumph** of reason over animal passions | 227 | • 動物的欲望に対する理性の**勝利** |
| **elite** [ilí:t] | | エリート |
| • interests of the economic **elites** | 228 | • 経済**エリート**たちの利益 |
| **pioneer** [pàiəníər] | | 開拓者 |
| • **pioneer** in the study of behavior | 229 | • 行動研究の**先駆者** |
| **pursue** [pərsú:]  名pursuit | | 追求する / 名 追求 |
| • **pursue** his own interest | 230 | • 自分自身の利益を**追い求める** |
| **restore** [ristɔ́:r]  名restoration | | を元へ戻す / 名 復元 |
| • **restore** confidence in the system | 231 | • システムへの信頼を**回復**する |
| **accompany** [əkʌ́mpəni] | | に付随する |
| • dark side **accompanying** this change | 232 | • この変化に**伴う**負の側面 |
| **selection** [silékʃən] | | 選択 |
| • process of natural **selection** | 233 | • 自然**淘汰**の過程 |
| **elevation** [èləvéiʃən]  動elevate | | 標高, 上昇 / 動 上げる, 上がる |
| • produce **elevation** in blood pressure | 234 | • 血圧の**上昇**をもたらす |

265

## embrace
[imbréis]
- embrace racial classification　235

含む, 受け入れる
- 人種による分類を受け入れる

## paragraph
[pǽrəgræf]
- according to the previous paragraph　236

段落
- その前の段落によれば

## parallel
[pǽrəlèl]
- be roughly parallel to each other　237

と同等の, 平行の
- 互いにおおよそ似通っている

## proceed
[prəsíːd]　**名**proceeding
- proceed to the most challenging task　238

進む, 続ける
**名**進行
- 最も困難な仕事に進む

## tension
[ténʃən]
- heighten the dramatic tension　239

緊張
- 劇的な緊張を高める

## brief
[bríːf]　**副**briefly
- brief description of the event　240

短い
**副**手短に
- その出来事の簡潔な記述

## socialization
[sòuʃəlizéiʃən]　**動**socialize
- learn through the socialization process　241

社会化
**動**社会に適合させる
- 社会化の過程で学習する

## thinker
[θíŋkər]
- revolutionary religious thinkers　242

思想家
- 革命的な宗教思想家たち

## assistance
[əsístəns]
- technical assistance to poor countries　243

援助
- 貧しい国々への技術援助

## divorce
[divɔ́ːrs]
- laws concerning marriage and divorce　244

離婚(する)
- 結婚と離婚に関する法

## margin
[máːrdʒin]　**形**marginal
- the western margin of the region　245

端, 限界, 欄外
**形**周縁の
- その地域の西端

## tragedy
[trǽdʒədi]
- impending moment of tragedy　246

悲劇
- 切迫した悲劇の瞬間

## absorb
[æbsɔ́ːrb]
- absorb a number of European migrants　247

吸収する
- 多数のヨーロッパ移民を吸収する

|  |  |
|---|---|
| **fragment** [frǽgmənt] 名 fragmentation · manuscript **fragments** of Keats's poem 248 | 断片 名 分裂 · キーツの詩の**断片**的草稿 |
| **genius** [dʒíːnjəs] · Napoleon's military **genius** 249 | 天才, 才能 · ナポレオンの軍事的**才能** |
| **logical** [lάdʒikəl] 名 logic · make a **logical** argument 250 | 論理的な 名 論理 · **筋の通った**議論をする |
| **multicultural** [mÀltikÁltʃərəl] · write from a **multicultural** perspective 251 | 多文化の · **多文化**的な視点から書く |
| **pace** [péis] · keep **pace** with prices increase 252 | 歩調, 速度 · 価格の上昇と**歩調**を合わせる |
| **scholarship** [skάlərʃip] · raison d'être of classical **scholarship** 253 | 学問, 奨学金 · 古典**学**の存在意義 |
| **wilderness** [wíldərnis] · venture into the **wilderness** 254 | 荒野 · **荒野**に足を踏み入れる |
| **flee** [flíː] · people **fleeing** from their native lands 255 | 逃げる · 祖国を**逃れる**人々 |
| **furthermore** [fə́ːrðərmɔ̀ːr] · **Furthermore**, 256 | その上に · (文頭で) **さらに** |
| **gospel** [gάspəl] · lavishly decorated **gospel** books 257 | 福音 · 豪華な装飾を施された**福音**書 |
| **jail** [dʒéil] · being sentenced to 15 years in **jail** 258 | 刑務所 · **禁固**15年の判決を受ける |
| **partnership** [pάːrtnərʃip] · form a close **partnership** with citizens 259 | 提携, 協同 · 市民と緊密な**協力**関係を結ぶ |
| **ritual** [rítʃuəl] · build monuments for **ritual** purposes 260 | 儀式(の) · **儀式**用に碑石をたてる |

## sufficient
[səfíʃənt] 副 sufficiently
- necessary and **sufficient** conditions 261

**十分な**
副 十分に
- 必要かつ**十分な**条件

## tremendous
[triméndəs]
- grow at **tremendous** speed 262

**途方もない**
- **途方もない**速さで成長する

## capable
[kéipəbl] 名 capability
- **capable** of using standard English 263

**能力がある**
名 能力
- 標準英語を使う**ことができる**

## echo
[ékou]
- **echoes** of precolonial culture 264

**反響, 名残**
- 植民地化以前の文化の**名残**

## expense
[ikspéns] 名 expenditure
- get rich at the **expense** of others 265

**費用, 犠牲**
名 支出
- 他人を**犠牲**にして金持ちになる

## mate
[méit]
- **mate** and produce healthy offspring 266

**交尾する, 仲間**
- **交尾して**健康な子を作る

## precisely
[prisáisli] 名 precision
- paved with **precisely** cut blocks 267

**まさに, 正確に**
名 正確さ
- **正確に**切った石塊で舗装された

## prejudice
[prédʒudis]
- methods for reducing **prejudice** 268

**偏見, 先入観**
- **偏見**を少なくする方法

## privilege
[prívəlidʒ]
- enjoy the **privileges** of their position 269

**特権, 名誉**
- その地位の**特権**に浴する

## session
[séʃən]
- hold **sessions** every year 270

**会, 会期**
- 毎年**会議**を開催する

## shrine
[ʃráin]
- the sacred **shrine** of Delphi 271

**聖堂, 神社**
- デルフォイの**神殿**

## statue
[stǽtʃuː]
- create a daring **statue** of Venus 272

**(彫)像**
- 大胆なヴィーナス**像**を作る

## tragic
[trǽdʒik] ↔ comic
- **tragic** fate of eastern Europe 273

**悲劇的な**
↔ 喜劇的な
- 東ヨーロッパの**悲劇的な**運命

| | | | |
|---|---|---|---|
| **cease** [síːs] | | □ □ | 終わる |
| • cease to exist | 274 | | 消滅する（存在を終える） |
| **contrary** [kάntreri] | | □ □ | 正反対の |
| • contrary to Jewish custom | 275 | | ●ユダヤ人の習慣に反して |
| **dynamic** [dainǽmik] 名dynamics | | □ □ | 力強い 名力学 |
| • dynamic growth in the industry | 276 | | ●産業の力強い発展 |
| **fulfill** [fulfíl] | | □ □ | 果たす, 満たす |
| • fulfill basic human needs | 277 | | ●人間の基本的欲求を満たす |
| **plantation** [plæntéiʃən] | | □ □ | 大農園 |
| • work as plantation labor | 278 | | ●農園労働者として働く |
| **rectangular** [rektǽŋgjulər] 名rectangle | | □ □ | 長方形の 名長方形 |
| • square or rectangular grid pattern | 279 | | ●正方形または長方形の格子図形 |
| **satellite** [sǽtəlàit] | | □ □ | 衛星(の) |
| • put a satellite into orbit | 280 | | ●人工衛星を軌道に乗せる |
| **solidarity** [sὰlədǽrəti] | | □ □ | 連帯 |
| • maintain their wartime solidarity | 281 | | ●戦時下の連帯を維持する |
| **terrorism** [térərizm] 名terrorist | | □ □ | テロ行為 名テロリスト |
| • combat international terrorism | 282 | | ●国際的なテロと戦う |
| **underground** [ʌ́ndərgràund] | | □ □ | 地下の |
| • seep into underground water | 283 | | ●地下水に溶け出す |
| **desperate** [déspərət] 副desperately | | □ □ | 必死の, 絶望的な 副必死になって |
| • take command of a desperate situation | 284 | | ●絶望的な状況で指揮をとる |
| **harmony** [hάːrməni] 形harmonious | | □ □ | 調和 形調和の取れた |
| • internal harmony of our society | 285 | | ●社会の中の調和 |
| **historically** [histɔ́ːrikəli] | | □ □ | 歴史的に |
| • vary historically and across cultures | 286 | | ●歴史的文化的に異なる |

## parliament
[pɑ́ːrləmənt]　形 parliamentary
- ask the parliament to pass a special bill　287

議会
形 議会の
- 特別法案を通すよう議会に頼む

## unexpected
[ʌ̀nikspéktid]
- unexpected turn of events　288

予期しない
- 事態の予期せぬ展開

## phase
[féiz]
- enter a new phase of development　289

局面, 段階
- 新たな発達段階に入る

## withdraw
[wiðdrɔ́ː]　名 withdrawal
- withdraw from the secular world　290

引き下がる
名 撤退
- 俗世間から身を引く

## bourgeois
[buərʒwáː]
- mechanism of bourgeois society　291

ブルジョワ
- ブルジョワ社会の仕組み

## bureau
[bjúərou]
- Bureau of Land Management　292

部局, 事務所
- 土地管理局

## concrete
[kánkriːt]
- supported by concrete evidences　293

具体的な
- 具体的な根拠のある

## metropolitan
[mètrəpálitən]　名 metropolis
- expansion of major metropolitan areas　294

大都市の, 首都の
名 主要都市
- 主な大都市地域の拡大

## convert
[kənvə́ːrt]　名 conversion
- convert coal and oil into energy　295

変える
名 変換
- 石炭や石油をエネルギーに変える

## solar
[sóulər]
- theory of how solar systems are formed　296

太陽の
- 太陽系の形成に関する理論

## superior
[səpíəriər]　名 superiority
- superior to humans in intellectual capability　297

より優れている
名 優越(性)
- 知能において人間に勝る

## migration
[maigréiʃən]　動 migrate
- stimulate migration to the newer regions　298

移住
動 移住する
- 新たな地域へ移住を促す

## academic
[æ̀kədémik]　名 academy
- relatively new academic disciplines　299

学問の
名 学会, 学校
- 比較的新しい学問領域

| | Check① | 300 |

**legend**
[lédʒənd]
形 legendary
・ancient Greek legend of the Trojan War 300

伝説
形 伝説的な
・古代ギリシャのトロイ戦争伝説

# INDEX [単語索引]

- ☐ **黒太字**： [院単]頻出1500語
- ☐ **青太字**： [院単]必修基礎300語
- ☐ 黒細字： [院単]頻出1500語・必修基礎300語の関連語
- ▶数字は各単語が掲載されているページ数を表しています。

## A

| | | |
|---|---|---|
| ☐ abandon | 264 | |
| ☐ abandonment | 264 | |
| ☐ abide | 224 | |
| ☐ abortion | 82 | |
| ☐ abound | 144 | |
| ☐ absorb | 266 | |
| ☐ abstract | 28 | |
| ☐ abstraction | 28 | |
| ☐ absurd | 94 | |
| ☐ absurdity | 94 | |
| ☐ abundance | 92 | |
| ☐ abundant | 92 | |
| ☐ abuse | 26 | |
| ☐ abusive | 26 | |
| ☐ abyss | 232 | |
| ☐ abyssal | 232 | |
| ☐ academic | 270 | |
| ☐ academy | 270 | |
| ☐ accelerate | 92 | |
| ☐ accelerator | 92 | |
| ☐ acceptable | 254 | |
| ☐ access | 16 | |
| ☐ accidental | 168 | |
| ☐ accidentally | 168 | |
| ☐ acclaim | 158 | |
| ☐ accommodate | 94 | |
| ☐ accompany | 265 | |
| ☐ accomplish | 40 | |
| ☐ accomplishment | 40 | |
| ☐ accordance | 154 | |
| ☐ accordingly | 142 |
| ☐ accumulate | 58 |
| ☐ accumulation | 58 |
| ☐ accusation | 250 |
| ☐ accuse | 250 |
| ☐ acquire | 263 |
| ☐ acquisition | 263 |
| ☐ activate | 226 |
| ☐ activation | 226 |
| ☐ adapt | 32 |
| ☐ adaptation | 32 |
| ☐ addiction | 168 |
| ☐ addictive | 168 |
| ☐ additional | 30 |
| ☐ additionally | 30 |
| ☐ adequate | 60 |
| ☐ adequately | 60 |
| ☐ adhere | 170 |
| ☐ adherent | 170 |
| ☐ adjacency | 138 |
| ☐ adjacent | 138 |
| ☐ administer | 36 |
| ☐ administration | 14 |
| ☐ administrative | 14 |
| ☐ adolescence | 112 |
| ☐ adolescent | 112 |
| ☐ adorn | 108 |
| ☐ adornment | 108 |
| ☐ advent | 160 |
| ☐ adversary | 236 |
| ☐ adverse | 236 |
| ☐ advocate | 30 |
| ☐ aesthetic | 38 |
| ☐ affinity | 232 |
| ☐ afflict | 156 |
| ☐ affliction | 156 |
| ☐ affluence | 128 |
| ☐ affluent | 128 |
| ☐ affront | 240 |
| ☐ aftermath | 176 |
| ☐ agenda | 56 |
| ☐ aggravate | 184 |
| ☐ aggravation | 184 |
| ☐ aggression | 64 |
| ☐ aggressive | 64 |
| ☐ agony | 128 |
| ☐ agrarian | 78 |
| ☐ akin | 190 |
| ☐ alert | 100 |
| ☐ alienate | 76 |
| ☐ alienation | 76 |
| ☐ align | 176 |
| ☐ alignment | 176 |
| ☐ allege | 104 |
| ☐ allegorical | 90 |
| ☐ allegory | 90 |
| ☐ alliance | 14 |
| ☐ allude | 158 |
| ☐ allusion | 158 |
| ☐ ally | 14 |
| ☐ alter | 42 |
| ☐ alteration | 42 |
| ☐ alternate | 28 |

| | | |
|---|---|---|
| alternative 28 | apparatus 184 | artist 78 |
| ambiguity 92 | apparently 30 | ascend 238 |
| ambiguous 92 | appeal 262 | ascent 238 |
| ambivalent 180 | appetite 188 | ascribe 204 |
| amend 40 | appetizing 188 | ascription 204 |
| amendment 40 | applicant 120 | aspiration 188 |
| ammunition 234 | apportion 242 | aspire 188 |
| ample 176 | approval 251 | assassinate 136 |
| amplify 176 | approve 251 | assassination 136 |
| analogical 92 | approximately 64 | assault 54 |
| analogy 92 | approximation 64 | assemble 54 |
| analysis 38 | apt 136 | assembly 54 |
| analytic 240 | aptly 136 | assent 110 |
| analytical 240 | arbitrariness 140 | assert 46 |
| analyze 38 | arbitrary 140 | assertion 46 |
| anathema 226 | archaeological 80 | assess 84 |
| anatomy 186 | archaeology 80 | assessment 84 |
| ancestor 140 | archetypal 186 | assets 68 |
| animate 230 | archetype 186 | assign 54 |
| annual 20 | architect 260 | assignment 54 |
| annual 130 | architecture 260 | assimilate 178 |
| annually 20 | Arctic 86 | assimilation 178 |
| anomalous 244 | ardent 190 | assistance 266 |
| anomaly 244 | arduous 238 | assume 14 |
| anonymity 166 | arduously 238 | assumption 14 |
| anonymous 166 | arena 176 | assurance 226 |
| Antarctic 86 | arguably 190 | astonishing 257 |
| antecedent 186 | arid 156 | astronomical 106 |
| anthropological 158 | aridity 156 | astronomy 106 |
| anthropology 158 | aristocrat 72 | atheist 152 |
| antibiosis 210 | aristocratic 72 | atheistic 152 |
| antibiotic 210 | armored 190 | attain 78 |
| anticipate 62 | armoured 190 | attainment 78 |
| anticipation 62 | arousal 84 | attest 230 |
| anxiety 250 | arouse 84 | attestation 230 |
| anxious 250 | array 92 | attribute 58 |
| apathetic 222 | arsenal 122 | attribution 58 |
| apathy 222 | articulate 128 | auditory 236 |
| apex 232 | articulation 128 | authentic 188 |
| apostle 98 | artifact 96 | authenticity 188 |
| appall 234 | artificial 257 | authoritarian 82 |
| appalling 234 | artisan 78 | authorize 54 |

## INDEX

- ☐ autocrat — 190
- ☐ **autocratic** — 190
- ☐ automatic — 116
- ☐ **automatically** — 116
- ☐ autonomous — 74
- ☐ **autonomy** — 74
- ☐ **aviation** — 178
- ☐ **awesome** — 224
- ☐ axes — 116
- ☐ **axis** — 116

### B

- ☐ **background** — 30
- ☐ **backlash** — 162
- ☐ bankrupt — 182
- ☐ **bankruptcy** — 182
- ☐ bare — 124
- ☐ barely — 255
- ☐ bargain — 252
- ☐ **batter** — 160
- ☐ **behalf** — 96
- ☐ **behold** — 190
- ☐ **belated** — 228
- ☐ benevolence — 122
- ☐ **benevolent** — 122
- ☐ **betray** — 128
- ☐ betrayal — 128
- ☐ **bias** — 42
- ☐ biased — 42
- ☐ **bilateral** — 236
- ☐ **binary** — 162
- ☐ **biological** — 24
- ☐ biology — 24
- ☐ **birthrate** — 214
- ☐ **bizarre** — 148
- ☐ **blast** — 190
- ☐ **blaze** — 184
- ☐ **blockade** — 170
- ☐ **blueprint** — 178
- ☐ boast — 257
- ☐ **bolster** — 182

- ☐ bond — 262
- ☐ **boom** — 30
- ☐ **boost** — 86
- ☐ botanical — 188
- ☐ **botany** — 188
- ☐ bound — 251
- ☐ boundary — 249
- ☐ bourgeois — 270
- ☐ **breach** — 212
- ☐ **breakdown** — 98
- ☐ **breakthrough** — 160
- ☐ **breakup** — 240
- ☐ **breathtaking** — 224
- ☐ **bribe** — 224
- ☐ bribery — 224
- ☐ brief — 266
- ☐ **briefly** — 266
- ☐ **broaden** — 128
- ☐ **brood** — 188
- ☐ **budget** — 16
- ☐ **bulk** — 144
- ☐ **bulky** — 144
- ☐ bureau — 270
- ☐ **bureaucracy** — 42
- ☐ bureaucratic — 42
- ☐ **burgeon** — 166
- ☐ **burglar** — 214
- ☐ **burglary** — 214
- ☐ **bypass** — 114

### C

- ☐ calculate — 252
- ☐ calculation — 252
- ☐ candidacy — 18
- ☐ **candidate** — 18
- ☐ **canon** — 58
- ☐ canonical — 58
- ☐ **capability** — 268
- ☐ capable — 168
- ☐ **capable** — 268
- ☐ capacity — 265

- ☐ **capitalism** — 18
- ☐ capitalist — 18
- ☐ **capitulate** — 206
- ☐ capitulation — 206
- ☐ capture — 261
- ☐ **career** — 20
- ☐ **carnage** — 234
- ☐ carve — 261
- ☐ categorize — 24
- ☐ **category** — 24
- ☐ cathedral — 263
- ☐ **Catholic** — 100
- ☐ causal — 164
- ☐ **causal** — 186
- ☐ **causality** — 164
- ☐ causality — 186
- ☐ **cautious** — 128
- ☐ cease — 269
- ☐ cede — 128
- ☐ **celebrate** — 32
- ☐ celebrated — 180
- ☐ **celebration** — 32
- ☐ **celebrity** — 180
- ☐ **celestial** — 236
- ☐ censor — 186
- ☐ **censorship** — 186
- ☐ **census** — 54
- ☐ **centralize** — 94
- ☐ **cerebral** — 238
- ☐ **chaos** — 80
- ☐ chaotic — 80
- ☐ characterization — 28
- ☐ **characterize** — 28
- ☐ **cherish** — 144
- ☐ **chiefly** — 152
- ☐ **chromosome** — 144
- ☐ **chronic** — 108
- ☐ **chronically** — 108
- ☐ **chronicle** — 58
- ☐ circular — 252
- ☐ **circulate** — 110
- ☐ circulation — 110

| | | |
|---|---|---|
| citadel 222 | commemoration 132 | concession 78 |
| citation 36 | **commission** 260 | conclude 14 |
| cite 36 | **commit** 260 | **conclusion** 14 |
| **citizenship** 48 | commitment 260 | **concrete** 270 |
| **civilization** 261 | commodity 58 | condemn 66 |
| civilize 261 | **commonplace** 126 | conditional 152 |
| clarification 100 | **communal** 92 | **confer** 134 |
| **clarify** 100 | communism 258 | conference 134 |
| classic 260 | **communist** 258 | **confine** 68 |
| **classical** 260 | **compel** 64 | confinement 68 |
| classification 254 | compelling 64 | **confirm** 34 |
| **classify** 254 | compensate 104 | confirmation 34 |
| **cleanse** 188 | **compensation** 104 | confiscate 222 |
| clinic 218 | compilation 134 | confiscation 222 |
| **clinical** 218 | **compile** 134 | **conform** 50 |
| **cluster** 52 | **complacency** 230 | conformity 50 |
| coalesce 228 | complacent 230 | **confound** 242 |
| **coalescence** 228 | **complement** 224 | **confront** 46 |
| **coalition** 54 | compliance 184 | confrontation 46 |
| **coastal** 262 | **complicated** 253 | **Confucianism** 142 |
| **code** 32 | complicit 206 | Confucius 142 |
| coexist 208 | **complicity** 206 | **confuse** 254 |
| **coexistence** 208 | **comply** 184 | congest 174 |
| cognition 32 | component 32 | **congestion** 174 |
| **cognitive** 32 | **compose** 251 | **congregation** 186 |
| coherence 130 | **composite** 156 | **conjunction** 166 |
| **coherent** 130 | composition 251 | **conjure** 212 |
| **coincide** 162 | **compound** 46 | **connect** 249 |
| coincidence 162 | comprehend 70 | **connotation** 208 |
| **collapse** 28 | **comprehensive** 70 | connote 208 |
| **collective** 253 | **comprise** 100 | **conscience** 116 |
| collectively 253 | **compromise** 32 | conscientious 116 |
| **collectivization** 230 | compulsion 186 | consciously 249 |
| collectivize 230 | compulsive 186 | **consciousness** 249 |
| **colloquial** 110 | con 214 | **consensus** 80 |
| colonialism 258 | **concede** 78 | **consequence** 18 |
| colonize 248 | concede 82 | consequent 18 |
| **colonize** 258 | conceivable 112 | **conservation** 74 |
| **colony** 248 | **conceive** 112 | conservatism 22 |
| **colossal** 190 | **concentrate** 26 | **conservative** 22 |
| comic 268 | concentration 26 | **conserve** 74 |
| **commemorate** 132 | **concession** 82 | **considerable** 34 |

# INDEX

- considerably 34
- consistency 58
- **consistent** 58
- **consolidate** 76
- **conspicuous** 134
- **conspiracy** 136
- conspire 136
- **constituency** 164
- **constitute** 36
- constitution 36
- constrain 140
- **constrain** 164
- constraint 140
- constraint 164
- construction 260
- constructive 260
- consume 40
- **consumer** 22
- consumerism 22
- **consumption** 40
- **contemplate** 180
- contemplation 180
- contemporary 259
- **contend** 46
- contender 46
- context 14
- continental 262
- **contingency** 108
- contingent 108
- continual 82
- **continually** 82
- continuity 251
- **continuous** 174
- continuous 251
- **continuously** 174
- **contradiction** 56
- contradictory 56
- contrary 269
- controversial 72
- **controversy** 72
- **convene** 232
- convention 258

- conventional 258
- **conversely** 178
- conversion 270
- convert 270
- convict 78
- conviction 78
- cooperate 36
- **cooperation** 36
- **coordinate** 164
- coordination 164
- **copyright** 146
- **core** 14
- **cornerstone** 204
- corporate 259
- corporation 259
- correlate 188
- **correlate** 234
- **correlation** 188
- correlation 234
- corrupt 92
- **corruption** 92
- **cosmic** 90
- **cosmopolitan** 144
- cosmopolitanism 144
- cosmos 90
- **counteract** 216
- counteraction 216
- **counterpart** 74
- courteous 172
- **courtesy** 172
- **covenant** 190
- covert 194
- **creed** 230
- criminal 248
- crisis 260
- **criterion** 110
- critic 248
- critical 258
- **criticism** 258
- criticize 248
- **crucial** 34
- **crucifixion** 184

- crucify 184
- **crude** 108
- **crusade** 116
- crusader 116
- **crust** 130
- **cue** 120
- **culminate** 76
- culmination 76
- **culprit** 190
- cultivate 254
- cultivation 254
- **cumulate** 242
- **cumulative** 242
- **curb** 122
- curiosity 255
- curious 255
- **currency** 32
- current 32
- **curse** 184
- cursed 184
- **cycle** 265
- cyclical 265
- cynic 154
- **cynical** 134
- cynicism 134
- **cynicism** 154

## D

- dare 253
- daring 253
- **daunt** 170
- **daunting** 170
- **deadline** 124
- **debris** 188
- decay 256
- **deceased** 170
- deceive 174
- **deception** 174
- decisive 257
- decisively 257
- declaration 251

| | | |
|---|---|---|
| ☐ declare 251 | ☐ deplete 190 | ☐ dialogue 78 |
| ☐ **decline** 258 | ☐ depletion 190 | ☐ diameter 160 |
| ☐ decode 226 | ☐ **deploy** 194 | ☐ **dictate** 72 |
| ☐ **decorate** 263 | ☐ deployment 194 | ☐ dictatorial 72 |
| ☐ decorative 263 | ☐ **depose** 216 | ☐ **dictatorship** 64 |
| ☐ **decree** 162 | ☐ **deposit** 261 | ☐ diction 226 |
| ☐ **dedicate** 58 | ☐ deposition 216 | ☐ **differ** 249 |
| ☐ dedication 58 | ☐ depository 261 | ☐ **differential** 212 |
| ☐ deduction 130 | ☐ **depression** 14 | ☐ **differentiate** 132 |
| ☐ **deductive** 130 | ☐ **deprive** 84 | ☐ differentiation 132 |
| ☐ **deed** 158 | ☐ deprived 84 | ☐ **diffuse** 202 |
| ☐ **deem** 162 | ☐ deregulate 82 | ☐ diffusion 202 |
| ☐ defiance 92 | ☐ **deregulation** 82 | ☐ **dimension** 110 |
| ☐ **deficit** 20 | ☐ **derive** 26 | ☐ **diminish** 72 |
| ☐ **defy** 92 | ☐ **descend** 255 | ☐ dinosaur 204 |
| ☐ **degradation** 216 | ☐ descent 255 | ☐ diplomacy 84 |
| ☐ degrade 216 | ☐ **description** 34 | ☐ **diplomatic** 84 |
| ☐ **deity** 64 | ☐ descriptive 34 | ☐ **disability** 208 |
| ☐ **delegate** 32 | ☐ **deserve** 254 | ☐ disable 208 |
| ☐ delegation 32 | ☐ **designate** 100 | ☐ **disapproval** 182 |
| ☐ **deliberate** 98 | ☐ designation 100 | ☐ disapprove 182 |
| ☐ **deliberately** 98 | ☐ **desperate** 269 | ☐ **discard** 184 |
| ☐ **delineate** 220 | ☐ desperately 269 | ☐ **discern** 158 |
| ☐ delineation 220 | ☐ **despise** 168 | ☐ discernible 158 |
| ☐ **delinquency** 220 | ☐ destine 204 | ☐ **disciple** 50 |
| ☐ delinquent 220 | ☐ **destined** 204 | ☐ disciplinary 250 |
| ☐ **demise** 230 | ☐ **detachment** 220 | ☐ **discipline** 250 |
| ☐ **democratic** 258 | ☐ deteriorate 108 | ☐ **discontent** 150 |
| ☐ **demonstrate** 18 | ☐ deterioration 108 | ☐ discontented 150 |
| ☐ denominate 94 | ☐ **devastate** 76 | ☐ discontinuity 200 |
| ☐ **denomination** 94 | ☐ devastation 76 | ☐ **discontinuous** 200 |
| ☐ **denounce** 88 | ☐ deviance 18 | ☐ **discourage** 84 |
| ☐ denouncement 88 | ☐ **deviant** 18 | ☐ **discourse** 30 |
| ☐ **dense** 84 | ☐ **devoid** 210 | ☐ **discrete** 220 |
| ☐ density 84 | ☐ **devote** 264 | ☐ discriminate 36 |
| ☐ **depart** 74 | ☐ devotion 264 | ☐ **discrimination** 36 |
| ☐ departure 74 | ☐ **devout** 178 | ☐ **discursive** 198 |
| ☐ dependence 250 | ☐ devoutly 178 | ☐ **disdain** 210 |
| ☐ dependency 250 | ☐ **diagnose** 198 | ☐ disfunction 172 |
| ☐ **dependent** 250 | ☐ diagnosis 198 | ☐ **disguise** 150 |
| ☐ **depict** 20 | ☐ **dialect** 222 | ☐ **disgust** 114 |
| ☐ depiction 20 | ☐ dialogic 78 | ☐ disgusting 114 |

# INDEX

- disillusion 140
- **disillusioned** 140
- dislocate 236
- **dislocation** 236
- dismiss 256
- **disobedience** 202
- disorder 262
- **disparate** 240
- disparate 208
- **disparity** 208
- disparity 240
- **dispatch** 218
- dispensable 170
- **disperse** 162
- **displace** 76
- displacement 76
- **disposal** 142
- dispose 142, 192
- **disposition** 192
- **dispute** 42
- **disregard** 180
- **disrupt** 72
- disruptive 72
- **dissent** 164
- dissent 110
- **dissolution** 104
- **dissolve** 104
- **distinct** 42
- distinction 42
- **distinctive** 34
- distinctively 34
- **distort** 118
- distortion 118
- **distract** 206
- distraction 206
- **distress** 130
- distressing 130
- **distribute** 56
- distribution 56
- **distrust** 240
- distrustful 240
- disturb 178

- **disturbance** 178
- **diverse** 38
- diversify 28
- **diversity** 28
- **dividend** 118
- **divine** 60
- divinity 60
- divorce 266
- doctrine 263
- document 261
- documentation 261
- **dogma** 186
- dogmatic 186
- **domain** 104
- **domestic** 22
- domesticate 22
- dominance 20
- **dominant** 20
- dominate 14
- domination 14
- **donate** 156
- donation 156
- **doom** 88
- draft 32
- dramatization 120
- **dramatize** 120
- **drastically** 112
- **drawback** 208
- **drought** 120
- dualism 202
- **dualistic** 202
- **dub** 116
- **dump** 132
- dumping 132
- **duplicate** 238
- duplicate 160
- **durability** 236
- durable 166
- **durable** 236
- **duration** 166
- **dwell** 144
- dwell 158

- dwelling 144
- **dwelling** 158
- **dwindle** 218
- dwindling 218
- dynamic 269
- dynamics 269
- **dynasty** 22
- **dysfunction** 172

## E

- earning 255
- **earthly** 146
- echo 268
- **eclectic** 232
- **ecological** 72
- **ecosystem** 178
- **ecstasy** 186
- ecstatic 186
- **edibility** 200
- **edible** 200
- efficiency 254
- **efficient** 254
- **ego** 66
- **elaborate** 58
- elaborately 58
- **electoral** 52
- electorate 52
- elevate 265
- elevation 265
- **elicit** 104
- eligibility 140
- **eligible** 140
- **eliminate** 34
- elimination 34
- elite 265
- **eloquent** 104
- **elusive** 176
- **emanate** 224
- emanation 224
- **emancipate** 98
- **emancipation** 98

279

|  |  |  |  |  |  |
|---|---|---|---|---|---|
| ☐ embargo | 138 | ☐ endow | 100 | ☐ eradication | 166 |
| ☐ embark | 132 | ☐ endowment | 100 | ☐ erect | 88 |
| ☐ embassy | 144 | ☐ endurance | 38 | ☐ erode | 64 |
| ☐ embed | 172 | ☐ endure | 38 | ☐ erosion | 64 |
| ☐ embodiment | 60 | ☐ energetic | 138 | ☐ erupt | 150 |
| ☐ embody | 60 | ☐ energy | 138 | ☐ eruption | 150 |
| ☐ embrace | 266 | ☐ enforce | 50 | ☐ eschew | 112 |
| ☐ embroider | 226 | ☐ enforcement | 50 | ☐ esoteric | 182 |
| ☐ embryo | 234 | ☐ engage | 260 | ☐ espousal | 214 |
| ☐ embryotic | 234 | ☐ engagement | 260 | ☐ espouse | 214 |
| ☐ emerge | 258 | ☐ engender | 210 | ☐ eternal | 48 |
| ☐ emergence | 258 | ☐ engrave | 166 | ☐ eternity | 48 |
| ☐ emission | 120 | ☐ engraving | 166 | ☐ ethical | 52 |
| ☐ emit | 120 | ☐ enhance | 50 | ☐ ethical | 58 |
| ☐ emotional | 20 | ☐ enlarge | 80 | ☐ ethics | 52 |
| ☐ emotionally | 20 | ☐ enlargement | 80 | ☐ ethnic | 30 |
| ☐ empathize | 194 | ☐ enlighten | 38 | ☐ ethnicity | 30 |
| ☐ empathy | 194 | ☐ enlightenment | 38 | ☐ evaluate | 60 |
| ☐ emphasis | 259 | ☐ enliven | 168 | ☐ evaluation | 60 |
| ☐ emphasize | 259 | ☐ enrage | 208 | ☐ evaporate | 170 |
| ☐ empirical | 176 | ☐ enraged | 208 | ☐ evaporation | 170 |
| ☐ empiricism | 176 | ☐ ensue | 122 | ☐ everlasting | 212 |
| ☐ employ | 248 | ☐ ensuing | 122 | ☐ evocative | 56 |
| ☐ employee | 248 | ☐ ensure | 26 | ☐ evoke | 56 |
| ☐ empower | 124 | ☐ entail | 96 | ☐ evolution | 32 |
| ☐ empowerment | 124 | ☐ entitle | 54 | ☐ evolutionary | 32 |
| ☐ emulate | 240 | ☐ entrench | 96 | ☐ evolve | 38 |
| ☐ emulation | 240 | ☐ entrepreneur | 102 | ☐ exacerbate | 192 |
| ☐ enable | 263 | ☐ envision | 122 | ☐ exaggerate | 114 |
| ☐ enact | 36 | ☐ epic | 50 | ☐ exaggeration | 114 |
| ☐ enactment | 36 | ☐ epistemological | 202 | ☐ excavate | 120 |
| ☐ encircle | 202 | ☐ epistemology | 202 | ☐ excavation | 120 |
| ☐ enclave | 198 | ☐ epitomize | 134 | ☐ exceed | 48 |
| ☐ enclose | 257 | ☐ epoch | 130 | ☐ exceedingly | 48 |
| ☐ enclosure | 257 | ☐ epoch-making | 130 | ☐ excel | 130 |
| ☐ encode | 150 | ☐ equate | 192 | ☐ excellent | 130 |
| ☐ encode | 226 | ☐ equation | 192 | ☐ exception | 164 |
| ☐ encompass | 76 | ☐ equilibrium | 210 | ☐ exceptionally | 164 |
| ☐ endanger | 156 | ☐ equity | 120 | ☐ excess | 256 |
| ☐ endeavor | 80 | ☐ equivalent | 46 | ☐ excessive | 256 |
| ☐ endorse | 104 | ☐ era | 258 | ☐ execute | 60 |
| ☐ endorsement | 104 | ☐ eradicate | 166 | ☐ execution | 60 |

# INDEX

| | | |
|---|---|---|
| ☐ **executive** 16 | ☐ extravagance 242 | ☐ **fertile** 78 |
| ☐ exemplary 72 | ☐ **extravagant** 242 | ☐ fertility 78 |
| ☐ **exemplify** 72 | ☐ extrinsic 126 | ☐ **feudal** 108 |
| ☐ **exert** 68 | ☐ **extrinsic** 166 | ☐ feudalism 108 |
| ☐ exertion 68 | ☐ exuberance 208 | ☐ **file** 64 |
| ☐ **exhaust** 126 | ☐ **exuberant** 208 | ☐ finance 262 |
| ☐ exhausted 126 | | ☐ financier 262 |
| ☐ **exhibit** 48 | | ☐ finding 255 |
| ☐ exhibition 48 | **F** | ☐ **finite** 180 |
| ☐ **exile** 104 | ☐ **fable** 210 | ☐ **fiscal** 86 |
| ☐ **existential** 90 | ☐ **fabric** 136 | ☐ **flank** 114 |
| ☐ existentialism 90 | ☐ **fabricate** 136 | ☐ **flaw** 102 |
| ☐ **exodus** 136 | ☐ fabular 210 | ☐ flee 267 |
| ☐ **expand** 16 | ☐ **fabulous** 238 | ☐ flexibility 68 |
| ☐ expansion 259 | ☐ facile 108 | ☐ **flexible** 68 |
| ☐ expansionist 259 | ☐ **facilitate** 108 | ☐ **flourish** 44 |
| ☐ expansive 16 | ☐ **facility** 34 | ☐ fluctuate 172 |
| ☐ **expel** 118 | ☐ **faction** 178 | ☐ **fluctuate** 220 |
| ☐ expenditure 268 | ☐ factional 178 | ☐ **fluctuation** 172 |
| ☐ expense 268 | ☐ **fade** 120 | ☐ fluctuation 220 |
| ☐ **experiential** 228 | ☐ fallacious 140 | ☐ **fluid** 98 |
| ☐ **expertise** 114 | ☐ **fallacy** 140 | ☐ fluidity 98 |
| ☐ explanation 130 | ☐ false 251 | ☐ **foe** 146 |
| ☐ **explanatory** 130 | ☐ falsity 251 | ☐ **foil** 232 |
| ☐ **explicit** 132 | ☐ **farsighted** 232 | ☐ forage 214 |
| ☐ explicit 154 | ☐ **fascinate** 88 | ☐ **foraging** 214 |
| ☐ explode 148 | ☐ fascination 88 | ☐ **foreground** 176 |
| ☐ **exploit** 64 | ☐ fault 194 | ☐ **foremost** 174 |
| ☐ exploitation 64 | ☐ **faulty** 194 | ☐ **forerunner** 196 |
| ☐ **explosive** 148 | ☐ favor 72 | ☐ **forge** 94 |
| ☐ **expose** 34 | ☐ **favorable** 72 | ☐ formerly 254 |
| ☐ exposure 34 | ☐ feasibility 210 | ☐ **formidable** 148 |
| ☐ **exquisite** 176 | ☐ **feasible** 210 | ☐ **formulate** 66 |
| ☐ extensive 249 | ☐ federal 258 | ☐ formulation 66 |
| ☐ **extensive** 249 | ☐ federation 258 | ☐ **forthcoming** 146 |
| ☐ extensively 249 | ☐ **feedback** 150 | ☐ **fortify** 124 |
| ☐ **exterior** 144 | ☐ felony 206 | ☐ **fossil** 36 |
| ☐ external 26 | ☐ **feminine** 46 | ☐ **foster** 68 |
| ☐ **external** 38 | ☐ feminine 72 | ☐ foundation 262 |
| ☐ **extinct** 130 | ☐ feminism 24 | ☐ founder 262 |
| ☐ **extinction** 130 | ☐ **feminist** 24 | ☐ **fraction** 146 |
| ☐ **extract** 160 | ☐ **ferment** 212 | ☐ fractional 146 |
| ☐ extraction 160 | | |

| | | | | | |
|---|---|---|---|---|---|
| ☐ fragment | 267 | ☐ genetics | 44 | **H** | |
| ☐ fragmentation | 267 | ☐ genius | 267 | ☐ **hallmark** | 218 |
| ☐ frame | 250 | ☐ genocide | 162 | ☐ **halt** | 88 |
| ☐ **framework** | 66 | ☐ genre | 60 | ☐ harbinger | 232 |
| ☐ **franchise** | 148 | ☐ genuine | 44 | ☐ harmonious | 269 |
| ☐ fraud | 70 | ☐ genuinely | 44 | ☐ **harmony** | 269 |
| ☐ fraudulent | 70 | ☐ genus | 178 | ☐ **harness** | 152 |
| ☐ **freestanding** | 172 | ☐ geographical | 262 | ☐ **harsh** | 50 |
| ☐ frenzied | 194 | ☐ geography | 262 | ☐ **haunt** | 88 |
| ☐ **frenzy** | 194 | ☐ **geometric** | 104 | ☐ **haven** | 202 |
| ☐ **frighten** | 255 | ☐ geometry | 104 | ☐ havoc | 238 |
| ☐ **fringe** | 170 | ☐ **gifted** | 122 | ☐ **heartland** | 146 |
| ☐ frontal | 102 | ☐ **gigantic** | 138 | ☐ hegemonic | 232 |
| ☐ frontier | 261 | ☐ gild | 184 | ☐ **hegemony** | 232 |
| ☐ frustrate | 78 | ☐ gilded | 184 | ☐ **heir** | 88 |
| ☐ fugitive | 200 | ☐ glacial | 114 | ☐ **hemisphere** | 74 |
| ☐ fulfill | 198 | ☐ **glacier** | 114 | ☐ **hence** | 44 |
| ☐ **fulfill** | 269 | ☐ glamorous | 222 | ☐ **herald** | 128 |
| ☐ **fulfillment** | 198 | ☐ **glamour** | 222 | ☐ **herd** | 136 |
| ☐ function | 138 | ☐ **gland** | 198 | ☐ **hereditary** | 192 |
| ☐ **functional** | 138 | ☐ globalization | 20 | ☐ **heritage** | 46 |
| ☐ **fundamental** | 260 | ☐ glorification | 218 | ☐ heuristic | 238 |
| ☐ fundamentalist | 260 | ☐ glorify | 218 | ☐ **heuristics** | 238 |
| ☐ furnish | 144 | ☐ glue | 216 | ☐ **hideous** | 228 |
| ☐ furnishing | 144 | ☐ **goods** | 258 | ☐ hierarchical | 80 |
| ☐ **furthermore** | 267 | ☐ **gospel** | 267 | ☐ **hierarchy** | 80 |
| ☐ **fuse** | 168 | ☐ **grapple** | 224 | ☐ **highlight** | 62 |
| ☐ **fusion** | 110 | ☐ **graze** | 156 | ☐ **historically** | 269 |
| ☐ fusion | 168 | ☐ grazing | 156 | ☐ hitherto | 212 |
| | | ☐ **grid** | 120 | ☐ **homage** | 156 |
| **G** | | ☐ grievance | 220 | ☐ homicidal | 196 |
| ☐ **gear** | 170 | ☐ **grim** | 154 | ☐ **homicide** | 196 |
| ☐ **gem** | 240 | ☐ grimace | 154 | ☐ hopeless | 216 |
| ☐ **gender** | 18 | ☐ **gross** | 100 | ☐ **hopelessly** | 216 |
| ☐ **gene** | 92 | ☐ grossly | 100 | ☐ horizon | 106 |
| ☐ genealogy | 92 | ☐ **groundwork** | 236 | ☐ **horizontal** | 106 |
| ☐ generalization | 84 | ☐ **guarantee** | 24 | ☐ **hostage** | 220 |
| ☐ **generalize** | 84 | ☐ **guideline** | 124 | ☐ **hostile** | 70 |
| ☐ generosity | 256 | ☐ **guilt** | 255 | ☐ hostility | 70 |
| ☐ generous | 256 | ☐ guilty | 255 | ☐ **hover** | 226 |
| ☐ **genetic** | 44 | ☐ guise | 240 | ☐ **humane** | 142 |

- humaneness 142
- **humanities** 62
- humanization 170
- **humanize** 170
- **humble** 140
- **humiliate** 162
- humiliating 180
- **humiliation** 162
- **humiliation** 180
- **humility** 172
- **hybrid** 140
- **hybridize** 140
- **hypothesis** 40
- hypothetical 40

# I

- icon 116
- iconoclasm 228
- **iconoclastic** 228
- **idealism** 52
- idealistic 52
- **identical** 76
- ideological 28
- **ideology** 28
- idiosyncrasy 160
- **idiosyncratic** 160
- **ignorance** 152
- ignorant 152
- **ignore** 20
- **illegal** 42
- illegality 42
- illegitimacy 220
- **illegitimate** 220
- **illuminate** 70
- **illustrate** 20
- illustration 20
- **imagery** 114
- *imaginary* 255
- imaginative 255
- **imbalance** 150
- imbalanced 150

- *imitate* 257
- imitation 257
- *immense* 256
- immensely 256
- *immigrant* 259
- immigration 259
- **immoral** 220
- immorality 220
- immortal 158
- **immortality** 220
- **immune** 184
- immunity 184
- impeach 88
- **impeachment** 88
- impend 196
- **impending** 196
- **imperial** 22
- imperialism 22
- **impersonal** 170
- **impetus** 148
- **implausible** 210
- **implement** 74
- implementation 74
- **implication** 34
- **implication** 36
- **implicit** 154
- **imply** 34
- *import* 262
- **impose** 20
- imposition 20
- **impoverish** 108
- **imprint** 154
- **impulse** 78
- inadequacy 56
- **inadequate** 56
- **inappropriate** 126
- **inaugural** 188
- **incapable** 168
- **incentive** 112
- **incest** 180
- **incise** 200
- incision 200

- inclination 124
- **inclination** 158
- **incline** 124
- inclined 158
- **incoherent** 134
- **incompatible** 204
- inconspicuous 134
- **inconsistency** 166
- **inconsistent** 166
- **incorporate** 58
- increase 248
- *increasingly* 248
- incredible 214
- **incredibly** 214
- **incur** 182
- indefinite 166
- **indefinitely** 166
- *index* 262
- **indicate** 18
- indicator 18
- indigenize 140
- **indigenous** 140
- **indirectly** 118
- **indispensable** 170
- **induce** 102
- **induce** 136
- **induction** 168
- **inductive** 102
- inductive 168
- **indulge** 154
- indulgent 154
- **industrialization** 86
- industrialize 86
- **ineffective** 210
- inevitability 56
- **inevitable** 56
- **infamous** 182
- infamy 182
- **infancy** 164
- infantile 164
- infection 236
- **infectious** 236

|  |  |  |  |  |  |
|---|---|---|---|---|---|
| **infer** | 42 | inspector | 106 | intimacy | 78 |
| inference | 42 | inspiration | 18 | **intimate** | 78 |
| inferior | 172 | **inspire** | 18 | **intimidate** | 206 |
| **inferiority** | 172 | **instability** | 150 | intimidating | 206 |
| **infinite** | 44 | **install** | 88 | intricacy | 136 |
| infinite | 180 | installation | 88 | **intricate** | 136 |
| infinity | 44 | instance | 261 | intrigue | 98 |
| **infuriate** | 138 | institution | 130 | **intriguing** | 98 |
| infuriating | 138 | **institutionalize** | 130 | **intrinsic** | 126 |
| **ingredient** | 128 | instrument | 158 | intrinsic | 166 |
| **inhabit** | 102 | **instrumental** | 158 | **intrude** | 232 |
| inhabitant | 102 | insurance | 249 | **intrusion** | 196 |
| **inherently** | 94 | insure | 249 | intrusion | 232 |
| **inherit** | 66 | **intact** | 108 | intrusive | 196 |
| inheritance | 66 | integral | 82 | invade | 36 |
| **inhibit** | 102 | **integrate** | 84 | **invalid** | 164 |
| inhibition | 102 | **integrity** | 82 | invalidity | 164 |
| initial | 265 | intellect | 260 | invariable | 192 |
| initially | 265 | intellectual | 260 | **invariably** | 192 |
| **initiative** | 48 | intelligence | 263 | **invasion** | 36 |
| **injustice** | 88 | intense | 262 | **inventory** | 174 |
| **innate** | 174 | intensive | 262 | **invest** | 40 |
| **innocence** | 134 | intention | 253 | **investigate** | 40 |
| innocent | 134 | intentional | 253 | investigative | 40 |
| innovate | 44 | **interact** | 14 | investment | 259 |
| **innovation** | 44 | **interaction** | 14 | investor | 40 |
| **innumerable** | 138 | **intercourse** | 230 | invocation | 148 |
| innumerably | 138 | **interdependence** | 144 | **invoke** | 148 |
| inquire | 249 | interdependent | 144 | involuntarily | 204 |
| inquiry | 249 | interfere | 255 | **involuntary** | 204 |
| **insane** | 180 | interference | 255 | ironically | 120 |
| insanity | 180 | interior | 144 | **irony** | 120 |
| inscribe | 78 | **intermediate** | 180 | **irrational** | 116 |
| **inscription** | 78 | **internal** | 26 | irrationality | 116 |
| **inseparable** | 242 | internal | 38 | **irregular** | 150 |
| inseparably | 242 | **interpersonal** | 126 | irregularity | 150 |
| **insight** | 28 | interpretation | 259 | **irrelevant** | 134 |
| **insist** | 22 | interpretive | 259 | irreverence | 196 |
| insistence | 22, 180 | interrupt | 257 | **irreverent** | 196 |
| **insistent** | 180 | interruption | 257 | irrigate | 44 |
| **inspection** | 106 | **intervene** | 48 | **irrigation** | 44 |
| | | intervention | 48 | Islam | 112 |

284

# INDEX

- Islamic 112
- isolate 44
- isolationism 44

## J

- jagged 192
- jail 267
- judicial 54
- judiciary 54
- jurisdiction 50
- juvenile 66

## L

- label 261
- landmark 118
- landowner 118
- landowning 118
- landscape 18
- largely 248
- larva 222
- latitude 124
- launch 28
- lava 192
- lavish 198
- legacy 90
- legal 16
- legally 16
- legend 271
- legendary 271
- legislation 28
- legislative 34
- legislature 28
- legitimate 86
- length 202
- lengthy 202
- lethal 236
- lethality 236
- levy 86
- liberal 26
- liberal 249
- liberalize 158
- liberate 84
- liberation 84
- liberty 249
- likelihood 162
- likewise 154
- limited 251
- limp 164
- linger 148
- literacy 172
- literal 76
- literally 76
- literate 172
- livelihood 166
- livestock 114
- loathsome 228
- localization 182
- localize 182
- locate 14
- location 14
- loftiness 234
- lofty 234
- logic 267
- logical 267
- loom 150
- looming 150
- loose 256
- loosen 256
- loot 224
- looter 224
- lucid 222
- lucidity 222
- lucrative 182
- lure 152
- lust 184
- lyric 50

## M

- machinery 253
- magnify 226
- magnitude 226
- mainland 52
- majestic 194
- majesty 194
- majority 16
- mandate 80
- mandatory 80
- manifest 100
- manifestation 100
- manipulate 90
- manipulation 90
- manuscript 96
- marble 263
- margin 266
- marginal 266
- maritime 56
- markedly 124
- marsh 218
- martial 212
- martialism 212
- martyrdom 130
- martyr 130
- Marxism 263
- Marxist 263
- masculine 72
- massacre 162
- massive 22
- masterpiece 116
- mate 268
- materialism 80
- materialist 80
- materialization 228
- materialize 228
- maternity 236
- mature 102
- maturity 102
- maximize 230
- meantime 178
- meanwhile 251
- media 76
- median 200
- mediate 236
- mediation 236

285

| | | |
|---|---|---|
| medieval | 42 | |
| meditate | 72 | |
| meditation | 72 | |
| **Mediterranean** | 86 | |
| medium | 76 | |
| megalith | 184 | |
| megalithic | 184 | |
| membership | 253 | |
| memorable | 206 | |
| mental | 30 | |
| mentality | 30 | |
| mercantile | 214 | |
| mercantilism | 214 | |
| merge | 46 | |
| merger | 46 | |
| metamorphic | 220 | |
| metamorphosis | 220 | |
| metaphor | 48 | |
| metaphorical | 48 | |
| metaphysical | 86 | |
| methodological | 202 | |
| methodology | 202 | |
| metropolis | 270 | |
| metropolitan | 270 | |
| microbe | 170 | |
| migrate | 270 | |
| migration | 270 | |
| militant | 216 | |
| minimize | 48, 230 | |
| minimum | 48 | |
| minor | 32 | |
| minority | 32 | |
| mint | 212 | |
| misdemeanor | 206 | |
| mobile | 66 | |
| mobility | 66 | |
| mobilization | 106 | |
| mobilize | 106 | |
| mock | 100 | |
| mockery | 100 | |
| moderate | 263 | |
| moderation | 263 | |

| modernism | 263 |
| modernist | 263 |
| modernity | 182 |
| modest | 253 |
| modestly | 253 |
| modification | 62 |
| modify | 62 |
| moist | 66 |
| moisture | 66 |
| mold | 80 |
| molecular | 150 |
| molecule | 150 |
| momentous | 228 |
| momentum | 174 |
| monarch | 92 |
| monarchy | 92 |
| monetary | 50 |
| monogamy | 176 |
| monologue | 200 |
| monopolize | 48 |
| monopoly | 48 |
| monument | 70 |
| monumental | 70 |
| morale | 218 |
| mores | 162 |
| mortal | 142 |
| mortal | 158 |
| mortality | 142 |
| mortgage | 58 |
| motif | 96 |
| motivate | 50 |
| motivation | 50 |
| mound | 118 |
| mount | 264 |
| mourn | 80 |
| mourner | 80 |
| multicultural | 267 |
| multifaceted | 234 |
| multilateral | 146 |
| multiple | 138 |
| multiple | 253 |
| multiplicity | 253 |

| multiply | 138 |
| multitude | 234 |
| multitudinous | 234 |
| mundane | 214 |
| mundanely | 214 |
| municipal | 218 |
| Muslim | 48 |
| mutual | 259 |
| mutually | 259 |
| myriad | 186 |
| mystic | 214 |
| mysticism | 214 |
| myth | 264 |
| mythical | 264 |

## N

| naive | 156 |
| naivety | 156 |
| namely | 188 |
| narrative | 30 |
| narrator | 30 |
| nationalism | 46 |
| nationalist | 46 |
| nationality | 140 |
| nationalize | 172 |
| naturalism | 112 |
| naturalization | 142 |
| naturalize | 142 |
| naval | 48 |
| navy | 48 |
| necessitate | 212 |
| necessity | 212 |
| neglect | 252 |
| negotiate | 264 |
| negotiation | 264 |
| nitrogen | 118 |
| nobility | 166 |
| nomad | 242 |
| nomadic | 242 |
| nominate | 106 |
| nominee | 106 |

# INDEX

- nonexistence 200
- **nonexistent** 200
- **nonverbal** 160
- norm 16
- notable 50
- **notably** 50
- notion 259
- **nuisance** 116
- **numerical** 192
- numerous 249
- **nurture** 108
- **nutrition** 154
- nutritious 154

## O

- **oath** 158
- **obedience** 132
- obey 132
- **objective** 30
- objectivity 30
- obligation 136
- **oblige** 136
- **obscene** 104
- obscenity 104
- **obscure** 68
- obsess 142
- **obsession** 142
- obsession 194
- **obsessive** 194
- obsolescence 152
- **obsolete** 152
- **obstacle** 142
- **obvious** 22
- obviously 22
- occasional 252
- occasionally 252
- occupant 259
- **occupation** 26
- occupational 26
- occupy 259
- offend 68

- **offender** 68
- offense 256
- offensive 256
- **offset** 122
- **offspring** 140
- oldster 244
- **oligarchy** 196
- omnipotence 160
- **omnipotent** 160
- omniscience 216
- **omniscient** 216
- **ongoing** 34
- **onset** 186
- **onward** 234
- operation 170
- **operational** 170
- oppress 152
- **oppression** 152
- oppression 192
- **oppressive** 192
- optimal 230
- **optimism** 80
- optimistic 80
- **optimum** 230
- **oral** 70
- orator 222
- **oratory** 222
- **organic** 60
- organism 60
- **orientation** 50
- **ornament** 116
- ornamentation 116
- outbreak 256
- **outcome** 68
- outdate 240
- **outdated** 240
- **outfit** 234
- **outgrowth** 232
- outlaw 126
- **outlet** 118
- **outline** 250
- **outnumber** 224

- **outpost** 178
- **output** 38
- **outrage** 120
- outrageous 120
- **outright** 134
- **oval** 146
- **overall** 40
- overcrowd 150
- **overcrowded** 150
- overestimate 194
- **overland** 222
- **overlook** 86
- **override** 174
- **overriding** 174
- **oversee** 138
- **overt** 194
- **overview** 208
- **overwhelm** 62
- overwhelmingly 62

## P

- **pace** 267
- **pact** 102
- **painstaking** 244
- painstakingly 244
- **parable** 234
- **paradigm** 192
- **paradox** 74
- paradoxically 74
- paragraph 266
- parallel 266
- **paramount** 196
- **parasite** 228
- parasitic 228
- **parchment** 204
- parliament 270
- parliamentary 270
- partially 255
- **participant** 264
- **participate** 264
- **particle** 256

287

| | | |
|---|---|---|
| ☐ partnership | 267 | ☐ piercing | 146 | ☐ potency | 194 |
| ☐ passion | 264 | ☐ piety | 194 | ☐ potent | 194 |
| ☐ passionate | 264 | ☐ piety | 230 | ☐ practitioner | 142 |
| ☐ patriarchal | 102 | ☐ pilgrim | 94 | ☐ pragmatic | 132 |
| ☐ patron | 60 | ☐ pilgrimage | 94 | ☐ pragmatic | 232 |
| ☐ patronage | 60 | ☐ pillar | 148 | ☐ pragmaticism | 132 |
| ☐ peer | 60 | ☐ pioneer | 265 | ☐ pragmatist | 232 |
| ☐ penetrate | 110 | ☐ pious | 194 | ☐ precarious | 238 |
| ☐ peninsula | 132 | ☐ pious | 230 | ☐ precede | 78 |
| ☐ peninsular | 132 | ☐ pirate | 130 | ☐ precedent | 78 |
| ☐ perceive | 264 | ☐ plague | 106 | ☐ precipitation | 24 |
| ☐ perception | 26 | ☐ plantation | 269 | ☐ precisely | 268 |
| ☐ perceptual | 26 | ☐ plausibility | 108 | ☐ precision | 268 |
| ☐ perennial | 130 | ☐ plausible | 108 | ☐ preclude | 198 |
| ☐ peripheral | 142 | ☐ plausible | 210 | ☐ preclusion | 198 |
| ☐ periphery | 142 | ☐ pledge | 106 | ☐ precursive | 200 |
| ☐ perish | 182 | ☐ plough | 128 | ☐ precursor | 200 |
| ☐ perishable | 182 | ☐ plow | 128 | ☐ precursory | 200 |
| ☐ permissible | 208 | ☐ plunder | 204 | ☐ predation | 202 |
| ☐ permissive | 208 | ☐ plunge | 156 | ☐ predator | 202 |
| ☐ perpetual | 136 | ☐ plural | 190 | ☐ predecessor | 60 |
| ☐ perpetuate | 136 | ☐ plural | 216 | ☐ predicate | 110 |
| ☐ perpetuate | 206 | ☐ plurality | 216 | ☐ predispose | 176 |
| ☐ perpetuation | 206 | ☐ poetry | 38 | ☐ predisposed | 212 |
| ☐ persecute | 148 | ☐ poignancy | 198 | ☐ predisposition | 176 |
| ☐ persecution | 148 | ☐ poignant | 198 | ☐ predominantly | 106 |
| ☐ persist | 84 | ☐ polar | 126 | ☐ predominate | 106 |
| ☐ persistent | 84 | ☐ polarity | 126 | ☐ preexist | 188 |
| ☐ personnel | 110 | ☐ polygamy | 176 | ☐ prefigurative | 202 |
| ☐ perspective | 22 | ☐ ponder | 206 | ☐ prefigure | 202 |
| ☐ pervade | 86 | ☐ ponderable | 206 | ☐ pregnancy | 132 |
| ☐ pervasive | 86 | ☐ populate | 84 | ☐ pregnant | 132 |
| ☐ pessimism | 238 | ☐ populous | 84 | ☐ prejudice | 268 |
| ☐ pessimistic | 238 | ☐ portion | 261 | ☐ preliminarily | 214 |
| ☐ pesticide | 166 | ☐ portray | 44 | ☐ preliminary | 214 |
| ☐ petition | 94 | ☐ portrayal | 44 | ☐ premise | 22 |
| ☐ phase | 270 | ☐ pose | 26 | ☐ prenatal | 174 |
| ☐ phenomenal | 36 | ☐ posit | 90 | ☐ preoccupation | 130 |
| ☐ phenomenon | 36 | ☐ possess | 30 | ☐ preoccupied | 130 |
| ☐ physiological | 102 | ☐ possession | 30 | ☐ prerequisite | 168 |
| ☐ physiology | 102 | ☐ postmodernism | 112 | ☐ prescribe | 104 |
| ☐ pierce | 146 | ☐ postwar | 16 | ☐ prescription | 104 |

## INDEX

- preside 98
- presidency 44
- **prestige** 88
- **prestigious** 88
- **presumably** 70
- presume 70
- **prevail** 54
- prevalent 54
- **previous** 20
- previously 20
- prewar 16
- primarily 260
- **primary** 260
- **prime** 26
- **principal** 24
- principally 24
- **prior** 62
- priority 62
- **privatization** 122
- privatize 122, 172
- **privilege** 268
- **pro** 214
- **probability** 138
- probable 138
- **probe** 140
- **problematic** 152
- **proceed** 266
- proceeding 266
- **proclaim** 66
- proclamation 66
- **productive** 250
- productivity 250
- **profess** 238
- profession 238
- profitability 96
- **profitable** 96
- **profound** 52
- profoundly 52
- profuse 234
- **profusion** 234
- progression 66
- **progressive** 66

- prohibit 70
- prohibit 156
- **prohibition** 156
- prohibition 70
- **proliferate** 92
- **proliferation** 92
- **prolong** 148
- prolonged 148
- prominence 44
- **prominent** 44
- promote 18
- promotion 18
- **prompt** 254
- promptly 254
- **prone** 192
- **propel** 178
- **prophet** 74
- **proponent** 90
- **proportion** 26
- proportional 26
- **propose** 248
- proposition 248
- **proprietary** 228
- **proprietor** 228
- **prose** 38
- prosecute 156
- **prosecute** 196
- **prosecution** 156
- prosecutor 196
- **prospect** 48
- **prosperity** 32
- prosperous 32
- **protectionism** 240
- **protective** 257
- **protein** 146
- **prototype** 210
- prototypical 210
- **prove** 248
- proven 248
- **provision** 257
- provisional 257
- provocative 90

- **provoke** 90
- proximate 98
- **proximity** 98
- **psyche** 56
- psychic 56
- **psychoanalysis** 72
- psychoanalytic 72
- psychological 260
- **psychology** 260
- psychotherapeutic 158
- **psychotherapy** 158
- **publicity** 158
- publicity 194
- publicize 158
- **publicize** 194
- **punishment** 250
- **purge** 96
- purification 214
- **purify** 214
- **pursue** 265
- pursuit 265
- **puzzle** 120
- puzzling 120

## Q

- qualification 254
- **qualify** 254
- quantitative 254
- **quantity** 254
- **quest** 64
- **questionnaire** 206
- **quota** 100

## R

- **racial** 262
- racially 262
- **racism** 14
- racist 14
- **radical** 18
- radically 18

| | | |
|---|---|---|
| ☐ rage | 132 | |
| ☐ raid | 122 | |
| ☐ rally | 92 | |
| ☐ rampant | 222 | |
| ☐ ratification | 52 | |
| ☐ ratify | 52 | |
| ☐ ratio | 126 | |
| ☐ rational | 28 | |
| ☐ rationalism | 28 | |
| ☐ rationality | 94 | |
| ☐ ravage | 196 | |
| ☐ raw | 250 | |
| ☐ ray | 254 | |
| ☐ realism | 16 | |
| ☐ realistic | 250 | |
| ☐ realistically | 250 | |
| ☐ realm | 38 | |
| ☐ reasonable | 254 | |
| ☐ rebel | 66 | |
| ☐ rebellion | 66 | |
| ☐ recession | 66 | |
| ☐ recipience | 206 | |
| ☐ recipient | 206 | |
| ☐ recital | 244 | |
| ☐ recite | 244 | |
| ☐ recline | 222 | |
| ☐ recommend | 255 | |
| ☐ recommendation | 255 | |
| ☐ reconcile | 98 | |
| ☐ reconciliation | 98 | |
| ☐ reconstruct | 64 | |
| ☐ reconstruction | 64 | |
| ☐ recount | 122 | |
| ☐ recovery | 261 | |
| ☐ recruit | 46 | |
| ☐ recruitment | 46 | |
| ☐ rectangle | 269 | |
| ☐ rectangular | 269 | |
| ☐ recur | 186 | |
| ☐ recurrent | 186 | |
| ☐ redeem | 200 | |
| ☐ redemption | 200 | |
| ☐ refer | 248 | |
| ☐ reference | 248 | |
| ☐ refine | 80 | |
| ☐ refinement | 80 | |
| ☐ reform | 258 | |
| ☐ reformation | 226 | |
| ☐ the Reformation | 226 | |
| ☐ reformer | 258 | |
| ☐ refuge | 56 | |
| ☐ refugee | 56 | |
| ☐ refutation | 216 | |
| ☐ refute | 216 | |
| ☐ regardless | 254 | |
| ☐ regime | 30 | |
| ☐ regularity | 218 | |
| ☐ regularize | 218 | |
| ☐ regulate | 36 | |
| ☐ regulation | 20 | |
| ☐ regulator | 36 | |
| ☐ reign | 62 | |
| ☐ reinforce | 70 | |
| ☐ reinforcement | 70 | |
| ☐ reject | 261 | |
| ☐ rejection | 261 | |
| ☐ relegate | 224 | |
| ☐ relegation | 224 | |
| ☐ relentless | 242 | |
| ☐ relentlessly | 242 | |
| ☐ relevance | 54 | |
| ☐ relevant | 54 | |
| ☐ relevant | 134 | |
| ☐ relic | 122 | |
| ☐ relinquish | 182 | |
| ☐ relocate | 226 | |
| ☐ relocation | 226 | |
| ☐ remedial | 146 | |
| ☐ remedy | 146 | |
| ☐ reminder | 114 | |
| ☐ reminiscence | 136 | |
| ☐ reminiscent | 136 | |
| ☐ remnant | 148 | |
| ☐ remorse | 238 | |
| ☐ remorseful | 238 | |
| ☐ renaissance | 36 | |
| ☐ render | 60 | |
| ☐ rendering | 60 | |
| ☐ renounce | 186 | |
| ☐ renown | 50 | |
| ☐ renowned | 50 | |
| ☐ renunciation | 186 | |
| ☐ reparation | 96 | |
| ☐ repeal | 200 | |
| ☐ repertoire | 204 | |
| ☐ replicate | 160 | |
| ☐ reportedly | 180 | |
| ☐ repository | 242 | |
| ☐ representative | 249 | |
| ☐ repress | 98 | |
| ☐ repress | 154 | |
| ☐ repression | 98 | |
| ☐ repressive | 154 | |
| ☐ reproduce | 142 | |
| ☐ reproducible | 172 | |
| ☐ reproduction | 142 | |
| ☐ reproductive | 172 | |
| ☐ repudiate | 126 | |
| ☐ repudiation | 126 | |
| ☐ reputation | 255 | |
| ☐ reputed | 255 | |
| ☐ requirement | 42 | |
| ☐ resemblance | 264 | |
| ☐ resemble | 264 | |
| ☐ resign | 256 | |
| ☐ resignation | 256 | |
| ☐ resist | 250 | |
| ☐ resistance | 250 | |
| ☐ resolution | 40 | |
| ☐ resolution | 38 | |
| ☐ resolve | 38 | |
| ☐ resort | 114 | |
| ☐ resounding | 218 | |
| ☐ respective | 102 | |
| ☐ respectively | 102 | |
| ☐ respond | 16 | |

# INDEX

| | | |
|---|---|---|
| respondent | 16 | |
| restoration | 265 | |
| restore | 265 | |
| restrain | 98 | |
| restraint | 98 | |
| restrict | 62 | |
| restriction | 62 | |
| resultant | 206 | |
| resume | 154 | |
| resumption | 154 | |
| resurge | 162 | |
| resurgence | 162 | |
| resurrect | 126 | |
| resurrection | 126 | |
| retail | 122 | |
| retailing | 122 | |
| retain | 38 | |
| retainment | 38 | |
| retaliate | 240 | |
| retaliation | 240 | |
| retard | 164 | |
| retreat | 58 | |
| retrieval | 136 | |
| retrieve | 136 | |
| revenue | 24 | |
| revere | 144 | |
| reverence | 144 | |
| reverence | 224 | |
| reverend | 224 | |
| revert | 242 | |
| review | 248 | |
| revise | 52 | |
| revision | 52 | |
| revival | 64 | |
| revive | 64 | |
| revolutionary | 24 | |
| revulsion | 228 | |
| rhetoric | 78 | |
| rhyme | 226 | |
| rhyming | 226 | |
| ridicule | 174 | |
| ridiculous | 174 | |
| rigid | 64 | |
| rigidly | 64 | |
| rigor | 138 | |
| rigorous | 138 | |
| riot | 88 | |
| ritual | 267 | |
| robust | 124 | |
| romantic | 261 | |
| rotate | 138 | |
| rotation | 138 | |
| royal | 204 | |
| royalty | 204 | |
| ruin | 253 | |
| rural | 20 | |
| ruthless | 152 | |
| ruthlessness | 152 | |

## S

| | |
|---|---|
| sacred | 248 |
| sacrifice | 253 |
| salute | 228 |
| salvation | 156 |
| sanction | 34 |
| sanitary | 168 |
| sanitation | 168 |
| satellite | 269 |
| satire | 68 |
| satirical | 68 |
| saturate | 214 |
| saturation | 214 |
| scar | 208 |
| scarce | 220 |
| scarcity | 220 |
| scatter | 253 |
| sceptical | 166 |
| scepticism | 164 |
| scheme | 34 |
| schizophrenia | 106 |
| scholar | 260 |
| scholarly | 260 |
| scholarship | 267 |
| scientism | 80 |
| scope | 68 |
| script | 82 |
| scrutinize | 126 |
| scrutiny | 126 |
| sculptor | 259 |
| sculpture | 259 |
| seafarer | 230 |
| seafaring | 230 |
| secession | 216 |
| secessionist | 216 |
| sector | 263 |
| secular | 74 |
| secure | 24 |
| sediment | 90 |
| sedimentary | 90 |
| seduce | 242 |
| seductive | 242 |
| seemingly | 62 |
| segment | 132 |
| segmentalize | 132 |
| segregate | 94 |
| segregation | 94 |
| seize | 251 |
| seizure | 251 |
| selection | 265 |
| self | 248 |
| self-conscious | 257 |
| self-determination | 166 |
| self-determined | 166 |
| self-esteem | 174 |
| self-made | 182 |
| semiotic | 124 |
| semiotics | 124 |
| senate | 261 |
| senator | 261 |
| sensibility | 218 |
| sensible | 218 |
| sentiment | 74 |
| sentimental | 74 |
| sequence | 94 |
| sequential | 94 |

| | | |
|---|---|---|
| ☐ servitude 236 | ☐ sociologist 62 | ☐ spur 74 |
| ☐ session 268 | ☐ sociology 62 | ☐ stability 32 |
| ☐ setback 208 | ☐ solar 270 | ☐ stabilize 264 |
| ☐ settler 112 | ☐ sole 54 | ☐ stable 32 |
| ☐ sexuality 40 | ☐ solely 54 | ☐ **stable** 264 |
| ☐ sheer 106 | ☐ solid 252 | ☐ stagger 120 |
| ☐ shift 16 | ☐ solidarity 269 | ☐ **staggering** 120 |
| ☐ shrine 268 | ☐ solidify 252 | ☐ stagnant 238 |
| ☐ shrink 82 | ☐ solitary 112 | ☐ stagnate 146 |
| ☐ siege 202 | ☐ solitude 210 | ☐ **stagnate** 238 |
| ☐ significance 259 | ☐ soothe 114 | ☐ **stagnation** 146 |
| ☐ significant 259 | ☐ soothing 114 | ☐ stake 52 |
| ☐ signification 76 | ☐ **sophisticated** 58 | ☐ stalemate 196 |
| ☐ signify 76 | ☐ sovereign 102 | ☐ **standardize** 106 |
| ☐ similarly 26 | ☐ **sovereignty** 102 | ☐ staple 214 |
| ☐ simplification 160 | ☐ span 82 | ☐ stark 152 |
| ☐ simplify 160 | ☐ spare 256 | ☐ startle 148 |
| ☐ simulate 198 | ☐ spark 116 | ☐ startling 148 |
| ☐ simulative 198 | ☐ sparse 240 | ☐ starvation 134 |
| ☐ **simultaneously** 70 | ☐ sparsely 240 | ☐ **starvation** 168 |
| ☐ singular 190 | ☐ spatial 84 | ☐ starve 134 |
| ☐ sizable 174 | ☐ spawn 154 | ☐ starve 168 |
| ☐ sizably 174 | ☐ specialization 249 | ☐ state 116 |
| ☐ skeleton 206 | ☐ **specialize** 249 | ☐ statistical 64 |
| ☐ skeptical 166 | ☐ **specialty** 96 | ☐ **statistics** 64 |
| ☐ skepticism 164 | ☐ **species** 14 | ☐ statue 268 |
| ☐ skilled 253 | ☐ **specifically** 46 | ☐ steadily 252 |
| ☐ slain 140 | ☐ spectacle 54 | ☐ steady 252 |
| ☐ slaughter 144 | ☐ spectacular 54 | ☐ stem 112 |
| ☐ slave 114 | ☐ spectrum 122 | ☐ stereotype 54 |
| ☐ slavery 114 | ☐ speculate 90 | ☐ stigma 168 |
| ☐ slay 140 | ☐ speculation 90 | ☐ stigmatize 168 |
| ☐ slightly 251 | ☐ sphere 82 | ☐ stimulate 30 |
| ☐ slump 176 | ☐ spherical 82 | ☐ stimulation 30 |
| ☐ smuggle 204 | ☐ spinal 216 | ☐ stimulus 70 |
| ☐ soar 68 | ☐ spine 216 | ☐ stipulate 194 |
| ☐ sober 172 | ☐ spiral 128 | ☐ stipulation 194 |
| ☐ so-called 259 | ☐ split 252 | ☐ storage 70 |
| ☐ socialism 264 | ☐ spontaneity 70 | ☐ strategist 16 |
| ☐ socialist 264 | ☐ **spontaneous** 70 | ☐ **strategy** 16 |
| ☐ socialization 266 | ☐ spouse 106 | ☐ stratification 234 |
| ☐ socialize 266 | ☐ sprawl 128 | ☐ **stratify** 234 |

# INDEX

- strengthen 251
- stride 224
- strife 88
- strife 164
- strikingly 154
- strip 251
- strive 88
- strive 164
- stronghold 190
- stun 118
- subjective 44
- subjectivity 44
- sublime 242
- submission 90
- submit 90
- subordinate 132
- subscribe 176
- subsequent 44
- subsequently 44
- subsidy 90
- subsist 198
- subsistence 198
- substantially 252
- substantive 252
- substitute 76
- subtle 38
- subtlety 38
- suburb 126
- suburban 126
- suburban 184
- suburbia 184
- subversive 94
- subvert 94
- succession 82
- successive 82
- succumb 124
- sue 110
- sufficient 268
- sufficiently 268
- suffrage 94
- sulfur 208
- sulfuric 208
- sum 265
- summon 212
- superb 210
- superficial 150
- superior 270
- superiority 270
- supervise 82
- supervisor 82
- supplant 134
- suppress 104
- suppression 104
- supremacy 18
- supreme 18
- surge 100
- surmount 168
- surpass 100
- surpassing 100
- surplus 56
- surprisingly 252
- surrender 68
- survey 24
- survival 16
- survive 16
- suspect 253
- suspicious 253
- sustain 46
- sustenance 46
- symbolic 22
- symbolically 22
- symbolize 52
- symmetrical 196
- symmetry 196
- sympathetic 256
- sympathy 256
- symptom 48
- synonymous 244
- synthesis 200
- synthesize 200, 208
- synthetic 208

T

- taboo 156
- takeover 200
- talented 46
- tangible 196
- tantamount 226
- tariff 24
- taxation 52
- technical 265
- technically 265
- teleological 222
- teleology 222
- temperance 188
- temperate 188
- temporal 100
- temporarily 100
- temporary 76
- tempt 257
- temptation 257
- tend 249
- tendency 249
- tension 266
- terminology 160
- terrain 72
- terrestrial 188
- terrify 136
- terrifying 136
- territorial 14
- territory 14
- terror 42
- terrorism 269
- terrorist 269
- testimonial 98
- testimony 98
- textual 146
- textually 146
- texture 106
- theft 118
- theism 108
- theist 108
- theologian 96
- theology 96
- theoretical 24

293

| | | |
|---|---|---|
| theoretically | 24 | translate 252 | unanimous 216 |
| theorist | 264 | translation 252 | unanimously 198 |
| therapeutic | 28 | translucency 202 | unaware 194 |
| therapy | 28 | translucent 202 | unawares 194 |
| thereafter | 90 | transmission 86 | uncertain 252 |
| thereby | 42 | transmit 86 | uncertainty 252 |
| thesis | 52 | trauma 170 | uncompromising 178 |
| thinker | 266 | traumatic 170 | unconditional 152 |
| thorough | 256 | treason 192 | unconscious 250 |
| thoroughly | 256 | treasonous 192 | unconsciously 250 |
| threshold | 176 | treatise 216 | unconstitutional 172 |
| thrive | 62 | treaty 18 | unconvincing 198 |
| throne | 56 | tremendous 268 | underestimate 194 |
| thrust | 86 | trend 262 | undergo 104 |
| thwart | 196 | tribal 248 | underground 269 |
| tilt | 138 | tribe 248 | underlie 22 |
| tolerance | 110 | tributary 112 | underlying 22 |
| tolerant | 110 | trickle 232 | undermine 60 |
| tolerate | 96 | trigger 74 | underscore 102 |
| toleration | 96 | triumph 265 | undertake 86 |
| topographic | 56 | triumphantly 265 | unemployed 252 |
| topography | 56 | trivial 162 | unemployment 252 |
| torment | 148 | triviality 162 | unexpected 270 |
| torture | 98 | troop 260 | unfold 92 |
| totalitarian | 40 | turbulence 134 | unification 62 |
| totality | 114 | turbulent 134 | unify 62 |
| toxic | 242 | turmoil 126 | unintended 172 |
| toxicity | 242 | turnover 164 | universal 250 |
| tragedy | 266 | typically 249 | universally 250 |
| tragic | 268 | typify 249 | unleash 180 |
| trait | 40 | tyrannical 222 | unleashed 180 |
| transact | 142 | tyranny 144 | unparalleled 128 |
| transaction | 142 | tyrant 144 | unprecedented 60 |
| transcendental | 112 | tyrant 222 | unpredictability 182 |
| transcendentalist | 112 | | unpredictable 182 |
| transcribe | 212 | | unpromising 192 |
| transcript | 212 | **U** | unravel 242 |
| transfer | 42 | | unreasonable 150 |
| transform | 263 | ubiquitous 236 | unrelated 96 |
| transformation | 263 | ubiquity 236 | unrest 160 |
| transition | 62 | ultimate 40 | unrestful 160 |
| transitional | 62 | ultimately 40 | unrestrained 118 |
| | | unanimity 198, 216 | |

294

# INDEX

|  |  |
|---|---|
| unsettle | 116 |
| unsettled | 116 |
| unskilled | 110 |
| unskilled | 253 |
| unveil | 154 |
| upbringing | 230 |
| upcoming | 204 |
| upheaval | 124 |
| upheave | 124 |
| uphold | 124 |
| upholder | 124 |
| upright | 152 |
| urban | 20 |
| urban | 258 |
| urbanize | 258 |
| utilization | 212 |
| utilize | 212 |
| utter | 152, 218 |
| utterance | 218 |
| utterly | 152 |

## V

|  |  |
|---|---|
| vacuum | 180 |
| valid | 40 |
| validity | 40 |
| vanquish | 228 |
| vanquisher | 228 |
| variable | 56 |
| variation | 24 |
| vegetation | 52 |
| vehicle | 50 |
| vein | 84 |
| venerate | 200 |
| veneration | 200 |
| venue | 108 |
| verbal | 74 |
| verbally | 74 |
| verdict | 132 |
| verge | 184 |
| verifiable | 230 |
| verify | 230 |
| verse | 255 |
| version | 26 |
| vessel | 134 |
| veto | 118 |
| vex | 202 |
| vexing | 202 |
| viability | 142 |
| viable | 142 |
| vibrant | 220 |
| victim | 22 |
| victimization | 22 |
| viewpoint | 82 |
| vigor | 72 |
| vigorous | 72 |
| violate | 42 |
| violation | 42 |
| virtual | 28 |
| virtually | 28 |
| virtue | 218 |
| virtuous | 218 |
| vital | 36 |
| vitality | 36 |
| vocabulary | 66 |
| vogue | 224 |
| void | 198 |
| volatile | 206 |
| volatility | 206 |
| vulnerability | 76 |
| vulnerable | 76 |

## W

|  |  |
|---|---|
| wariness | 168 |
| warrior | 68 |
| wary | 168 |
| weird | 210 |
| weirdly | 210 |
| weld | 204 |
| welfare | 264 |
| well-being | 140 |
| wholly | 257 |
| widespread | 28 |
| wield | 240 |
| wilderness | 267 |
| willingly | 257 |
| willingness | 257 |
| wit | 110 |
| withdraw | 270 |
| withdrawal | 270 |
| withstand | 174 |
| witty | 110 |
| worship | 251 |
| worshiper | 251 |
| wrath | 238 |
| wrathful | 238 |

## Y

|  |  |
|---|---|
| youngster | 244 |

## Z

|  |  |
|---|---|
| zone | 263 |

【著者紹介】

安藤　文人（あんどう　ふみひと）

1957年岐阜市生まれ。早稲田大学第一文学部英文学専修卒業後，都立高校教員を経て早稲田大学文学研究科英文学専攻博士後期課程退学。元早稲田大学文学学術院教授。論文に「吾輩は'we'である─『猫』に於ける語り手と読者─」他。
ウェブサイトは，http://www.f.waseda.jp/fando111/

- 英文校閲：J.M. バーダマン
- 校閲・翻訳チェック：松浦文彦
- 校閲協力：安藤陽子
- 編集：オフィス海［中村達夫］

本書に関するお問い合わせは，書名・発行日・該当ページを明記の上，下記のいずれかの方法にてお送りください。電話でのお問い合わせはお受けしておりません。
・ナツメ社webサイトの問い合わせフォーム
　https://www.natsume.co.jp/contact
・FAX（03-3291-1305）
・郵送（下記，ナツメ出版企画株式会社宛て）
なお，回答までに日にちをいただく場合があります。正誤のお問い合わせ以外の書籍内容に関する解説・受験指導は，一切行っておりません。あらかじめご了承ください。

# 院単（いんたん）

2006年 8月10日　初版発行
2024年11月 1日　第19刷発行

|  |  |  |
|---|---|---|
| 著　者 | 安藤文人（あんどうふみひと） | ©Fumihito Ando, 2006 |
| 発行者 | 田村正隆 |  |
| 発行所 | 株式会社ナツメ社<br>東京都千代田区神田神保町1-52　ナツメ社ビル1F（〒101-0051）<br>電話　03(3291)1257（代表）　FAX　03(3291)5761<br>振替　00130-1-58661 | |
| 制　作 | ナツメ出版企画株式会社<br>東京都千代田区神田神保町1-52　ナツメ社ビル3F（〒101-0051）<br>電話　03(3295)3921（代表） | |
| 印刷所 | ラン印刷社 | |

ISBN978-4-8163-4158-8　　　　　　　　　　Printed in Japan
〈定価はカバーに表示しています〉
〈落丁・乱丁本はお取り替えします〉

ナツメ社Webサイト
https://www.natsume.co.jp
書籍の最新情報（正誤情報を含む）は
ナツメ社Webサイトをご覧ください。